마음 정렬

나를 치유하고
관계를 회복시키는
태도에 관하여

마음 정렬

MORE YourSELF

사라 워터스 지음
신예경 옮김

RHK
알에이치코리아

나의 내담자들과
나를 가스라이팅하는 사람들에게

목차

프롤로그

도전장

이 책을 읽고 있다면 당신은 다음 세 가지 중 하나의 상황에 놓인 것이다.

- 지금 당신은 자신이 원하는 인생을 살고 있다고 말하기 어렵다. 나답다고 느껴지는 때도 극히 드물다. 당신은 어느 정도의 변화를 도모하거나 자신의 참모습을 기억하도록 도와줄 어떤 지침이나 조짐 혹은 일련의 방법을 찾고 있다.
- 당신을 염려하는 누군가가 당신이 실제 능력보다 모자르게 (혹은 과하게) 살고 있다는 사실을 알아차렸다. 그래서 당신에게 이 책을 권하거나 선물했다.

• 당신은 우연히 이 책을 발견했다.

어떤 사례에 해당하든, 나는 당신에게 이 책을 읽어보라고 권하고 싶다. 세상에 우연은 없다. 오늘, 바로 이 순간, 이 책은 당신의 손에 쥐어질 운명이었다.

나는 우리 인생의 궤도가 이미 설계되어 있다는 믿음에 동의하지 않는다. 우리가 내릴 모든 결정을 이미 알고 있다고 믿지도 않는다. 하지만 모든 일이 정확히 예정대로 일어난다는 믿음은 완전히 받아들였다. 내 인생을 돌이켜봤을 때, 그간의 어려움, 가슴앓이, 중요한 대화, 죽음, 승리, 엄청난 실패, 의외의 변화, 전환, 달라진 경로 하나하나가 지금의 내 상황, (비록 내 입으로 말하기는 좀 그렇지만) 낙원과도 같은 지금의 상태로 나를 이끌기 위해 **반드시** 일어날 수밖에 없었던 일이었다는 걸 알았다. 내 인생은 완벽하지 않지만, 거의 매일 나는 엄청난 기쁨을 느낀다. 나는 세상일이 공정해야 한다는 생각을 아주 오래전에 버렸다. 지금의 내 인생이 존재하기 위해 나 자신은 물론이고 내가 무척이나 사랑하는 사람들이 엄청난 희생을 감수해야 했다. 이것은 당신도 마찬가지다. 이 사실을 빨리 받아들인다면 당신은 더 빨리 심호흡해 새로운 궤도로 한 걸음씩 발을 딛고는, 더 깨어있고 더 의식하며 더 생기 넘치는 훨씬 **나다운 나**를 느낄 수 있을 것이다.

정말 엄청난 약속처럼 들리지 않는가? 미리 얘기하자면, 나는 마법사가 아니다. 내가 무언가를 잘 알고 있다고 생각하지도 않는다. 내 아이큐가 아주 높을 것 같지도 않다. 하지만 당신과 마찬가지로 나는 인간다워지는 일의 전문가이다. 우리는 태어난 그 순간부터 매분 매초를 인간으로 존재해 왔다.

나는 심리치료사이자 심리적 안녕을 주제로 강연하는 사람으로, 콜로라도주 덴버란 도시의 남쪽에 있는 아름다운 마을 캐슬록Castle Rock에서 개인 진료소를 운영하고 있다. 내 전문 과목은 청소년과 성인 내담자의 트라우마를 재처리하는 것이다. 당신은 내가 치료사이기 때문에 생활을 효율적으로 정리하고, 고통을 피하는 방법을 한두 가지 알고 있으리라 생각할 수도 있다. 그러나 이건 누구에게도 쉬운 일이 아니듯 내게도 결코 쉬운 일이 아니다. 나는 항상 실수를 저질러왔고, 늘 기분 좋게 느낄 수만은 없는 진부한 생각과 심각한 감정에 한껏 몰입되고는 한다. 때로는 내가 심리학에 관해 그렇게 잘 알지 않았다면 좋았으리라 생각한다. 내가 저지른 허튼짓에 대해 이따금 내가 무지하다면 정말 좋을 것 같다.

지난 10년이라는 세월 동안 나는 정신을 차리고 도대체 내가 어떤 사람인지 알아가는 여정을 걸어왔다. 나는 '진정성'이라는 말을 다소 의아하게 생각하다가 그 말의 진정한 의미가 무엇인지 더는 생각하지 않게 되었고, 결국 누가 생각하더라도 '진정성 있는 생활방식'과는 정반대의 인생을 살아가고 있다는 것을 깨달았다. 나는 꽤 오랫동안 기분이 매우 나빴다. 화가 났고 분노했고 목적이 없었고 불안정했으며 부당한 취급을 당해왔다고 확신했다. 마침내, 나는 그 누구도 뛰어 들어와 나를 구해주지 않을 것임을 깨달았다. 슈퍼 히어로가 나타날 기미는 없었다. 만약 내 인생이 엉망으로 망가지는 것을 멈추고 싶다면 그 변화를 가져올 사람은 바로 나였다.

우리는 대부분 자기 정체성을 잃어버렸다. 이런 현상은 오랜 시간을 두고 서서히 그리고 은밀하게 진행되다가 어느 날 문득 우리로 하여금 정신을 차리고 주위를 둘러보고는 지금의 삶이 우리가 기대했던 것과 전혀 다르다는 사실을 깨닫게 한다. '이것은 내가 바라던 **내 모습**이 아니야!' 우리는 인생이 이런 식으로 흘러가기를 기대한 게 아니었다. 어쩌다 보니 이런 인생이 되었을 뿐이다. 세상에, 이건 정말 끔찍한 기분이다. 매일같이 깨어나서 기쁨이 충만하지 않은 생활에 안주하는 건 최악의 자기 파괴이다. 이것은 극적인 사건과 몸부림 혹은 기껏해야 끝없는 단조로움으로 이루어진 햄스터의 쳇바퀴와도 같다. 이것만큼은 절대 사양이다.

이 책은 이런 종류의 정체에서 **벗어나** 자아성찰, 변화, 성장 그리고 앞으로 나아가는 법을 다루고 있다. 당신이 서점의 서가에서 발견하게 될 이 책과 나란히 꽂혀 있는 몇몇 책들과 달리, 이 책은 당신에게 해답을 건네지 않을 것이다. 나에게는 해답이 없다. 내가 당신에게 줄 수 있는 조언은 나의 경험과 편견, 믿음, 숨은 의도라는 렌즈로 왜곡될 수 있다. 그러느니 차라리, 나는 당신이 자기만의 트리거(특정한 행동이나 생각, 반응 등을 유발하는 내적이나 외적 자극 혹은 요인-옮긴이), 은신처, 과거의 상처 그리고 진정한 나 자신에게 다가가는 데 방해되는 요인을 확인하고, 그것을 둔감하게 만드는 심리학계의 치료 기법을 몇 가지 소개하고자 한다. 내가 '유턴u-turn'이라고 부르는 것으로 당신의 관심을 돌려놓고, 밖으로 향한 방향을 안으로 바꾸어 당신이 내면 활동에 더욱 몰두하도록 만들 것이다. 이로써 당신은 변화가 필요한 부분에서 변화를 만들고, 당신의 직감을 바로 활용하는 법을 배우게 될 것이다.

이와 동시에, 이 책은 호기심을 발휘한다면 그 대가로 당신이 알고 있다고 **생각하는** 것에 대한 애착을 버리는 법을 알려준다. 중국의 옛 속담 중 "이미 가득 찬 컵을 채울 수는 없다"란 말이 있다. 뭔가를 받아들이기 위해서는 먼저 주먹을 펴고 손바닥을 하늘로 향하게 한 뒤 마음을 활짝 연 채로 당신이 단단히 붙잡고 있던 확실성을 포기하라.

당신은 이 책을 한 장씩 훑어나가면서 당신의 인생을 꾸밈없이 정직하게 살펴보아야 한다. 자신의 믿음, 사고방식, 행동 그리고 자기 자신 및 다른 사람들과 맺은 암묵적 계약과 합의에 대해 의문을 제기해야 한다. 이 주제를 기꺼이 받아들여서 당신의 낡은 패턴을 깨뜨리고, 당신의 마음속에 개방적인 태도를 흡수시켜라. 결국, 이것은 당신이 태생적인 호기심을 되살리고 **나답게** 활동하고 느끼는 본연의 모습으로 되돌아가는 여정이 될 것이다.

내가 제안하는 일을 해내면서 당신은 스스로 차분하고 분별 있으며 자신은 물론이고 다른 사람에게 연민을 느끼기 시작했다는 것을 알아차릴 것이다. 당신은 외부 자극에 반응하기보다 깊이 생각하게 될 것이다. 수선스럽고 비판적이며 부정적이고 잔뜩 흥분한 마음을 가라앉히는 한편 정신은 더욱 명료해지고 자신감이 넘칠 것이다. 앞으로 어려움을 겪거나 실수를 하고 완전한 실패를 경험하더라도 당신은 더 빨리 다시 일어나 그 아픔에서 중요한 교훈을 얻을 것이다. 그리고 **나답다**는 기분을 느낄 것이다. 이런 종류의 진정성은 잘 정돈된 삶을 살다 보면 자연히 얻게 되는 결과이다. 이 책은 당신을 인도해 이 과정을 완수하게 할 것이다.

당신이 받아들이기만 한다면, 이 책은 당신의 삶을 완전히 바꾸어 놓을 것이다. 우리는 자기 자신, 다른 사람들 그리고 우리를 둘러싼 이 거대하고 아름다운 세상에서 단절감을 느낄 때 고통스럽고 힘겨워한다. 호기심은 단절감을 해소하는 수단이자 가장 효과적인 약이다. 만약 당신이 노력한다면, 이 책의 전략과 의견에 힘입어 관계를 회복하고 활기를 되찾을 수 있다.

알베르트 아인슈타인은 언젠가 다음과 같은 유명한 말을 남겼다. "특별한 재능은 없다. 단지 호기심이 많을 뿐!" 호기심은 당신의 마음을 열어 메마르고 얼어붙은 땅에 양분을 주며 놀라운 것들을 탐험하고 발견할 수 있게 한다. 우리는 누구나 선천적으로 호기심을 가지고 있다. 하지만 확실성에 중독된 사람들은 호기심을 활용하는 법을 잊어버렸다. 탐구심이 왕성한 사람은 깨어있는 사람이다. 깨어있을 때 우리는 성장한다. 우리는 성장하면서 자신에게 더는 도움이 되지 않는 것을 모조리 떨쳐버리고, 더 나은 목표와 더 명쾌한 목적을 품고 앞으로 나아간다.

이렇게 목표를 추구하는 것은 겁쟁이는 할 수 없는 일이다. 우리의 (어쩌면 고루하거나 불건전할지도 모를) 관성적인 생각과 선택, 행동, 반응에 도전하는 것보다 더 무서운 일은 아마 없을 것이다. 용기를 내라! 이 책의 아주 사소한 개념이라도 가슴에 와 닿고 유용하게 느낀다면 당신은 뚜렷한 변화를 알아차릴 것이다. 바라건대, 이 책에서 도움이 되고, 좋다고 느껴지는 게 있다면 지금 당장 그것을 당신의 것으로 만들어라. 이 책이야말로 세월이 흘러도 당신으로 하여금 기꺼이 몇 번이고 되돌아와서, 더 많은 걸 배우고 흡수하게 할 것이다.

트라우마와 인종 차별의 관계를 다루는 《내 할머니의 손My Grandmother's Hands》이란 책에서, 저자 레스마 메나켐Resmaa Menakem은 깨끗한 고통clean pain과 더러운 고통dirty pain에 관해 이야기한다. 그는 깨끗한 고통이란 상황을 뒤흔들어 정형화된 양식을 바꿀 때 생기는 일시적인 불편이라고 설명한다. 여기서 나는 식단에서 정제 설탕을 제외하는 모든 순간을 떠올린다. 처음 2주 동안은 모든 게 엉망이다. 두통이 생기고 불평이 많아지며 아이스크림을 먹고 싶다는 생각밖에 들지 않는다. 내 마음속에서는, 건강한 영양 섭취라는 목표와 만성적인 설탕 섭취 습관을 정당화하며 설탕 중독에 굴복하고 싶은 욕구 사이의 치열한 싸움이 벌어진다. 적어도 14일 동안의 무자비한 고군분투 끝에 마침내 나는 어려운 고비를 넘어선다. 그러고 나면 내 혀의 맛봉오리가 상황에 적응해서 천연당을 더 환영하기 시작하고, 내 마음속의 치열한 싸움이 잠잠해진다. 이것이 깨끗한 고통이다. 기껏해야, 장기적인 발전을 위해 지금 당장의 불편을 잠시 참는 것뿐이다. 최악의 경우, 대대적인 금단 증상을 겪거나 내 목표와 고질적인 습관 사이에서 치열한 심리전을 치를 수 있다. 깨끗한 고통은 건강한 발전과 온전한 치유를 위해 꼭 필요한 자연스러운 부분이다.

메나켐의 설명에 따르면, 더러운 고통은 신경증과 비슷하며 오랫동안 지속된다. 예를 들어, 내가 타성에 젖어 잠시 운동을 그만둔다면 다시 움직이기 위한 동기를 끌어모으기는 어려울 것이다. 나는 온갖 변명과 회피 기술을 짜내서 문제를 해결하기를 미룬다. 때로는, 몇 달이 훌쩍 지나버리고 나는 제자리걸음만 반복하며 점점 더 말도 안 되는 생각들을 하게 된다. 나는 내가 원하는 바를 잘 알고 있지만, 언뜻 더 편안해 보이는 현실에 안주하기로 선택한 채 마치 몸이 건강하다는 헛된 공상이 그대로 이뤄지기라도 할 것처럼 운동화만 빤히 쳐다본다. 인스타그램 게시물과 핀터레스트에 올라오는 건강에 관한 영감을 주는 글을 저장하느라 시간을 허비하고 나서, 나는 내일부터 운동을 시작하겠노라고 되뇐다. 내일이 또 다른 오늘이 될 때까지 더러운 고통의 순환은 계속된다.

이 책을 읽는 행위는 당신이 운동화 끈을 단단히 묶고, 달리기 코스로 발을 내딛는 것과 같다. 이런 개념에 주의를 기울이고 이를 실행한다면, 현실에 안주하며 만들어냈던 더러운 고통에서 벗어날 수 있다. 깨끗한 고통은 당신에게 안전지대를 반드시 벗어나도록 만든다. 하지만 더러운 고통은 어찌나 끈질긴지 절대 끝나지 않을 수도 있다.

다음의 열 가지 다짐은 이 책의 목적에 대단히 중요한 요소이다. 각각의 다짐에 대해 당신이 "네"라고 (아니면 최소한 "기꺼이 해

보겠다"라고) 대답해 주었으면 좋겠다. 다짐들을 읽고 각각에 대한 당신의 내면 반응을 유심히 살펴보라.

- 나는 내가 잘 알고 있거나 편하게 생각하는 것**보다** (나 자신 및 다른 사람들과의) 의미 있는 관계를 더 가치 있게 여긴다.

- 나는 지금 경험하고 있는 것보다 나 자신, 내가 맺은 관계 그리고 나를 둘러싼 세상 속에 즐거움과 풍요로움을 만들어내는 능력이 더 많이 있다는 희망을 품고 있다.

- 나는 내가 잘 알지도 이해하지도 못하는 것이 많다는 사실을 존중하고 받아들인다. 나는 열린 마음으로 배울 준비가 되어 있다.

- 나는 불편이 성장의 자연스러운 요소라고 인정하고, 이것을 성장 과정의 하나로 받아들인다. 나는 상처받기 쉬울 정도로 불편해질 각오가 되어 있다.

- 나는 내 믿음과 의견, 욕구, 바람이 다른 사람이나 집단의 의견과 욕구, 바람보다 더 소중하지도 덜 소중하지도 않다는 것을 인정한다.

- 나는 현재의 내 인식과 믿음, 의견, 행동이 나를 비롯해 다른 사람에게 불행을 안기고 어쩌면 해를 끼칠 가능성이 있다는 것을 인정한다.

- 나는 내가 안다고 생각하는 것이 틀릴 수 있음을 인정한다. 나는 개인적인 발전과 내가 관계를 맺는 모든 사람의 이익을 위해 현재의 인식과 믿음, 의견, 행동에 기꺼이 도전한다.

- 나는 진정성 있게 생각하고 행동하는 것을 방해할 법한 (상처와 경험, 교훈, 규범, 문화적·사회적 개념, 주고받은 메시지 같은) 과거의 부산물들을 기꺼이 살펴보고 깊이 생각할 것이다.
- 나는 완벽함이란 없다는 것을 인정한다. 언제까지나 배우는 사람의 마음으로 전진하며, 영원히 미완의 상태라 해도 괜찮다고 생각한다.
- 나는 확실성이 **실재하지 않으며** 확실성에 의존하면 발전이 더뎌지고 제자리에서 움직이지 못하게 된다는 것을 인정한다. 흔쾌히, 불확실성을 받아들이고 불확실성에 발을 내딛어도 괜찮다고 믿는다.

그렇다. 도전장은 던져졌고 당신은 경기장에 입장하라는 초대를 받았다. 기분이 어떤가? 책장을 넘기고 도전에 뛰어드는 게 조금 혹은 많이 두렵지만, 한번 시도해 볼 만하다는 흥미를 느끼는가?

좋다. 이제 시작해 보자.

이 책은 총 3부로 구성되어 있다. 가장 큰 비중을 차지하고 어쩌면 가장 중요할 수 있는 1부에서는 주의를 기울여 자신을 성찰하고 자신에 관해 호기심을 갖는 법을 소개하고 탐구할 것이다.

2부에서는 당신이 다른 사람들에게 더 많은 호기심을 느끼게 되어 한층 건강하고 의미 있는 대인관계를 맺을 수 있도록 이끌 것이다.

마지막으로, 3부에서는 당신 일생의 원대한 계획, 세상 속 당신의 자리와 목적 그리고 실존적 탐구의 범위 안에서 어떻게 그리고 왜 성찰과 호기심이 중요한지를 살펴볼 것이다. 각 부분은 바로 앞부분의 내용을 기반으로 한다. 마지막 페이지에 다다를 무렵이면 당신은 직관에 곧바로 다시 다가갈 수 있는데, 이 직관은 당신이 언제나 마음속에 품고 있었지만 잘 인식하지 못했을 수도 있는 담대하고 멋진, 타고난 탐구심의 근원으로 보완되어 있을 것이다.

이 책을 읽는 동안, 내가 당신을 위해 여기 있다는 사실을 기억하라. 나는 당신과 함께 있다. 그리고 무수히 많은 면에서 나는 당신과 닮았다. 우리는 여러 가지 측면에서 완전히 망가진 평범한 개인에 불과하다. 우리는 숨 쉬고 걷고 이야기하는 복잡하게 얽힌 생각과 감정의 덩어리이다. 이처럼 '인간으로 살아간다'라는 것은 혼란스러운 일이다. 하지만 어쩌면 그 혼란 속에서 아름다움이 살아 숨 쉬고 (목적지라기보다는) 여정에 대한 이해가 생겨나는지도 모른다. 어쩌면 기본적인 호기심을 갖고 있기에 우리는 특별한 존재가 될 수 있는지도 모른다. 그 덕분에 우리는 비슷해지고 발전할 수 있는지도 모른다. 어쩌면 우리가 모든 정답을 쥐고 있는 건 아니라는 마음, 반론의 여지가 없는 사실에 기꺼이 항복하려는 마음이 있기에 우리는 영리해질 수 있는지도 모른다.

마치 아인슈타인처럼 말이다.

호기심이라는
초대장

J. K. 롤링이 쓴 《해리 포터》 시리즈에서 어린 마법사들은 누구나 마시기만 하면 어떤 질문에도 진실만 말하도록 만드는 약물인 베리타세룸을 조제하는 법을 배운다. 이 진실의 약을 삼킨 사람은 진실로 투명하고 정직한 말 외에는 어떤 말도 할 수 없게 된다. 내가 만약 마법사라면, 나는 마시는 사람의 편견과 확실성에 대한 집착을 누르고 자연스러운 호기심을 왕성하게 만드는 약물인 큐리오세룸curioserum을 조제할 것이다. 나는 이 약을 캡슐로 다량 제작해서 매일 아침에 일어나자마자 복용하라는 권고문을 써 붙여서 대량 판매할 것이다. 저녁 무렵 약효가 떨어지지 않도록 약을 서방정(유효 성분이 천천히 방출되도록 만든 알약-옮긴이)으로

만드는 것도 잊지 않을 것이다.

우리는 신체가 수분으로 구성되어 있다는 말을 항상 듣는다. 유능한 의학 전문가들은 하나같이 수분을 유지하는 것이 생물학적 건강을 지키는 기본이라고 말한다. 마찬가지로, 호기심은 우리의 심리적 건강을 지키는 역할을 한다고 말할 수 있고, 분명히 그렇게 말해야 한다. 우리의 심리체계는 정보를 받아들이고, 생존을 위해 그 정보를 사용하고자 하는 욕망으로 작동된다. 최근에 사람들은 호기심이 기본적인 생존만이 아니라 창의성과 혁신, 관계, 생산성을 추구하는 데도 중요한 역할을 한다고 인식하게 되었다. 지금 우리는 몇몇 사람들이 심리학의 시대라고 부르는 시간을 살고 있다. 우리는 자신의 심리적 안녕을 관찰하고 탐구하고 이해하고 치료하고 치유하고 지지하는 것이 얼마나 중요한지 잘 알고 있다. 고도의 심리적 숙련을 추구하는 소비자들 사이에서 내가 만드는 큐리오세룸은 초대박 상품이 될 것이다!

나는 마법사도 아니고 큐리오세룸에 관한 특허를 출원 중이거나 FDA의 승인을 받은 것도 아니다. 그렇다고 아주 절망적인 상황은 아니다. 우리 모두에게 다행스럽게도, 이토록 귀한 호기심은 모든 인간의 내면에 이미 자리하고 있다. 이미 존재하는 각자의 호기심을 갈고닦는 노력을 마다하지 않고, 이를 실행하는 데 전념한다면 당신에게는 마법의 약이 필요 없다. 호기심은 당신이 태어나기도 전부터 당신의 내면에 존재했다. 인간 발달 연구에 따르면 감각수용기가 작용하는 임신 8주가 되기 전, 태아에게는 내재적 호기심이 생겨난다. 엄마의 배 속에서 자라기 시작한 직후부터 당신은 호기심을 느껴왔다.

호기심은 유아들의 보편적 특징이다. 일반적으로, 아이들은 대다수 성인보다 왕성한 호기심을 보인다. 우리는 어릴 때, 주변 사람들로부터 영향을 받으면서 자연스럽게 호기심이 둔해지는 안타까운 변화를 겪는다. 예를 들어, 아이는 가스레인지 위의 뜨거운 버너를 만지는 행위가 두 번 다시 호기심을 느낄 가치가 없다는 사실을 배운다. 그리고 메뚜기가 어떤 맛인지 궁금해 메뚜기를 한 입 깨물어보려고 할 때, 어른들이 큰 목소리로 "안 돼!"라고 고함을 지르면 아이는 그 특정한 호기심을 버리는 훈련을 하게 된다.

우리는 나이를 먹고 인지 능력을 발달시키면서, 우리의 타고난 호기심을 죽이는 두 가지 현상을 겪는다. 첫째, 우리의 심리 체계가 불확실성과 위기 및 위험을 동일시하면서 우리에게 회피 기능을 가르친다. 달리 말해, 특정한 선택이나 행동의 결과를 정확히 예측하지 못하면 위험을 최소화하는 방식으로 적응한다. 우리는 익숙하고 잘 아는 것을 계속한다. 예컨대 신체적으로 학대 받는 관계를 이어 나가기를 원하는 내담자들이 공통으로 가지고 있는 주제는 우리가 모르는 악마보다 잘 아는 악마가 덜 무서울 때가 많다는 것이다. 이런 이유로 사람들은 지금의 상황이 완전히 엉망진창이더라도 더 나은 상황을 찾으려고 하지 않는다. 연구자들이 현재 이해한 바에 따르면, 신경생물학적 차원에서 볼 때 뇌와 신경계는 심리적인 괴로움을 신체적 상처에서 느끼는 고통의 신호를 해석할 때와 비슷한 방식으로 감지하고 해석한다. 그래서 호기심에 대한 저항(또는 새로운 고통의 선제적 회피)이 잠재의식의 기저에 흐르고 있다. 생존자의 관점에서 보면, 회피와 안전을 서로 연결 짓는 것은 매우 타당하다.

둘째, 우리가 타고난 호기심에 맞서 싸우는 것은 우리 주변의 사람들과 문화에 투영된 두려움으로부터 영향을 받은 것이다. 어떤 사람도 내적인 편견과 가치 판단, 숨은 의도 없이 존재할 수는 없다. 우리의 인생 경험 그리고 주변 사람과 세상으로부터 흡수한 메시지는 우리가 생각하고 믿고 선택하고 반응하는 방식에 영향을 미친다. 사람은 누구나 유전적 소인에서부터 양육 방식에 이르기까지 모든 것에 영향을 받는 유일무이한 렌즈를 통해 세상을 경험한다. 트라우마는 우리가 인생을 살아가는 방식에서 커다란 역할을 한다. 우리는 코치, 친구, 선생님, 이웃, 교회 그리고 가족 구성원의 관점을 접한다. 미디어는 우리가 이런저런 것에 수긍하도록 만들려고 노력하면서 우리의 코앞에 게시물을 끊임없이 들이민다. 아무리 열심히 노력하더라도 우리가 외적인 영향을 완전히 피하는 것은 불가능하다. 이런 이유로, 우리는 확실성이라는 따뜻한 담요로 몸을 감싼 채 우리가 세상일을 잘 알고 있다고 믿기 시작한다.

한편, 깨닫지 못한 사이에 이 담요는 때때로 다른 사람들의 관점과 인식으로부터 우리를 구분하는 장벽으로 변한다. 이 장벽은 우리로 하여금 진실하고 진짜일지도 모르는 다른 무엇에 마음을 열지 못하게 만든다. 이것은 우리의 성장을 저해하고, 우리에게 좁은 시야로 살아가게 한다. 이 확실성이라는 안전한 담요는 우리를 옳고 그름이라는 정체되고 해로운 장소에 가두고, 사람들 사이를 단절시키며 관계를 비롯해 지역사회, 국가에 양극화 현상을 불러일으킨다.

우리가 확실성에 병적으로 중독되면서 촘촘한 직물처럼 서로 얽힌 관계들이 찢어졌는데, 이는 전적으로 우리가 호기심을 느끼는 법을 잊어버렸기 때문이다. 대신, 우리는 호기심 어린 개방적 성격을 자신의 주장을 입증하거나 힘을 얻거나 정당성을 유지하겠다는 자기중심적인 욕구로 바꿔버렸다. 우리는 다른 사람에게도 적절한 관점이나 해결책이 있을 수 있다는 여지를 남겨두고 싶어 하지 않는다. 더구나 사실은 자신이 **틀릴** 수도 있다는 가능성 그리고 궁극적으로 (우리 자신을 포함해) 모두에게 최선은 더는 도움이 되지 않는 낡은 믿음과 편견, 숨은 의도를 버리고 새로운 태도를 가지는 것이라는 가능성조차 고려하기 싫어한다.

이런 두려움은 일반적이고 인간적이다. 그러므로 이 확실성이라는 안전한 담요를 쓰레기통에 버리는 대신, 담요에 '호기심'이란 지퍼를 달아보자. 그렇게 하면 우리는 안전한 담요를 버리고 자기만의 경험과 관점에서 벗어나는 일을 시도하면서도 담요 속으로 다시 후퇴해 지퍼를 올리고 친숙한 일도 계속하는 선택권 또한 손에 쥘 수 있다. 심지어 한쪽 발을 담요 밖으로 꺼내두고 잠을 자고 싶을 때를 대비해 양방향 지퍼도 달 수 있다. 이렇게 하면 조절하기 어려운 요인들에 당신의 모든 것을 노출하지 않고도 다양한 관점을 시도할 수 있다. 적절한 시기에 이 지퍼를 달고 끝까지 계획을 실행하려는 의지는 당신의 삶을 긍정적으로 키우는 데 발전기 역할을 한다.

호기심이 순수하고 진실한지 판단하는 몇 가지 요소가 있다. 물음표를 많이 사용한다고 반드시 진실한 호기심이란 뜻은 아니다. 이를테면 사사로운 의도를 숨기고 이것저것 묻다 보면 그 질문은 순수한 진실 탐색이라기보다는 수동적인 공격 성향을 띤 비꼬기 또는 질문을 위장한 명령으로 변질된다.

가령, 어른들은 어린아이들에게 다음과 같은 질문을 즐겨 던진다. "커서 뭐가 되고 싶니?" 특정 나이가 되면 이 질문에 공주나 공중그네 곡예사, 록스타라고 대답하는 것이 더는 허용되지 않는 것 같다. 졸업하고 나서 무엇을 할지 아직 결정하지 못한 채 마지막 학기를 보내고 있는 학생들과 이야기를 나눌 때, 이런 질문은 학생이 장래의 진로를 명확히 정하길 바라는 어른의 사사로운 의도를 담고 있을 때가 간혹 있다. 이 질문은 점점 옆구리 찌르기처럼 변하면서 그 학생에게 다음과 같이 말한다. "시간이 많지 않으니까 뭔가 계획을 세워둘 필요가 있어." 이런 말은 상대에게 기대치를 두지 않고, 순수한 호기심으로 던지는 질문과 정반대의 성격을 띤다.

의도를 숨기고 하는 질문은 절대 도움 되지 않을뿐더러 때로는 불필요하다고 말하려는 게 아니다. 오히려 이 질문을 더 주의 깊게 의식하라고 권장하는 것이다. 대답이나 결과를 기대하는 게 반드시 나쁜 일은 아니지만, 으레 예상되는 우리의 요구와 욕구에 젖은 채 의도를 품고 질문을 건네면 **단절**을 불러일으킬 가능성이 있다. 심지어 남의 시선을 의식해 대답하거나 질문자의 기대에 충족하는 답을 하려고 어쩌면 진실한 대답을 숨길 가능성도 있다. 이처럼 숨은 의도를 가지고 질문하는 현상은 질문자에게 공감력이 부족할 때 특히 해로울 수 있다. 질문을 받을 때, 우리는 누구나 자기 대답이 틀린 것으로 여겨질 위험 없이 자신에게 진실하게 느껴지는 방식으로 대답할 수 있기를 바란다. 숨은 의도란 **어떤** 대답이든 틀렸다는 부당한 말을 하게 만드는 요인이다. 호기심이 순수하다면 틀린 대답이란 있을 수 없다.

갈등 상황에서 숨은 의도를 품지 않기란 특히 어렵다. 이때는 매우 높은 정서 지능과 강력한 자기 관리 기술이 필요하다. 예컨대 만약 당신이 굳건한 정치적 신념이나 종교적 신념을 가졌다면, 반대 의견을 가진 사람과 숨은 의도 없이 이야기를 나누기는 무척 어려울 수 있다. 만약 당신이 정서 조절에서 어려움을 느낀다면, 갈등을 겪는 동안 호기심을 통해 관계를 형성하는 것이 불가능하다고 느낄 것이다. 진실한 대인관계를 확립하기보다 자신이 옳다고 입증하거나 '상대를 이겨서' 갈등에서 벗어나는 것을 최우선으로 한다면, 우리가 호기심을 발휘할 가능성은 차단된다. 우리가 보호하거나 방어하려는 자세를 취할 때, 진실한 호기심이 가진 취약성은 편안하게 느껴지지 않는다. 하지만 다른 사람의 관점을 이해하기 위해 당신의 사사로운 의도를 잠시 치워둘 줄 아는 연결의 힘을 절대 과소평가해서는 안 된다. 갈등 관계에서 질문을 던질 때는 상대의 진정한 대답을 알고 싶어 하는 진실한 마음에서 출발해야 한다.

편견과 가치 판단 또한 호기심과 마구 뒤섞이면 결과를 망칠 수 있다. 편견과 가치 판단에서 벗어나는 일은 생각보다 쉽지 않다. 자신과 전혀 다르게 생각하고 믿고 행동하고 선택하는 사람들에게 (암묵적으로도 명시적으로도) 자신은 편견이 없으며 그 어떤 가치 판단도 하지 않는다고 말하는 사람을 만나면 나는 순 헛소리라고 일침을 놓는다. 인간의 정신에는 편견과 가치 판단을 거부할 능력이 없다. 자신은 편견도 없고 가치 판단도 내리지 않는 사람이라고 말하는 것은 물이 떨어지는 폭포 밑에 있는 스펀지에 물이 한 방울도 흡수되지 않는다고 말하는 것과 마찬가지다. 내면에 이런 취약성을 품고 있다고 해서 우리가 나쁜 사람이 되는 것은 아니다. 이것은 개인적인 문제가 아니다. 심리학, 신경학 그리고 사회학은 편견과 가치 판단이 우리 모두에게 필연적으로 생긴다는 것을 보여준다. 이 두 가지는 우리를 인간으로 만들어주는 요소 중 일부이다.

진실한 호기심을 발휘한다는 말은 특정한 대답이 따라온다는 의미가 아니다. 당신에게 그다지 호감으로 느껴지지 않는 대답을 거부하지 않는다는 뜻이다. 상대의 반박이나 응수가 되돌아오도록 부채질하려는 목적으로 질문을 던지지 않는다는 것이다. 가장 순수한 형태의 호기심이란 몰랐던 것을 더 잘 이해하고 배우고 싶다는 진실한 욕구이자 개방적인 탐구 에너지이다. 우리가 호기심을 느끼는 대상이 타인이든, 나 자신이든, 아니면 주변을 둘러싸고 있는 거대한 우주이든 이것은 사실이다.

아주 어렸을 때 당신에게는 아무 제약 없는 탐구심이 넘쳤다. 더 깊은 호기심을 느끼는 과정은 무언가를 기억하는 과정이다.

세상은 우리에게 호기심이란 위험한 것이고, 확실성과 정당성이야말로 강하고 안전한 것과 같다고 믿도록 가르쳤다. 사실, 절대론자의 삶은 두렵고 시야가 좁으며 (기껏해야) 옆으로밖에 움직이지 못한다. 호기심 없이 살다 보면 나 자신, 다른 사람들 그리고 세상과의 단절이라는 결실밖에 보지 못한다. 단절로 인해 당신은 잠시나마 혼란을 피할 수 있지만 정체되고 말 것이다. 이것이 바로 더러운 고통이다. 절대적인 것을 찾고 싶다거나 어떤 종류의 확실성을 계속 붙들고 싶다는 충동을 거부하라. 진실하고 진심 어린 호기심을 길잡이로 삼는다면 당신은 잘 정렬alignment되고 끊임없이 성장하며 즐거움이 가득한 인간적 경험을 하게 될 것이다.

더 많은 호기심을 느끼는 데 전념하라. 그리고 마음을 항상 열어두어라.

1

나 자신과의
관계

내가 심리치료사로서 개인 진료를 볼 때, 처음 온 내담자들은 소
파에 앉아서 고개를 끄덕이며 다음과 같이 말할 때가 많다. "어
쩌다가 내 인생이 이렇게 잘못 흘러갔는지 모르겠어요." 대다수
사람이 인생이라는 기차에서 한 개 이상의 차량이 선로를 벗어
나 자신이 평생 써 내려온 이야기와 다른 방향으로 흘러가는 경
험을 한다. 이상한 점은 대부분 언제, 어떻게 상황이 그렇게 어
긋났는지 모른다는 것이다.

　트라우마와 비극적인 사건을 별개의 문제로 치부하더라도,
불만과 정체가 하룻밤 사이에 생기는 건 아니다. 대체로 인생의
정렬이 어긋나는 것은 수천 가지의 어리석은 결정과 불운한 사

건 그리고 마음을 놓친 채 반응한 일이 (감지하기 어려울 정도로) 천천히 쌓여 나온 결과이다. 어느 밤에 이를 닦지 않고 잠자리에 들었다가 다음 날 아침에 일어났더니 이가 몽땅 썩어버리는 일은 없다. 29년 동안 무언가를 열심히 해본 적이 없던 사람이 서른 번째 생일 파티에서 다음과 같이 생각하는 것과 마찬가지이다. "이런, 세상에. 모든 일이 갑자기 망해버렸어." 우리 생활이 이렇게 망가지고 정체된 이유 중 대부분은 우리가 인생의 여러 영역에서 의무를 소홀히 하고, 방심한 채 살아왔기 때문이다.

이런 결과를 피하는 방법은 무수히 많지만, 우선 심리교육부터 시작해 보자. 요즘 아이들이 유치원이나 유아원에서 마음챙김을 배우는 것은 드문 일이 아니다. 감정 및 행동에 관한 자기 조절 능력을 가르치는 것은 이제 한층 더 널리 유행하고 있다. 어릴 때부터 이런 능력을 배우고 연습해 온 요즘 아이들이 마침내 어른이 되면 정서 지능 면에서 뛰어난 사람들이 많아지는 셈이다. 심리적 안녕과 정신적 안녕은 이제 주류에 편입되어, 우리가 성장하던 때보다 훨씬 주된 화제가 되었다. 건강한 심리적 이념과 실천을 이해하고 활용한다는 면에서 우리는 부모 세대보다 몇 광년 앞서 있다.

다행스럽게도 (불리한 처지에 놓인) 성인이 배우기에도 늦지 않았다. 이 책의 첫 장은 마음챙김, 자각, 인식 그리고 심리적 안녕을 더욱 잘 유지하는 법을 알려줄 것이다. 이 책을 한 장 한 장 넘기다 보면 당신은 심리요법과 재활 프로그램, 치유 수련 같은 중대한 변화를 일으키는 경험에서 주로 일어나는 방식으로 자신의 정신과 신체, 마음의 내적 작용을 탐구하게 될 것이다. 편견, 정신적 충격, 역기능적 행동, 부적응적 신념, 가치 판단, 문화 및 가족 도식(개인이 자기가 속한 문화나 가족의 보편적 의미에 대해 가지고 있는 인식-옮긴이), 가치관 그리고 개인적인 반응성(자신이 관찰된다는 것을 알고 행동 방식을 바꿀 때 나타나는 심리 현상-옮긴이)에 대해서도 배울 것이다. **온전함**이 당신에게 무엇을 의미하는지 명확히 이해하고 나서 자신의 선택과 생각, 행동을 두루 살펴보며 자신이 뱉은 말을 얼마나 책임지고 있는지에 관한 목록을 작성해 보자.

특히 첫 번째 장에서 당신은 자기 약점과 보호막에 대해 솔직해질 수 있도록 자기를 방어하고 정당화하려는 태도를 버려야 한다. 양파 껍질을 한 겹씩 벗기면서 무엇을 조화시킬지, 변화시킬지 아니면 치유할지를 명확히 정하게 된다. 이 첫 번째 장을 지나고 나면 당신의 의식은 강화될 것이다. 게으름 피우는 일은 더는 없다! 호기심 넘치는 자기성찰의 특별 훈련에 참여하게 된 것을 환영한다.

당신이 고개를 들고 주변을 둘러본 뒤 "젠장, 너무 멀리 벗어나 버렸잖아!"라고 혼잣말을 할 정도로 무언가를 오래 밀어붙이던 것을 그만둔 때가 언제인지 어쩌면 정확히 집어낼 수 있을 것이다. 이 시기는 우리가 익숙하고 단조로운 일을 계속할 것인지 아니면 더 대단하고, 더 진정한 목표를 추구하며 미지의 것에 과감히 발을 들이밀어 도전할 것인지를 선택해야 하는 핵심적인 순간이다.

나는 내 인생의 구심점이 된 순간을 기억한다. 차를 몰고 출근하던 길이었다. 시간은 아침 7시였다. 나는 새벽 5시부터 깨어 있었기 때문에 샤워를 하고 하루를 시작할 준비를 할 시간이 충분했기에 딸아이를 유치원에 보내기 위해 밥을 먹이고 옷을 입혔다. 당시는 내가 정신건강 분야에서 본격적으로 일을 시작하기 2년 전으로, 밥벌이는 되지만 만족감은 거의 느끼지 못하는 직장을 꾸역꾸역 다니고 있었다. 출근길에 나는 정지신호에 걸려 차를 세웠다. 오른발에 신은 하이힐의 끈이 너무 조이는 것 같아서 버클을 풀려고 몸을 숙였다. 버클을 찾으려고 손으로 더듬거렸지만 신발을 벗을 수 없었다. 이윽고 신호등이 출발신호로 바뀌었지만 내 뒤에 한 줄로 늘어선 차량은 그대로 서 있었다. 내 몸속의 피가 시시각각 뜨겁게 끓어오르는 기분이었다. 나는 이미 기나긴 한 주를 보내고 있었다. 내 인생의 온갖 영역에서 부담감과 극도의 피로, 엄청난 스트레스로 허우적거리고 있었다. 금방이라도 신경쇠약에 걸릴 것 같은 기분이었다. 참 신기하게도 구두 버클처럼 무해한 존재가 어떻게 트리거로 작용해 그처럼 엄청난 순간을 만들어낼 수 있었는지 모르겠다.

나는 근처의 주유소로 들어갔다. 주유 펌프가 늘어선 곳에서 멀리 떨어진 주차장의 어느 위치에 차를 세웠는지도 기억한다. 그로부터 한 달 전, 나는 같은 자리에 주차한 적이 있었는데 그때는 퇴근 후 집으로 가던 길로 장염에 걸린 상태였다. 이번에는 보도 위에 새우 칵테일을 게워냈던 바로 그 자리에 차를 세운 채 (그때와 같이) 늘어선 주유 펌프를 바라보고 있었다.

바로 그 순간에, 나는 인생에서 진정성이 없는 모든 요소가

마음 성찰

충돌하는 기분을 느꼈다. 나는 하이힐을 신기 싫어했다. 애초에 이 바보 같은 신발을 왜 신고 있었을까? 매일 아침 차 안에서 억지로 들어왔던 CCM도 좋아하지 않았다. 늘 입고 다니는 정장도 싫어했다. 나는 내 일이 싫었다. 남편을 사랑했지만 결혼 생활은 너무 불행하게 느껴졌다. 머릿속으로 이렇게 혼잣말하는 것도 형편없어 보였다. 내가 다른 사람을 평가하는 태도도 마음에 들지 않았다. 앞으로도 오늘 같은 나날이 이어질 것만 같다는 생각을 견딜 수 없어서 미래에 관해서는 떠올리지 않으려고 했다.

나는 라디오 채널을 돌리던 중에 오프스프링Offspring(미국의 펑크 록 밴드-옮긴이)의 노래를 틀어주는 방송을 찾았다. 이미 쿵쿵 울리고 있던 스피커가 터져나가도록 볼륨을 최대한 끝까지 높였다. 나는 두 손을 핸들 위에 10시와 2시 방향으로 올려놓았다. 그러고는 소리를 크게 질렀다. 눈물이 떨어졌다. 눈물은 쉼 없이 줄줄 흘러내렸다. 내 목구멍에서 터져 나오는 소리에 내가 화들짝 놀랄 정도였다. 하지만 마치 압력 밸브를 풀어버린듯, 모든 긴장감을 밖으로 배출하는 건 정말이지 기분 좋았다. 나는 그대로 폭발해서 산산조각 나는 중이었을까? 아니면 나를 단단히 조이던 그 끔찍하고 해로운 압박감을 몸속에서 모두 씻어내는 중이었을까? 나는 고통스러웠다. 하지만 밖으로 털어버리는 게 안으로 억누르는 것보다 나았다. 끔찍한 불만들이 끝없이 내 안에 쌓였고, 이제 해방될 필요가 있었다. 그것은 눈물을 통해서 밖으로 분출되어야 했다. 그 비명은 내가 마음속에서 억눌러왔던 고통이 겉으로 나타난 현상이었다.

이런 감정의 정화를 거치고 난 뒤, 나는 다시 차를 몰아 직장으로 출근했다. 건물 주차장에 도착하자마자 나는 스타킹을 벗어서 하이힐과 함께 쓰레기통에 던져버렸다. 그날은 근무 시간 내내 편안한 옷을 입은 채, 칸막이가 쳐진 내 책상 밑에서 반항아처럼 자유롭게 발가락을 꼼지락대며 맨발로 있는 것을 기념했다.

그날 나는 삶의 상태와 생활체계를 이대로 유지해서는 안 된다는 걸 깨달았다. **어떻게** 상황이 달라질 것인지는 알지 못했다. 심지어 그 **변화**가 어떤 모습으로 나타나기를 바라는지조차 몰랐다. 도무지 어찌할 바를 몰라 두려울 정도였다. 하지만 그 공포와 불확실함보다 더 크고 요란하게 다가온 것은 내 머릿속에서 쉴 새 없이 울려 퍼지는 "이렇게는 안 돼!"라는 말이었다. 나는 내가 나아갈 인생의 새로운 방향도 그 변화를 일으키는 방법도 알지 못했다, 하지만 지금처럼 계속 내버려두어서는 안 된다는 것만큼은 분명했다.

내 눈물에 번진 마스카라와 맨발을 보고 팀장님은 무언가 심상치 않은 문제가 생겼다는 걸 알아차렸다. 그녀는 나를 밖으로 불러내서 괜찮냐고 물었다. 눈물이 다시 나왔다. 나는 그저 고개를 저을 수밖에 없었다. 우리 회사는 근로자 지원 프로그램EAP(지원 업무에 영향을 줄 만한 심리 문제를 돕는 프로그램-옮긴이)을 지원하고 있었기에 나는 인사부 담당 직원에게 넘겨졌고, 그는 나에게 심리치료를 받아야 한다고 친절하면서도 노골적인 태도로 이야기했다.

그날, 그동안의 내 인생을 회복시킬 엄청난 작업이 시작되었다. 꽤 긴 시간이 걸렸다. 나는 몇 걸음 앞으로 나아갔다가 몇 걸음 뒤로 물러서곤 했다. 한동안 심리치료를 받았지만 내 기분이 나아지기 위해 얼마나 큰 변화가 일어나야 하는지를 직시할 때면 그만 움츠러들었다. 그래서 결국 치료를 그만두었다. 나는 다시 아이를 가졌다. 인생을 바꾸겠다는 사명은 이기적이라고 생각했고, 이미 누리고 있는 삶에 행복해하며 감사할 줄 알아야 한다고 나 자신을 설득하려 했다. 나의 내면과 주변은 엉망이었지만 일부러 모르는 척 눈을 감았다. 그렇게 회피하기로 마음먹었던 나는 얼마 지나지 않아 다시 화를 내고 원망하며 비참해했다.

이런 저항을 그만두고, (나 자신을 포함해서) 내 인생에서 엉망이 된 모든 문제를 더는 정당화해서는 안 된다고 마침내 인정했을 때, 나는 예전에 다녔던 심리치료소의 소파에 다시 눕게 되었다. 현재의 삶을 사랑하는 척 가식적인 행동을 이어간다면 껍데기만 남은 채 속은 텅 비어버릴 거란 걸 알고 있었다. 모든 게 잘될 거라고 나 자신을 계속 설득할 수 없었다. 그 번지르르한 겉치레는 바보 같은 짓이었고 나는 그것을 잘 알고 있었다.

지난 상담 시간 동안, 심리치료사는 매번 토하듯 불만을 분출하는 내 모습을 참을성 있게 지켜보았다. 이런 감정의 정화는 꼭 필요한 일이었다. 하지만 이제는 본격적으로 작업에 착수해서 실질적인 **노력**을 할 때가 되었다.

심리치료사는 내가 상담 시간 내내 감정을 쏟아내는 것을 더는 내버려두지 않았다. 그 대신, 그녀는 내게 내면을 들여다보라고 요구했다. 내가 힘겨운 상황을 설명할 때마다 그녀는 "몸 안에서 무언가 눈에 띄는 점이 있나요?"라고 물어보곤 했다. 그녀는 내 말을 중간에 끊고는 잠시 말하기를 멈춰보라고 권유했다. "지금 느껴지는 감정이 무엇이든 잘 감지해 보세요"라고 나를 유도하기도 했다. "만약 슬픈 감정이 들거든, 그 슬픔을 한껏 느끼세요"라고 그녀는 말하곤 했다. 내 감정에 대해 말하는 것은 단지 치료 과정의 작은 부분에 불과하며 그것만으로는 충분하지 않다는 것도 가르쳐주었다. 나는 모든 감정을 **느껴야** 했고, 고통을 그저 이야기하는 것에 그치지 않고 고통을 **헤치고** 나아가야 했다.

책임 의식을 갖는 것은 매주 내가 당연히 해야 할 일이 되었다. 심리치료사는 내가 생활하면서 형편없다고 느끼는 한 가지 부분을 확인하도록 했고, 다음 상담 시간 전에 작은 변화를 일으키라는 목표를 던져주었다. 특히 그녀는 나에게 **내면의** 변화를 가장 우선시하라고 권장했다.

그녀가 다룬 내면의 첫 번째 문제는 내 생각이었다. 나는 내 생각이 (나 자신과 타인에 대한) 부정적 성향과 분노, 비판으로 가득하다는 것을 알아차리기 시작했다. 이런 생각이 나를 거의 지배하다시피 했다. 여느 훌륭한 정신건강 상담자와 마찬가지로, 심리치료사는 내가 암울한 사고방식에 대해 변명을 늘어놓을 때면 내 헛소리를 짚으며 따져 물었다. 그녀는 부족한 부분을 바탕으로 형성된 생각을 확인하는 법을 가장 먼저 알려주었고, 그런 다음 마침내 그런 생각을 재구성하고 재편성하며 완전히 변화하는 법을 가르쳐주었다.

호기심을 통한 자아성찰은 내가 어느 정도 아는 내용이었지만, 내면의 책임 의식을 갖는다는 개념은 낯설었다. 자기 자신이 내면의 경험에 그토록 엄청난 영향력을 행사한다는 것을 전혀 깨닫지 못했다. 내 생각과 감정은 다른 누구도 아닌 **내가** 책임질 일이었다. 이것은 중요한 깨달음이었다!

나는 나 자신을 호기심을 가지고 참을성 있게 대하는 법을 배웠다. 자기 돌보기와 자기 연민의 가치에 대해서도 알게 되었다. 이것들은 내가 언제나 '이기적'이라고 믿어왔던 것으로, 대대로 물려받아 만성적으로 자리한 동반 의존증(다른 사람에게 도움이 되는 관계에서 행복을 찾고 헌신하는 태도-옮긴이)과 루터교회의 양육법, 자기를 희생하고 타인을 중심에 두어야 한다고 이야기한 모든 영향력 있는 사람이 내게 심어온 메시지이다.

태어나서 처음으로 나는 무언가에 의문을 품는 것이 나쁘지 않다는 사실을 배우게 되었다. 엉망진창으로 느껴지는 것에 대해 거리낌 없이 말한다고 해서 내 머리에 악마의 뿔이 나거나 내가 끔찍한 사람으로 변하지 않는다. 분명히 이 새로운 용기와 호기심은 어떤 사람들을 화나게 했다. 하지만 내게는 힘을 실어주었다. 이것은 내가 어떤 사람이었는지 기억하는 데 도움이 되었다.

실질적이고 진정성 있으며 한 방향으로 정렬된 인생의 발전은 외적인 변화로 시작되지 않는다. 당신의 기분을 나아지게 만드는 방식으로 상황이 달라진다거나 다른 사람이 변화하면서 시작되지도 않는다. 이것은 내면으로 파고들어 관찰하면서 시작된다. 그리고 **당신의 내면에서** 어떤 숨은 의도도 없는 진실한 호기심을 발휘하겠다는 의지와 함께 지속된다. 당신의 뼈가 부러졌을 때, 첫 번째 치료 과정이 깁스로 시작되지 않는다. 우선, 당신은 고통을 문득 알아차린다. 그리고 그 고통을 확실히 느낀다. 당신은 도움이 필요하다고 사람들에게 알린다. 그다음 고통의 원인이 되는 상처에 대해 알아보기 위해 엑스레이를 찍는다. 당신은 호기심에 휩싸여 그 상처 자체에 대한 정보를 모을 수 있게 된다. 마지막으로, 당신은 치료를 받기로 한다. 아마도 적절하고 알맞은 시기에 깁스를 하게 될 것이다. 상처를 치료하기 위해서는 참을성과 보살핌, 꾸준함이 필요하다. 시일이 지나 마침내 깁스를 풀게 되면, 당신은 다리를 쓰는 법을 다시 배운다. 때로는 잃어버린 힘을 되찾기 위해 몇 걸음 뒤로 물러나야 할 수도 있다. 만약 그 과정을 신뢰하고 의도와 확신, 집념을 가지고 실행한다면, 당신은 예상치 못한 상처를 입더라도 가능할 법한 수준보다 훨씬 더 인상적이고 충만한 방식으로 자신의 삶을 다시 살아갈 준비를 할 수 있을 것이다.

당신은 단계를 건너뛸 수 없다. 처음부터 시작해야 한다. 때로는 이 점이 가장 무섭게 느껴질 수도 있다.

우리는 자기 내면으로 들어가야 한다.

마음챙김

최근 정서와 심리의 중요성에 대한 인식이 높아지면서, '마음챙김mindfulness'이 유행어로 떠올랐다. 고대 동양 철학과 불교 철학에 기원을 두고 있는 마음챙김의 개념은 수천 년 전부터 존재했다. 하지만 20세기 후반에 들어서야 비로소 문화적으로 친숙해졌다.

태생적으로 우리는 마음을 챙기는 존재이다. 유아원이나 유치원에서 인간의 오감에 대해 배우지만, 이것이 우리에게 새로운 정보는 아니다. 이런 가르침은 우리가 태어나기 전부터 지각된 경험에 대한 더 분명한 이해와 그것을 묘사하는 더 명확한 언어를 제시할 뿐이다. 예를 들어, 청각은 임신 18주 무렵에 태아에게 생기기 시작한다. 이 시기는 태아가 엄마의 심장 박동과 소화관에서 나는 소리를 듣기 시작하는 때이다. 선명한 시각과 폭넓은 미각 같은 감각들이 발달하는 데에는 시간이 다소 걸리지만, 그 감각을 지칭하는 이름을 듣기 훨씬 전에 우리는 광범위한 감각 경험을 분명히 인식한다.

마지막으로 당신이 가만히 누워서 심장 박동처럼 단순한 소리에 귀를 기울인 적은 언제인가? 오븐에 구운 근사한 간식의 달콤한 냄새나 사랑하는 사람이 당신을 꼭 안아주는 느낌에 눈을 감아본 적은 언제인가? 마지막으로 신발과 양말을 벗고 발가락 사이로 풀잎을 느껴본 적은 언제인가? 혹은 공원 벤치에 앉아서 연못을 가로지르며 헤엄치는 오리 떼의 변화무쌍한 대형에 온전히 관심을 기울인 적은 언제인가?

마음챙김을 하기 위해서는 우리의 내면과 주변을 서서히 의식할 수 있도록 번잡한 삶의 혼란에서 벗어나야 한다. 이것은 가장 온순하고 미묘한 형태의 호기심이다. 진정한 마음챙김에는 어떤 판단도 숨은 의도도 없다. 이것은 무언가를 바꾸거나 이해하거나 멈추거나 어떤 식으로든 조처하려는 욕구도 의도도 전혀 없이 대상을 온화하게 인정하는 것이다. 또한 마음챙김에는 대상을 유지하려는 필요나 욕구도 없다. 마음챙김의 정신은 변화란 필연적이라고 이해하는 것이다. 이런 이유로, 우리가 의식하는 대상을 굳게 지키거나 변화시키거나 밀어내려고 할 필요는 없다. 이런 행동 중 무엇이라도 시도하려는 욕구가 있다면 단지 무언가를 의식하는 상태로 존재할 수 있는 능력이 사라진다. 그 순간에 그저 존재하도록 하라.

내가 어렸을 때 가장 좋아하던 행동 중 하나는 풀밭에 누워 이리저리 모양을 바꾸며 흘러가는 구름을 관찰하는 것이었다. 이때 구름이 떠다니는 속도를 통제할 필요는 없다. 구름의 모양이나 크기를 서로 비교하며 비판할 필요도 없다. 자연에는 이와 같은 놀라운 일들로 가득하다. 이것은 우리가 아닌 대자연이야말로 통제권을 가진 존재라는 사실을 상기시키는 작은 현상이다. 대자연은 당신이 존재하기 오래전부터 여기 존재했고, 당신이 떠난 후에도 오랫동안 여기 있을 것이다. 당신의 마음챙김을 향상하고 싶다면, 자연이야말로 그렇게 할 수 있는 훌륭한 장소이다.

콜로라도에서 살고 있는 나는 계절 중 가을을 가장 좋아한다. 9월 무렵, 미국의 사시나무는 불꽃 같은 색조로 물든다. 해마다 콜로라도 가을 주말에는 사람들이 노란색, 주황색 그리고 빨간색으로 물든 사시나무 잎사귀를 구경하기 위해 산길을 가득 메운다. 이 특별한 주말은 내가 콜로라도를 떠나지 못하는 이유 중 하나이다. 그만큼 나는 단풍을 사랑한다.

몇 년 전, 나는 9월 내내 일에 파묻혀 지낸 적이 있다. 동부 해안 지역에서 여러 날에 걸쳐 공개 연설 일정이 잡혀 있었고, 그 다음에는 다른 프레젠테이션을 하기 위해 중서부로 곧장 날아가야 했다. 나는 7일 동안의 출장을 마치고 일요일에 덴버의 집으로 돌아왔다. 다음 날 아침 나는 빽빽하게 일정이 잡힌 환자들의 개인 진료를 바로 시작했다. 겨우 틈을 내서 식사를 하고 화장실에 다녀올 수 있었고, 출퇴근 시간과 업무 시간에 짬짬이 업무 관련 회신을 할 수 있었다. 더러운 빨랫감이 가득 찬 여행 가방은 여전히 침실 구석에 처박혀 있었다. 매일 밤, 나는 쓰러지듯 침대에 누워, 다음 날 아침에 이 숨 가쁜 일정을 다시 시작하기 전까지 적어도 여섯 시간을 잘 수 있기를 바랐다.

월요일 밤에 나는 완전히 기진맥진했다. 화요일 밤에는 가족들이 나를 혼자 내버려두기를 바랐다. 수요일 밤에는 눈물을 흘리며 비참한 기분으로 내 일을 그만두고 진료소 문을 닫은 다음, 동네 스타벅스에 취직하고 싶다는 생각을 합리화했다. 목요일에는 방문하기로 예정되어 있던 내담자가 약속 시간 직전에 예약을 취소했는데 나는 거의 기쁨의 눈물을 흘렸다. 나는 대낮에 느닷없이 생긴 이 휴식 시간에 다른 일거리를 만들거나 시간을 쪼개 운동할 정도로 어리석지 않았다. 나는 고요히 있어야 했다. 내 모든 시스템이 그러기를 간절히 원했다. 나는 촛불을 켜고, 내담자들이 상담 시간 동안 앉는 커다랗고 푹신한 소파에 내 엉덩이를 묻었다. 커다란 사무실 창문을 등진 채로 소파의 가장자리에 앉았다. 두 발을 바닥에 편히 두고 눈을 감은 채 양어깨를 귀 아래로 잔뜩 늘어뜨린 다음 (이것이 지난 몇 주 동안 나의 기본자세였다) 숨을 깊이 들이마셨다. 소리 없는 눈물이 얼굴을 금세 적셨다. 이렇게 무너져버린다면 남은 하루 동안의 내 생산성, '정신 똑바로 차리고 살자'라는 내 사고방식 그리고 내가 바른 마스카라가 망가질 참이었다. 내게는 완전히 추락할 시간도 여유도 없었다. 그래서 나는 그렇게 하는 대신, 천천히 숨을 들이마셨다

뱉기를 반복했다. 내가 평소 내담자들에게 알려주었던 5-4-3-2-1 마음챙김 기초 훈련이었다.

- 내가 볼 수 있는 다섯 가지(빛, 색상, 사물 간의 간격, 형태, 마루판 위의 얼룩)
- 내가 느낄 수 있는 네 가지(바닥의 단단함, 담요의 부드러움, 에어컨의 차가움, 다소 지나치게 당겨서 올려 묶은 내 뒷머리의 일부)
- 내가 들을 수 있는 세 가지(백색소음을 뿜어내는 내 기계, 로비에서 누군가 이야기하는 알아듣기 어려운 말소리, 3층 아래의 도로를 지나는 차 소리)
- 내가 냄새 맡을 수 있는 두 가지(내 디퓨저에서 퍼져나오는 라벤더 오일 향, 사무실을 같이 쓰는 사람이 전자레인지에 돌린 도시락 냄새)
- 내가 맛볼 수 있는 한 가지(마지막 상담 전에 급히 먹어서 내 치아에 끼어있는 단백질 바 찌꺼기의 맛)

나는 이 기초 루틴을 모두 마쳤을 때 움직일 수 없었다. 그 고요함이 정말이지 너무 좋았다. 눈을 뜨면 혼란과 부담이 내 주위를 다시 맴돌면서 나를 집어삼키려 할 것 같아서 두려웠다.

숨을 들이마셔라.

숨을 내쉬어라.

나는 사람들의 피부 각질을 뜯어먹는 닥터피시처럼 내 생각이 나를 서서히 갉아먹도록 내버려두었다. 나는 그 생각들을 쫓아내려고 하지 않았다. 숨쉬기와 오감이 나를 안전하게 지켜주었고, 현실에 단단히 발붙이도록 해주었다. 나를 갉아먹던 생각들이 정말로 나를 해치진 못할 것이란 걸 알고 있었다. 단지 그런 생각이 존재하도록 내버려두되, 내 주의력을 거기에 빼앗기지는 않도록 조심했다.

잠시 후, 나는 '깨어나서' 오후에 예약된 내담자들을 만날 준비를 해야 했다. 손가락과 발가락을 꼼지락대고 눈을 깜박거리고 나서 살펴보니, 사무실은 내가 기억하는 것보다 더 밝아져 있었다. 자리에서 일어나 소파 쿠션을 봉긋하게 부풀리고 있을 때, 창밖에 있는 무언가가 늘하던 내 행동을 멈추게 했다. 내 사무실의 창문은 그렇게 작지 않았다. 약 3.7미터 길이의 벽을 뒤덮는 크기였다. 창문밖에는 작은 사시나무가 있었다. 그날은 내가 출장에서 돌아와 사무실로 출근해서 똑같은 사시나무가 내다보이는 똑같은 창문이 달린 똑같은 공간에서 내담자들을 만난 지 나흘째 되는 날이었다. 하지만 그때 처음으로, 나는 살랑살랑 흔들리는 수천 개의 황금색 사시나무 잎을 인식했다.

2주 전 출장을 떠날 때, 그 잎은 가을의 변화를 보여줄 기미는 전혀 없이 온통 초록빛이었다. 이 근사한 풍경은 나를 숨이 멎을 정도로 놀라게 했다. 마치 배를 한 방 크게 얻어맞은 듯한 기분이었다. 하루 이틀이 더 지나면, 이 잎들은 주황색과 붉은색으로 변할 터였다. 나는 노란색 잎을 보지도 못하고 넘어갈 뻔했다. 나는 월요일부터 이곳에 있었으면서도 창문 바로 밖에서 변화를 거듭하는 거대한 나무를 인식하지 못했다. 내가 어떻게 이런 풍경을 놓칠 수 있었을까? 한주 내내 바로 내 코앞에 존재했는데

말이다.

그렇다면, 내 배를 후려친 두 번째 주먹에 관해 이야기해 보자. 내가 이 장면을 놓쳤다면 다른 어떤 게 그 틈을 파고들어 왔을까? 나는 퇴근하고 매일 밤 우리 아이들과 시간을 보냈지만, 아이들의 학교생활이나 그날의 기분에 대해서는 전혀 알지 못했다. 나는 출장 기간에 가정이라는 배가 계속 항해할 수 있도록 남편이 쏟아부은 온갖 노력을 완전히 잊고 있었다. 심지어 일요일 밤에 집으로 돌아온 뒤로 내가 강아지를 쓰다듬어 주었는지조차 기억나지 않았다.

나는 그 경험을 금방 잊어버리지는 않을 것이다. 대자연은 내 주의를 확실히 사로잡을 만한 광경으로 내 앞에 들이닥쳤다. 대자연은 내가 이런 일과를 억지로 밀어붙이면 어떤 일이 벌어질지 떠올리도록 만들었다. 그 뒤로, 나답지 않다는 느낌이 들 때마다 나는 속도를 늦추고 심호흡하며 나를 추슬렀고 마음챙김의 상태로 나아갔다. 내 안에서 고요를 발견할 수 있을 때 나는 더 깨어있고 의식이 높은 상태에서 주변 세계와 교류하게 된다. 나는 현재에 훨씬 더 충실할 수 있다.

마음챙김의 개념은 몰입하고 현재에 충실하며 한 방향으로 정렬된 삶을 사는 데 가장 중요하다. 마음챙김이 없다면, 나 자신을 깊이 있게 안다거나 나답다고 느끼는 것은 **불가능하다**. 마음챙김이 없다면, 대체로 가장 멋진 부분으로 구성된 무수한 인간 경험의 중요한 세부 요소들을 놓치고 만다.

당신의 마음챙김을 향상하라. 이것을 연습하라. 이것을 훈련하라. 세상에는 참고할 수 있는 애플리케이션, 기사, 책, 다큐멘터리, 시설 그리고 전문가가 무수히 많다. 만약 마음챙김이라는 개념이 낯설다면 구글이나 핀터레스트를 얼른 검색해 보면 그것을 더 잘 이해할 수 있을 것이다. 당신의 일상 구석구석에서 의도적으로 마음챙김을 실천하라. 이것은 간단한 데다 돈도 들지 않고, 무엇보다도 당신에게 생기를 불어넣어 준다.

이 책에서 당신이 배우게 될 다른 어떤 것과 달리 마음챙김은 당신의 인간성을 곧장 회복시켜줄 것이다. 마음챙김은 당신에게 정보를 주고 가르침을 주며 바른길로 인도할 것이다. 진정성과 정렬을 추구한다면 당신은 마음챙김으로 몇 번이고 되돌아가게 될 것이다. 마음챙김은 당신의 닻이자 나침반이 되어, 당신을 현실에 단단히 발붙이게 하고 당신다운 모습으로 되돌아가도록 이끌어줄 것이다.

유턴 그리고
세 개의 양동이

마음챙김의 하위 범주에는 자아성찰이 있다. 이것은 자아실현의 가장 중요한 구성 요소 중 하나로, 외부에서 끊임없이 자극하는 불평거리에 쏠린 당신의 관찰 에너지를 **내면**에서 일어나는 일로 되돌려 놓는다. 이것은 마치 한 방향으로 운전하다가 갑자기 유턴 하는 것과 같다. 당신이 자아성찰을 연습한다면, 가장 귀중한 자 산인 주의력을 갖추도록 균형을 이루는 데 도움을 받을 수 있다.

우리의 주의력을 빼앗으려 무한히 경쟁하는 외부 요인 속에 서 우리는 자기 자신의 마음까지 놓친 채 헤매기 쉽다. 주변 세 계는 우리를 끊임없이 자극하고, (의도했든 의도하지 않았든) 각각 의 자극 요인은 우리 마음속 맨 앞자리를 차지하기 위해 다툰다.

사람들은 우리의 시간과 의견, 도움을 원한다. 고용주들은 우리에게 기술과 에너지를 아낌없이 바치기를 기대한다. 연인은 발마사지를 해주고 기념일을 챙겨주며 몸을 애무해 주기를 원한다. 자녀는 밥을 먹여주고 밤에는 잠을 재워주기를 기대한다. 으악, 우리의 시간과 주의력을 끊임없이 고갈시키는 대중매체에 대해서는 말도 꺼내지 마라. 새로운 기사와 캠페인이 우리 눈앞에 나타나서 그것을 읽고 구경하라고 간청한다. 소셜 미디어 플랫폼의 기반 시설은 우리를 유혹하고 우리의 주의력을 사로잡으며 스크롤을 무한정 내려야 하는 끝없는 블랙홀로 우리를 빨아들이도록 고안되었다. 세상에는 오를 수 있는 아름다운 산과 정주행할 재미있는 스트리밍 텔레비전 프로그램, 뛰어놀 바닷가, 탐험할 박물관이 있다. 구경할 캔자스대학교 농구 경기, 곰곰이 생각해 볼 걱정거리, 확인할 날씨, 계획을 세울 휴가, 대금을 내야 할 고지서, 예측하고 예방해야 할 어려운 상호작용, 시간 내서 할 운동, 회신해야 할 이메일, 챙겨야 할 점심, 예약해야 할 척추 지압 마사지, 납부해야 할 과속 범칙금, 아마존에서 주문해야 할 물건들… 우리의 깊은 생각, 정서적 에너지와 물리적 에너지, 시간 그리고 자원을 요구하는 일의 목록은 당연히 끝없이 이어진다!

이처럼 우리의 주의력을 집요하게 요구하는 것들은 우리의 의식적 에너지와 무의식적 에너지를 외부의 대상에게 확 쏠리도록 한다. 당신은 내면을 들여다보기 위해 그 치열한 경쟁을 한 번이라도 멈춰본 적이 있는가? 아주 잠시라도 주의를 유턴시켜 당신의 **내면에서** 일어나는 일에 쏟아붓는 시간과 에너지에 호기심을 느끼도록 만들어라. 나를 처음 찾아온 심리치료 내담자가 다음과 같이 말하는 경우는 드물지 않다. "저는 절대 그렇게 하지 않아요. 선생님이 하는 말을 제가 이해하는지조차 완전히 확신하지 못하는걸요." 당신도 이런 사례에 해당하더라도 걱정하지 마라. 내가 당신을 자아성찰과 유턴의 전문가로 바꿔놓을 것이다.

우리의 내적 경험은 우리를 돕고 우리에게 정보를 주기 위해 티커 테이프(전신선으로 주가 정보를 전송하는 최초의 전기 금융 통신 매체-옮긴이)가 주식 정보를 찍어내듯 계속해서 지혜를 발산한다. 자아성찰을 시도하지 않는다면 우리에게는 나침반이 없는 셈이다. 우리는 바로 앞에 놓인 길에 대부분의 관심을 집중한 채 한 발씩 내디디며 나아가는 삶을 추구한다. 물론 이것은 좋은 일이고 필요한 일이다. 하지만 앞에 놓인 길에만 시선을 둔다면, 당신은 사각지대와 정렬이 어긋난 것으로 가득한 삶을 맞이하려고 작정하는 셈이다. 내면의 가장 깊은 곳에서 건네는 안내를 외면하는 것이야말로 나답지 않다는 기분을 느끼게 할 것이다. 자아성찰은 당신을 다시 집으로, 다시 당신 자신에게로 데려다줄 것이다.

나는 사람들이 일반적으로 다음의 두 가지 범주로 나뉜다는 말을 들어보았다. 즉, 자동차의 연료가 절반 이하로 떨어지면 연료탱크를 다시 채우는 그룹과 연료탱크가 거의 비워질 때까지 기다리는 그룹으로 나뉜다는 것이다. 나는 위험을 무릅쓰는 유형이어서, 주유소에서 약 200미터 정도 떨어진 고속도로 갓길에서 오도 가도 못하는 신세가 될 테면 되라는 식으로 운명을 시험한다. 내 계산법에 따르면, 나는 평생 주유소에서 보낼 누적 시간을 최소화하는 셈이다. 이것은 효율성의 문제이다.

내 계산 방식에는 문제가 있다. 나는 자동차의 경고등에 주의를 기울이지 않는 나쁜 습관이 있다. 자동차의 연료 경고등이 깜빡거리고, 계기판에 앞으로 8킬로미터만 가면 연료가 바닥난다는 알림이 뜨지만, 나는 깜빡하고 주의를 기울이지 않았기 때문에 그 사실을 알지 못한다. 자동차 엔진 점검 등이 켜질 수도 있고, 그와 동시에 자동차 하부 구조에서 삐걱거리는 소음이 들리기도 하지만 나는 다른 곳에 정신이 팔린 상태였기 때문에 그것을 감지하지 못한다. 내 자동차에 필요한 조치가 무엇인지 마음을 챙겨 주목하지 않았기 때문에 나는 창피할 정도로 여러 번 도로 갓길에서 오도 가도 못하는 신세가 되었다. 한번은 비가 억수같이 쏟아지는 날 번잡한 교차로에서 자동차 기름이 떨어진 적이 있었다. 마음을 놓친 부주의 때문에 나는 불편한 우회로로 가야 했고, 결국 회사에 지각했다. 나는 자동차 경고등이나 점검 일정에 주의를 기울이지 않아 (들로레스라고 이름 붙인) 내 녹슨 포드 토러스의 엔진오일을 한 번도 교환하지 않은 채로 대학교 1학년 동안 꼬박 몰고 다녔다. 결국 엔진은 폭발했다.

자아성찰을 소홀히 하면, 우리는 불필요한 싸움과 짜증, 스트레스, 번아웃을 경험할 가능성이 커진다. 개인 진료 시간에 나를 찾아온 내담자가 마음챙김의 자아성찰 기술을 확실히 익혀서 활용하지 못한다면 치료는 성공하기 어렵다. 생활환경이나 트리거에 지나친 동질감을 느낀다면 (치료 후 건강을 유지하는 것은 고사하고) 치유하거나 의미 있는 변화를 일으키는 게 불가능하다. 나는 내담자들이 자신의 **내면에서** 어떤 일이 벌어지는지를 종일 관찰할 수 있도록 유턴이라는 개념을 사용하는 방법을 알려준다. 그들은 자기 생각, 감정 그리고 신체 감각을 통해 전달되는 경고등과 통찰에 주의를 기울이는 법을 배운다.

다음과 같이 연습해 보자. 홈디포(인테리어 및 건축 용품을 판매하는 미국의 소매 체인점-옮긴이)에서 파는 약 18리터짜리 주황색 양동이bucket 세 개가 물이 찰랑찰랑하게 담긴 채 당신 눈앞에 놓여 있다고 상상해 보라. 각각의 양동이 안에는 버려도 아깝지 않을 여러 가지 잡동사니가 담겨 있다. 잎사귀, 반짝이 가루, 벌레, 꽃잎, 모래, 종잇조각 등 머리에 떠오르는 것은 무엇이든 괜찮다.

당신이 막대기 한 개를 집어 들어 한 양동이를 휘젓는다고 상상해 보라. 잡동사니가 물결에 휩쓸리는 모습이 눈에 들어온다. 잡동사니의 위치는 이리저리 바뀌고 빙글빙글 돌기도 하며 어쩌면 높이 솟아오르기도 할 것이다. 이제 당신이 막대기를 꺼낸다고 해보자. 몇 분 뒤, 소용돌이치던 물과 둥둥 떠다니던 잡동사니의 움직임이 느려지기 시작한다. 고체인 잡동사니는 서서히 움직이다가 결국 양동이 바닥으로 가라앉는다. 시간이 조금 더 지나면, 물의 표면은 다시 잠잠해진다. 이렇게 상상한 장면을 눈을 감고 적어도 60초 동안 관찰하라.

잘했다. 그리고 축하한다. 당신은 방금 명상에 완전히 빠져들었다! 이제 이 마인드 트릭(영화 〈스타워즈〉에서 제다이가 상대의 생각이나 행동을 제어하는 기술-옮긴이)이 어떤 건지 알아보자. 세 개의 양동이가 실제로 존재한다는 걸 기억하라. 각각의 양동이를 구분하는 것은 자아성찰의 가장 중요한 요소 중 하나이다.

첫 번째 양동이: 인지

세 개의 양동이 가운데, 첫 번째 양동이의 내용물은 말로 설명하기에 가장 쉬운 편이다. 인지 양동이 안에서 동동 떠다니는 요소들에는 메시지가 적혀 있다. 이 요소들은 종잇조각이나 말풍선일 수도 있다. 이렇게 물에 떠 있는 조각 더미는 우리의 내적 인지 경험을 나타낸다.

'인지'라는 말은 **정신적인 과정**을 가리킨다. 여기에는 당신의 생각과 판단, 궁금증에서부터 당신이 마음속으로 던지는 농담과 자신과 나누는 대화에 이르기까지 모든 것이 포함된다. 인지는 당신을 한밤중에 깨어있게 만드는 걱정거리이고, 불편한 주제로 대화를 나눈 뒤에 머릿속으로 몇 번이고 되풀이해서 떠올리는 말이다. 여기에는 당신의 백일몽, 머릿속에서 맴도는 노랫말, 내일 방문할 마트에서의 쇼핑 목록 그리고 당신이 미래에 대해 느끼는 불안감이 포함된다. 학습, 시각화 그리고 암기는 고도의 인지 활동이다. 다른 사람들과 어울리면서 이야기를 듣고 주의를 기울이는 것도 마찬가지다. 당신의 인지 경험은 특히 당신이 깨어있는 시간 동안 계속된다. 물론 인지 엔진은 당신이 잠을 자고 꿈을 꾸는 동안에도 어느 정도 작동한다.

마이클 싱어Michael Singer의 저서 《상처 받지 않는 영혼》에서 나는 인지 양동이에서 일어나는 일을 가장 유용하게 묘사한 대목을 발견했다. 싱어는 우리의 인지 작용을 내면의 룸메이트가 내는 목소리라고 지칭한다. "기본적으로, 당신의 마음속에 당신 혼자 있는 것은 아니다"라고 그는 적는다. 이 주황색 양동이를 시각화 도구로 활용해서 내면의 룸메이트가 건네는 모든 말을 양동이에 동동 떠 있는 요소라고 상상해 보자.

싱어의 책을 읽고 나서, 나는 한 걸음 뒤로 물러나서 내 머릿속에서 룸메이트가 어떤 상태로 지냈는지 깊이 생각해 보기 시작했다. 첫 번째 관찰 소견은 내면의 룸메이트는 절대 입을 다물지 않는다는 것이었다. 맙소사! 이 친구는 정말 수다스럽다! 때때로 나는 근무를 마치고 현관에 설치한 그네에 강아지들과 함께 걸터앉아서 저무는 태양을 바라보며 조용히 휴식을 취하고 싶다. 하지만 내 룸메이트는 내가 가는 곳마다 따라다니면서 쉴 새 없이 종알종알 떠들어댄다. 그녀는 내가 할 일이 많다는 것을 알고 있어서 그 일이 당장 제대로 처리되기를 바란다. 그녀는 어떤 계획에서든 개선해야 할 사항들을, 어떤 주장에서도 허점을 그리고 끊임없이 주의를 기울여야 하는 할 일의 목록을 찾아낸다. 대체로 나의 인지 양동이는 내면의 룸메이트가 말하는 온갖 내용이 빼곡히 적힌 종잇조각과 말풍선으로 가득 차 있다.

나의 인지 룸메이트는 정말이지 가만히 앉아 있지를 못한다.

때로는 나에게 다음 날 아침 반드시 전화를 걸어야 한다고 다시 한번 알려주기 위해 한밤중에 나를 깨운다. 내가 회사 동료와 반드시 나눠야 할 대화, 내가 써야 할 쇼핑 목록 그리고 내가 6일 뒤에 떠날 짧은 주말여행을 위해 챙겨야 할 옷가지에 관해 조잘거릴 것이다. 그녀는 집요하다! 내가 아침에 일어나서 욕실로 씻으러 들어가서 배를 내려다보고 있으면, 내 룸메이트는 이렇게 말한다. "이봐, 친구! 어젯밤에 그 아이스크림을 안 먹었으면 좋았잖아." 아, 이따금 그녀는 정말이지 고약한 잔소리꾼이 된다. 그녀는 나의 투두리스트를 도무지 잊어버리지 못하게 계속 상기시킨다. 내가 완료하기를 바라는 사항들을 클립보드에 끼워 넣고 내 뒤를 졸졸 쫓아다닌다. 내가 시각화한 인지 양동이에 동동 떠 있는 요소에는 수많은 포스트잇 메모가 붙어 있고, 메모마다 내가 처리해야 할 일을 떠올리게 하는 문구가 적혀 있다.

- 미용실 예약하기
- 아이들 골프 수업 등록하기
- 도서관에 책 반납하기
- 빨래 개기
- 휴대폰 액정 수리하기
- 남편 생일 파티 계획하기
- 음성 메시지에 답장하기
- 다리 면도하기
- 더 좋은 운동화 찾아보기

- 자동차 엔진오일 교환 예약하기
- 여자 사람 친구들에게 연락해서 커피 마실 약속 잡기
- 자원봉사자로 지원할 단체 찾아보기
- 강아지 사료 치우기
- 강아지 배변 치우기
- 주택 담보 설정 변경하기
- 짬 내서 운동하기
- 치실질하기
- 베갯잇 교체하기
- 세차하기

기타 등등, 할 일은 끝이 없다.

때때로 나는 내 인지 룸메이트의 지긋지긋한 얼굴을 한 대 때리고 그녀의 클립보드를 부순 다음 포스트잇 메모를 모조리 불태워버리고 싶다. 언젠가, 내가 로키산맥에서 높이가 14,000피트가 넘는 어느 산의 정상을 향해 올라가느라 가쁜 숨을 몰아쉬며 기진맥진한 채로 아름다운 풍광에 둘러싸여 있을 때, 내면의 룸메이트는 3주 뒤에 다가올 공개 연설 서론의 틀을 구상하려고 애쓰는 중이었다. 어찌나 짜증이 나던지!

싱어의 《상처받지 않는 영혼》을 처음 읽었을 때 나는 (난생처음으로) 나와 내 생각이 같지 않다는 개념과 맞닥뜨렸다. 내면의 존재에는 다중적인 측면이 있었다. 싱어는 이렇게 설명한다. "하나는 당신이자 의식, 목격자 그리고 계획적 의도의 중심이고 다

른 하나는 당신이 지켜보는 대상이다." 우리는 분리되어 있다. 수다스러운 내 인지 룸메이트와 나는 별개의 존재이다. 나는 룸메이트를 지켜보는 사람이다. 나는 내 생각의 관찰자이다. 나는 인지 양동이 속을 내려다보고 내면의 룸메이트가 보내는 하나하나의 메시지를 볼 수 있다. 내 생각이 곧 **나**는 아니다.

내 생각이 단지 생각에 불과하다는 자각은 어마어마한 깨달음이었다. 내 인식은 무엇이 진짜인지를 결정하지도 정의하지도 않는다. 내면의 룸메이트는 자신이 과거를 바꾸거나 미래를 결정할 능력이 있는 시간 여행자라고 확신한다. 그녀는 이 정도로 신경이 과민하다. 사실, 내 내면의 룸메이트가 걱정하는 일은 대부분 절대 일어나지 않는다.

당신 내면의 룸메이트가 재잘대는 이야기가 당신의 첫 번째 주황색 양동이에서 동동 떠다니는 물건과 언어로 표현된다고 생각해 보라. 당신이 양동이를 내려다볼 때 눈에 들어오는 것에 주의를 기울이기 시작하라. 당신 내면의 룸메이트가 어떤 일에 에너지를 쏟는지 주목하라. 하루 중 그녀가 제일 수다스러울 때는 언제인가? 당신의 룸메이트는 아침에 천천히 잠에서 깨어나 하루를 느긋하게 시작하고, 양동이에 담긴 물과 동동 떠 있는 요소들은 부드럽게 움직이는가? 아니면 그녀는 당신의 기상 알람이 울리자마자 당신에게 달려들어서 양동이에 담긴 모든 것을 폭풍의 축소판 속으로 밀어 넣는가? 당신이 누군가와 논쟁을 벌일 때 양동이에 담긴 내용물이 더 요란하고 빠르게 움직이는가? 인생의 속도가 잠시 느려질 때 당신의 룸메이트도 고요해지는가?

아니면 안달복달하며 목소리를 더욱 높이는가?

어떤 순간이든, 내면의 룸메이트가 당신의 인지 양동이에 담긴 내용물을 상기시킬 때 당신은 한 걸음 뒤로 물러서 그녀가 농담하는 모습을 느긋이 지켜볼 수 있어야 한다. 룸메이트의 에너지는 당신의 양동이에 담긴 내용물이 빙글빙글 돌아가는 속도 및 강도와 조화를 이룰 것이다. 당신의 코앞에 놓인 주황색의 인식 양동이에 주목하라. 당신이 양동이 **안에** 있다고 생각한 채, 모든 생각과 언어의 소용돌이 속에서 허우적대며 지금의 상태를 유지하려고 급급할 때가 많은가? 사실 나 자신은 양동이 바깥에 있으며 관찰자로서 양동이를 내려다보고 있다는 것을 기억하기란 쉽지 않다. 당신의 인지 활동을 마음챙김으로 인식하기 위해서는 의식적으로 양동이 **밖으로** 나가서 몇 걸음 뒤로 물러난 다음 호기심을 가지고 양동이 안을 들여다보아야 한다.

이것이 바로 **인지적 자아성찰**이다. 이는 어떤 순간에도 자기 마음속에서 무슨 일이 일어나고 있는지를 알아차리는 것이다. 첫 번째 양동이에서 둥실둥실 떠다니는 것의 내용과 움직임, 속도를 내려다보며 관찰하는 연습을 하라. 당신이 평온할 때 시험 삼아서 이것을 연습해 보고, 나중에 스트레스나 힘든 일을 겪고 있을 때 다시 한번 이것을 시도해 보라. 당신이 즐거운 하루를 보낼 때와 힘든 하루를 보낼 때를 비교하면, 내면의 룸메이트가 보이는 감정의 기복과 당신의 인지 양동이에 담긴 내용물의 움직임과 변화의 속도는 어떤 식으로 빨라지거나 느려지는가? 여기서 당신이 무엇을 알아보게 되더라도 그것을 판단할 필요는 없다. 오히려 마음챙김을 통한 인지적 자아성찰은 당신의 소란한 마음에 대해 진지하게 호기심을 느끼는 행위이다. 관찰하는 동안, 그 어떤 의도 없이 순수한 태도를 유지하며 "정말 흥미롭지 않아?"라는 감상 이외에 다른 어떤 감정도 느끼지 않으려고 노력하라.

두 번째 양동이: 감정

주황색의 두 번째 양동이에는 감정적 경험이 담겨 있다. 이것은 우리의 첫 번째 양동이에서 헤엄치고 있는 인지와 함께 작용하지만 두 가지가 똑같은 것은 아니다. 두 번째 양동이를 들여다보더라도 우리는 생각이나 말을 발견하지는 못한다. 그리고 이 양동이는 옆에서 우리에게 실황을 중계해 줄 내면의 룸메이트도 없다. 그 대신, 이 양동이에서 둥실둥실 떠다니는 요소가 마음속의 주목할 만한 사건인 **정서적 감각**이다.

정서적 감각은 경험처럼 **느껴지기** 때문에 말로 표현하기에 더 어렵다. 이것을 시각화하는 연습을 하기 위해, 당신의 감정을 어떤 형태로든 당신이 느끼는 대로 생각해 보자. 예를 들어, 분노는 빨갛게 달궈진 낙인용 도장이나 소방차의 사이렌이 될 수 있다. 슬픔은 어둑어둑한 회색 비구름의 모습으로 나타나기도 하고, 흥분은 양동이 속의 물살을 쏜살같이 가르며 빠르게 헤엄치는 은색 피라미로 묘사될 수 있다. 이 두 번째 양동이에 대해 논리적으로 생각하지 않도록 부단히 노력하자. 당신의 상상력이 당신에게 정확히 느껴지는 감정을 보여주도록 말이다. 결국 감정이란 논리와는 관계가 없다. 그저 느낌일 뿐이다.

이 양동이에 떠 있는 감정의 요소는 가만히 한 곳에 자리 잡을 수도 있고, 소용돌이치며 서로 뒤섞일 수도 있다. 우리는 이 두 번째 양동이에서 떠다니는 (쉽게 확인할 수 있는) 하나의 감정 혹은 우리가 이성적으로 이해하거나 이해할 수 없는 십여 개의 여러 감정을 볼 수 있다.

이렇게 말하면 내가 바보처럼 느껴지기도 하지만 나는 감정이 생각과 별개라는 사실을 배웠을 때 생소했다. 그에 앞서, 누군가가 나에게 어떤 문제에 관해 어떻게 **느꼈는지** 물으면 나는 자동으로 그것에 관해 **생각한** 바를 이야기하곤 했다. 만약 누군가 "영화 〈어벤져스: 엔드 게임〉에서 블랙 위도우가 보여준 반전에 대해 어떻게 **느꼈어?**"라고 물으면, 나는 "그건 영리한 선택이었고 창의적으로 플롯을 뒤틀었다고 **생각해**"라고 대답할 것이다. 하지만 그 특정한 질문에 적절하게 대답하려면 다음과 같이 말해야 할 테다. "처음에는 혼란스럽더니 나중에는 깜짝 놀랐고, 결국은 엄청나게 충격받았어!" **첫 번째** 양동이와 관련된 질문을 받았다면 반드시 인지를 바탕으로 관찰한 것을 대답해야 한다. 두 번째 양동이와 관련된 질문을 받았다면 인지 기반의 답을 내놓아서는 안 된다. 오히려 뒤로 물러나서 당신이 어떤 **감정**을 **느끼고** 있는지 관찰하고, 그 정서적인 감각을 가장 잘 나타내는 대답을 제시해야 한다.

두 번째 양동이의 내용물, 즉 **감정**에 대한 호기심은 정서 지능을 잘 활용하고 강화한다. 많은 사람이 나이가 들수록 인지적 분석을 수행할 때 감정과 이어진 직관적 연결고리가 느슨해진다. 우리는 단순히 스스로 감정을 알아차리고 느끼기보다는 어떤 대상에 대한 지각된 **이해**를 통해 안전함과 확실성을 추구한다.

유치원 교실에 걸린 감정 그림 차트를 기억하는가? 생생한 표정을 보여주는 얼굴 이모티콘 밑에는 그 표정에 해당하는 감정의 이름이 적혀 있다. 물론 한눈에 뻔히 알 수 있는 감정은 행복과 슬픔, 분노, 혼란, 흥분 같은 기분이다. 유치원 교실에 모인 여섯 살배기에 비해 성인들은 이 한 무더기의 내적 경험을 표현하는 데 훨씬 풍부한 어휘를 구사한다. 그러므로 표정 이모티콘이 실망과 걱정, 부담, 주눅, 불안과 같은 복잡한 감정을 나타낸다고 생각해 보자. 열성과 끈기, 홀딱 반함, 느긋함, 경외, 기쁨처럼 보다 유쾌한 감정의 범위에 대해서는 잊지 말자.

특히 서로 다른 감정이 공통된 맥락을 가지고 있거나 내면에서 비슷하게 표현된다면, 하나의 감정을 다른 감정으로 오인하는 오류를 저지르지 않도록 조심하라. 불편은 거슬림과 같은 감정이 아니다. 분노와 격분은 서로 관련이 있지만, 궁극적으로는 다른 감정이다. 감정을 구별하는 능력, 특히 차이를 느낄 수 있을 만큼 인식하지 못한다면 비슷하게 이해되기 쉬운 감정을 구분하는 능력을 기를 때 감정 지능이 크게 향상된다. 감정을 잘못 해석하지 않고 구체적이고 정확하게 확인하는 능력을 **감정 입자도**emotional granularity(언어나 특정 방식으로 자기의 감정적 경험을 표현하는 능력-옮긴이)라고 부른다.

높은 수준의 감정 입자도와 인식은 **나답다**는 느낌을 끊임없이 보고하는 사람들에게 나타난다. 반대로, 길을 잃고 꼼짝 못 하며 진정한 자기와 단절된 기분이라고 보고하는 사람들은 이 두 번째 주황색 양동이에 담긴 내용물을 확인한 다음, 그 어떤 개인적 판단도 내리지 않은 채 받아들이려고 애쓰는 경향이 있다. 더욱 주의 깊게 당신의 감정을 알아차리려고 노력하라. 당신의 다양한 감정을 구분하는 습관을 익혀라.

우리는 어려운 감정을 받아들이지 않으려는 성향이 있다. 기분 좋지 않은 감정을 피하고, 무감각하게 만들고, 과잉 진료하고, 산만하게 하고, 한쪽으로 치우치게 한다. 《언테임드》에서 글레넌 도일Glennon Doyle이 제시한 의견은 내 관심을 사로잡았다. 그녀는 두 번째 양동이에 담긴 감정을 확인하고 존중하는 일의 가치에 대해 배운 기념비적인 순간에 관해 이야기한다. "당신의 감정을 하나도 빠짐없이 느끼기는 어렵겠지만 그것이 바로 감정의 존재 이유이다. 감정이 존재하는 이유는 느끼기 위함이다"라고 글레넌은 말한다.

만약 우리의 감정을 온 마음으로 느끼는 것이야말로 감정이 존재하는 온전한 이유이며 그렇게 하는 것이 가치를 부여한다면 아마도 **나쁜 감정은 존재하지 않는다**는 게 사실일 것이다. 다른 감정에 비해 즐겁지 않은 감정적 경험은 분명히 있다. 예를 들어, 나는 한 시간 동안 공포를 느끼기보다는 차라리 한 시간 동안 희망을 품을 것이다. 비록 그렇더라도 노란색과 같은 색깔이 가치 판단의 대상이 아닌 것처럼 감정 또한 가치 판단의 대상은 아니다. 나는 얼굴에 올리브 빛이 너무 진하게 돌기 때문에 노란색 옷이 어울리지 않고, 책의 중요한 문장에 표시하기 위해 사용하는 형광펜과 똑같은 색으로 집을 칠하지도 않을 것이다. 하지만 노란색 자체는 좋지도 나쁘지도 않다. 그저 색일 뿐이다. 이것은 옳지도 그르지도 않다. 어쩌면 당신이 가장 좋아하는 색은 노란색일지도 모른다. 나는 그렇지 않아서 푸른색이나 회색을 선호한다. 그렇다고 해도 우리 중 누구도 옳거나 그르지 않다.

감정에 관해서라면, 누구나 불편하게 느끼는 것에 대해 수없이 많은 부정적인 판단을 내린다는 점이 꽤 흥미롭지 않은가? 특정한 감정을 향한 이러한 편견은 일찍 시작된다. 나는 누구 못지않게 감정에 대해, 특히 아이들을 유난히 비이성적으로 만드는 감정에 대해 가치 판단을 내리는 잘못을 저지른다. 내 아들이 어렸을 때 놀이방에 함께 다니던 다른 아이에게 자신의 장난감 트럭을 빼앗겨서 몹시 기분 상해했을 때 그리고 아이가 너무 짜증 나고 속상한 나머지 눈물을 떨구었을 때, 나는 눈을 치켜뜬 채 아이에게 "그만 잊어버려!"라고 말하고 싶은 충동을 느꼈다. 아, 우리는 아이들에게 얼마나 자주 이렇게 하는가?! 어른의 입장에서, 이런 상황은 너무 사소해 눈물바람을 할 일로 보이지 않는다. 그래서 우리의 인내심은 싹 사라져버린다. 어리석은 어른들은 합리성이 감정에 대한 공정하거나 적절한 평가 기준이 아니라는 사실을 잊어버린다. 논리와 이성은 감정이 아니라 인식의 영역에서 통용되는 것이다. 예컨대 한 번도 격분한 적이 없는 사람에게 격분이 어떤 경험인지 설명하려고 언어와 논리를 들이미는 것은 아무 효과가 없다. 적어도, 언어와 논리는 내면에서 격분이라는 감정을 구체적으로 느낀다면 어떤 기분인지 진정으로 **알 수 있게** 하는 방법은 아니다.

첫 번째 양동이와 마찬가지로, 두 번째 양동이에 담기는 것 또한 정보이다. 보드랍든, 포근하든, 마음을 어루만지든, 들쑤시든, 날카롭든, 부담스럽든 간에 모든 감정은 정보를 가득 담은 채 등장한다. 감정은 언제 이것이 기분 좋게 느껴지고, 언제 저것이 기분 나쁘게 느껴지는지 우리에게 알려준다. 감정은 우리가 어떤 종류의 환경에 처하고 싶은지 혹은 어떤 종류의 환경에 처하고 싶지 않은지, 어떤 종류의 관계가 최선이라고 느껴지는지 그리고 어떤 종류의 예술에 마음이 끌리는지 확인하도록 돕는다. 감정은 우리가 클래식 음악을 선호하는지 (내 경우처럼) 1990년대의 그런지 록(얼터너티브 록의 하위 장르로 헤비메탈과 하드코어 펑크가 혼합된 장르-옮긴이)과 얼터너티브 록(1990년대 이후 기존 록의 대안으로 등장한 음악을 통칭하는 용어-옮긴이) 음악에 맞춰 미친 듯이 몸을 흔들어대기 좋아하는지 알려준다. 우리의 감정은 우리가 잘못을 저질렀을 때 주의를 환기한다. 위험에 처할 가능성이 있을 때는 우리에게 바짝 경계하도록 만든다. 바로 지금 어떤 트리거로 촉발된 감정은 우리에게 과거의 경험을 떠올리게 한다. 감정은 **모두** 중요하다. 즐거운 감정만 중요한 게 아니다.

심리치료를 받기 위해 내 개인 진료실에 처음 온 내담자들이 반드시 극복해야 할 가장 일반적인 장애 중 하나는 힘겨운 감정에 혐오감을 느끼는 것이다. 대부분 힘겨운 감정에 관해 **이야기하는** 데는 거리낌이 없지만, 그런 감정을 좀처럼 **느끼고** 싶어 하지는 않는다. 언젠가 유난히 회의적인 여성이 내게 이렇게 물었다. "분명히 눈물을 흘리고 힘겨운 감정을 느낄 수밖에 없다는 걸 알면서도 어째서 저는 매주 진료를 받으러 자발적으로 여기에 오는 걸까요?" 나는 그녀에게 이렇게 말했다. "왜냐하면 당신이 반만 인간인 것은 아니니까요. 그렇게 회피한 대가를 치르지 않고 당신의 감정에서 반쯤 벗어나는 것은 불가능하기 때문이에요." 그건 진정한 삶의 방식이 아니다. 불편한 감정을 무시하거나 모면하거나 회피하는 한 **나답다**는 기분을 결코 진심으로 느끼지 못할 것이다.

감정이 존재하는 이유는 그렇게 느끼기 위해서이고, 감정은 두려워할 대상이 아니라는 사실을 우리가 받아들이고 존중할 때 비로소 무한한 성장과 변화, 가능성의 세계가 열린다. 그렇게 하면 우리는 스스로 힘겨운 감정을 감당하고, 감정적으로 가장 고통스러운 경험에서 심오한 교훈을 얻을 수 있다는 것을 깨닫게 된다. 만약 엄청난 상실의 고통과 질식할 것 같은 깊은 슬픔의 무게를 경험한 적이 있다면, 당신은 온전한 인간이 되는 게 어떤 기분인지 알고 있을 것이다. 특히, 깊은 슬픔은 우리가 로봇이 아니라는 사실을 깨닫게 한다. 분노, 공포 그리고 다른 모든 불편한 감정도 마찬가지다. 기쁨, 흥분 그리고 만족도 우리에게 인간다움을 상기시킨다는 점이 매우 흥미롭지 않은가? 이들은 감정의 범위에서 양극단에 속한다.

마음 정렬

065

당신이 인생을 **당신답게**, 진정성 있게 살아갈 수 있는지는 단지 즐거운 감정만이 아니라 **모든** 감정을 관찰하고 용감하게 포용하면서 당신의 감정 지능을 높이고 개선하려는 의지에 달렸다. 어떤 순간에도 당신이 감정의 양동이 밖에서 그 안을 들여다볼 때 마음챙김을 바탕으로 당신의 감정에 대해 호기심을 느낄 수 있다. 양동이 안을 들여다볼 때 분노를 터트리는 불덩어리, 살랑살랑 떠다니는 안락하고 아늑한 깃털 그리고 쑥스러워서 등딱지 속에 숨어버리는 거북이에 주목하라. 서로 대비되는 감정을 동시에 느끼더라도 걱정하지 마라. 혼란스럽게 느껴질지도 모르지만, 정상적인 현상이다. 판단하려 하지 마라. 그저 관찰하고 완전히 **느껴라**. 당신의 감정 양동이는 당신에게 줄 지혜, 당신에게 상기시켜줄 인간다움 그리고 당신에게 길러줄 공감력을 담고 있다.

세 번째 양동이: 소매틱

'소매틱somatic'이란 '신체와 관련되었다'라는 뜻으로, 우리가 겪는 신체 경험을 의미한다. 많은 사람이 세 개의 양동이 가운데 이 양동이를 이해하기를 가장 어려워한다. 그들은 신체 감각의 양동이를 들여다보고 그 안의 내용물을 관찰하는 것이 혼란스럽고 심지어 이해할 수 없다고 느낀다. 다른 사람들의 경우, 신체 감각은 자기 내면의 메시지를 무엇보다 가장 뚜렷하게 알리는 전달자이다. 댄서, 마사지 치료사, 건설 노동자, 화가, 운동가 그리고 요가 강사처럼 몸을 쓰는 일 혹은 육체노동을 생업으로 삼은 사람들에게서 나는 마음챙김을 통한 의식과 이 세 번째 양동이가 긴밀히 연결되었다는 것을 종종 확인한다.

인식의 양동이와 감정의 양동이를 제외한다면, 남은 것은 신체 곳곳에서 물리적 감각의 형태로 우리에게 끊임없이 전달하는 방대한 목록의 정보이다. 세 번째 주황색 양동이를 내려다보면, 여기 담긴 신체 감각의 요소들은 몸속에서 벌어지고 있는 모든 일의 목록을 당신이 자세히 작성하면서 **물리적으로 그리고 생생하게** 느끼는 것들이다.

감정의 양동이처럼, 당신이 신체 감각의 양동이에서 주목하는 게 언제나 논리적이고 합리적으로 이해되지는 않을 것이다. 예를 들어, 당신이 공연하기 위해 무대 위로 올라갈 때, 첫 데이트를 하러 갈 때 혹은 중요한 인터뷰 자리에 참석할 때 뱃속에서 나비가 날아다니는 것처럼 '가슴이 두근거리는' 감각을 느끼는 데 익숙할지도 모른다. 분명한 건 당신의 뱃속에서 왕나비 떼가 나풀나풀 날아다니는 것은 아니다. 오히려 이것은 우리가 긴장하거나 흥분할 때 이따금 느끼는 신체 감각을 설명할 수 있는 가장 좋은 방법이다. 우울증 때문에 당신의 몸이 무겁다면 마치 가슴 위에 코끼리가 올라선 것처럼 느껴질 수도 있다. 당신이 울지 않으려고 애쓸 때 목이 메는 건 골프공을 삼키는 것처럼 묘사되기도 한다. 불안을 느낄 때 나는 종종 내 신체 감각의 양동이를 들여다보고는 마치 내 몸이 전기 콘센트에 꽂힌 것처럼 전기가 오른 듯 저릿저릿한 신체적 느낌을 알아차린다.

　이런 정보 중 일부는 시각, 미각, 촉각, 후각 그리고 청각이라는 다섯 가지 감각을 통해 우리에게 전달된다. 지금 일어나고 있는 일을 우리의 오감으로 확인한다는 건 호기심을 가지고 신체 감각의 양동이 속을 들여다보는 근사한 방법이다. 내가 사시나무 잎이 온통 노란색으로 물들었다는 걸 깨달은 날, 나는 그 깨달음에 도달하기 위해 5-4-3-2-1 마음챙김 훈련법을 활용했다. 이 훈련법은 내가 세 번째 양동이의 내용물을 더 주의 깊게 보드는 데 도움이 되었다. 개가 짖거나 으르렁거리는 소리를 내면 사나운 상태라는 정보를 청각으로 알게 된다면 우리는 그 개에게 다가가면 안전하지 못할 수 있다고 이해한다. 여름에 뜨거운 시멘트를 촉각으로 느끼게 되면 발바닥을 그을리기 전에 보도블록에서 풀밭으로 폴짝 건너뛰는 반응이 활성화된다. (개 짖는 소리나 뜨거운 시멘트와 같은) 트리거는 양동이를 휘젓는 막대기와 같은 역할을 한다. 이것은 신체 감각 양동이의 내용물을 휘휘 저어서, 확연히 눈에 띄는 감각으로 우리 신체의 평온함을 깨뜨린다.

　유심히 주의를 기울인다면, 당신이 신체 감각을 끊임없이 경험하고 있다는 것을 알아차릴 것이다. 어떤 신체 감각은 격렬하고 충격적이다. 어떤 신체 감각은 미묘하거나 부드럽다. 당신이 맨발인 상태로 레고 블록을 밟았을 때 느끼는 찌르는 듯한 날카로운 고통은 분명하고 놀랍도록 선명한 신체 감각이다. 반대로 몸 전체가 이완된 듯한 기분에는 비록 어떤 고통이나 상처의 위험이 따르지 않는다고 하더라도 덜 중요한 정보가 아니라는 사실을 명심해야 한다. 에어컨의 작동 소리, 침실 커튼을 걷을 때 갑자기 환히 비추는 아침 햇살 그리고 열이 나는지 살펴보기 위해 아이의 이마에 손을 얹었을 때 손바닥에서 느껴지는 온기 등 모든 게 당신의 신체 네트워크에서 정보를 전달하는 요소이다. 뱃속에서 나는 꼬르륵 소리나 손이 덜덜 떨리는 것은 음식을 먹어야 한다고 말하는 알림일 수 있다. 빠르게 치솟는 심장박동수는 무언가가 안전하게 느껴지지 않는다고 당신에게 알리는 하나의 정보일 수 있다. 당신이 해야 할 일은 이 양동이에서 눈에 띄는 것을 관찰하고 확인하며 그것에 대해 호기심을 느끼면서, 이런 신체 경험이 주목할 만한 지혜를 준다고 믿는 것이다.

우리의 심리 경험과 신체 경험이 서로 연결된 것을 '심신 통합'이라고 부른다. 스트레스를 경험하면 내 어깨와 목 근육은 단단히 뭉쳐 뻣뻣해진다. 몇 년 전 언젠가, 격렬한 통화를 마치고 고개가 돌아가지 않은 적이 있다. 목과 어깨의 근육이 잘 움직이지 않았다. 불편한 자세로 잠을 잔 것도 아니고, 무리하게 운동한 것도 아니었다. 긴장과 통증, 고개를 움직이지 못하는 증상은 점점 가열되는 통화로 인해 내가 느낀 스트레스의 직접적인 결과였다. 내 신체는 **알고 있었다!** 심신 통합적 고통은 의학적 문제로 종종 잘못 해석될 수 있다. 물론 몸이 당신에게 말을 걸 때, 당신이 신체적으로 느끼는 통증이 생물학적 혹은 의학적 원인일 수도 있지만, 당신의 신체가 심리적 차원에서 일어나는 현상을 부각하려 노력하는 중일 수도 있다.

당신의 삶 속 다양한 관계들과 환경, 분위기, 상황과 관련될 때 일어나는 일반적인 신체 반응에 대해 알아보자. 나는 일을 열심히 하거나 집중할 때 입을 앙다문다. 나는 내 주변에 어떤 사람이 있는지에 따라서 신체가 수축하는지 긴장하는지에 관심을 기울인다. 특정 환경은 내 안에서 대단히 구체적인 신체 반응을 불러일으킨다. 사업 프로젝트를 추진하느라 꼬박 여덟 시간째 사무실 책상에 앉아 있을 때 나는 신체적으로 어떤 느낌을 받는다. 하지만 바닷가 모래사장 위에 누워있거나 우리 집 소파에서 남편과 아이들에게 폭 안긴 채 영화를 보고 있을 때는 완전히 다른 신체 경험을 한다. 심지어 종종 날씨가 몸으로 어떤 감각을 느끼게 만드는 요인이 될 수 있다. 따뜻한 봄날이면 나는 에너지와 활력이 넘쳐흐르는 편이다. 잔뜩 흐리고 추운 날에는 온몸이 지치고 피곤하다고 느낄 가능성이 훨씬 크다. 우리 신체는 우리 내부와 주변에서 어떤 일이 일어나는지 알려주는 대단히 놀라운 지표이다.

인지력이 매우 뛰어난 사람은 때때로 신체 감각 양동이를 관찰하는 게 어려울 수 있다. 일례로, 나를 찾아오는 한 내담자는 항공 우주 기술 산업의 전문가로 일한다. 사고 능력이 곧 초능력이라 할 정도로 그녀는 똑똑하다. 자신의 힘든 인생 경험을 내게 처음으로 털어놓았을 때, 그녀는 그 경험에 대한 자기 **생각**을 쉽게 설명했다. 또한 그 경험 덕분에 그녀가 느끼는 감정의 일부와 적절히 대면할 수 있었다. 하지만 내가 그 기억이 그녀의 **몸 안에서** 무엇을 유발했는지 물었을 때, 그녀는 마치 내가 머리 셋을 달고 외국어로 말하기라도 한 듯 나를 쳐다보았다. "다른 말로 다시 질문해 주시겠어요?"라고 그녀가 말했다. 나는 "물론이죠"라고 대답한 뒤 질문을 바꿔보았다. "그 기억이 떠오르도록 허용할 때 몸에서 어떤 신체 감각을 인식하게 되나요?" 그 내담자는 여전히 혼란스러워 보였고 신체 감각 마음챙김 훈련을 받아야 할 것 같다고 대답했다. 꾸준히 마음챙김 훈련을 한 덕분에 자기 몸이 전달하는 메시지에 귀 기울이는 일에 관해서라면 그녀야말로 내가 아는 사람 중에 가장 잘 준비된 사람이라고 기꺼이 말할 수 있다. 하지만 처음에는 그녀가 자기 몸과 그토록 단절되어 있었다는 게 흥미롭지 않은가? 이건 일반적이다. 특히 거의 종일 자신의 분석력에만 의존하는 사람들은 더욱 그렇다. 신체적 트라우마나 성적 학대를 경험한 사람들 역시 신체 감각 양동이의 내용물을 관찰하는 데 어려움을 느낀다. 자기 몸과 단절되는 게 방어 기제가 된 것이다.

학교에서는 아이들에게 자신의 신체 감각 표현과 연결되는 법을 더욱 잘 가르치고 있다. 우리는 아이들이 자신의 신체 감각을 감지하고 관찰하며 그것과 소통하는 법을 배우도록 도와주면서 아이들에게 엄청난 힘을 길러준다. 아이가 자신이 느끼는 감정이나 걱정을 큰 소리로 말하면 다음과 같은 엄청난 후속 질문을 할 수 있다. "그 기분이 네 몸 어느 곳에서 느껴지니?" 예를 들어, 다섯 살배기 수지가 좌절을 느끼고 있다고 말한다면, 그 아이는 주먹을 꽉 쥐거나 발을 쿵쿵 구르고 싶다는 느낌을 알아차렸다고 말할지도 모른다. 알렉스가 치과 치료를 받으러 가기 전에 긴장된다고 말한다면, 그는 마치 메뚜기가 뱃속에서 폴짝폴짝 뛰어다니는 것 같다고 말할지도 모른다.

이 작업은 어른에게도 똑같이 중요하다. 마음챙김을 통한 조율(자신의 신체 감각과 연결되는 동시에 다른 사람을 알아차리는 것-옮긴이)은 우리가 타고났다가 성인이 되면서 무뎌지는 능력이지만, 자신의 신체 감각과 의미 있는 연결을 형성한다면 이를 되찾을 수 있다. 한 걸음 뒤로 물러나 자신의 신체 감각 양동이에서 일어나는 일을 관찰할 줄 아는 능력은 그 어떤 생각이나 감정 표현으로도 할 수 없는 당신의 마음챙김 수준을 키우는 재능이다. 이것을 연습하고 훈련법으로 삼아야 한다.

이 세 개의 양동이 개념을 이해하고 그 안에 담긴 것을 알아차리는 능력을 확보한다면 당신은 몸이 알리는 단서와 안내를 받아들이게 될 것이다. 당신의 트리거가 작동했거나 중압감으로 어쩔 줄 모르고 있거나, 나답지 않다고 느낀다면 세 개의 양동이에 담긴 내용, 즉 당신의 생각, 감정 그리고 신체 감각을 확인해 보자. 호기심이 발동해서 양동이에 담긴 내용을 판단 없이 관찰하게 된다면, 당신은 당신 자신과 내적 경험을 분리해서 다음과 같은 사실들을 떠올리게 될 것이다. 당신이라는 존재와 당신의 생각은 별개이다. 당신이라는 존재와 당신의 감정은 별개이다. 당신이라는 존재와 당신의 신체 감각은 별개이다. 당신은 그냥 **당신**이며, 감정과 신체 감각의 관찰자이다.

당신이 양동이 **속에서** 언제 혼란스러워하는지 확인하는 법을 배워라. 그리고 나서 양동이 **밖으로** 나오는 법을 스스로 익혀라. 이때, 밖으로 나온다는 건 경험을 지우라는 뜻이 아니다. 당신이 그런 경험의 관찰자임을 인식하는 법을 배우라는 의미이다. 이런 구분은 유용하다. 내면의 경험으로부터 분리되는 법을 배운다면, 당신은 세 개의 양동이에 담긴 내용물을 경험하는 동안에도 더욱 **나답게** 느낄 수 있다. 마치 양동이에서 소용돌이치는 부유물 속에서 익사하는 것 같은 중압감을 느낀다면, 그 내용물을 세 개의 범주로 나눠 분석하라. 복잡하게 느껴지는 것을 단순하게 만들어라.

이렇게 한다면, 당신은 새로운 도구, 즉 당신만의 세 가지 양동이를 가지게 된다. 그리고 정신과 마음, 신체 안에서 이따금 매우 혼잡한 생각과 감정, 신체 감각에 둘러싸여 당황하는 일은 두 번 다시 없을 것이다.

각성 상태

누구에게나 정신건강에 문제가 있다. 이 단어를 다시 읽어보자. 정신건강은 단지 우리의 정신적 상태뿐만 아니라 훨씬 더 많은 것과 관련되어 있어서 '심리적 건강'이라고 부르는 게 더 적절한 스펙트럼이다. 우리는 평생 심리건강의 다양한 단계를 오르내린다. 때때로 나의 심리 상태는 하루에도 몇 번씩 달라진다! 정신건강에 문제가 있는 사람과 그렇지 않은 사람을 구분하는 경계선은 존재하지 않는다. 그보다는 우리가 어떤 순간, 어떤 상황혹은 인생의 어떤 단계에서 심리적 스펙트럼의 어느 부분에 도달하는지가 문제이다. 정말로, 이런 문제는 인간이라면 도저히피할 수 없는 부분이다.

변화된 심리 상태에는 우리 자신에게 나답다고 느끼지 못하게 만드는 엄청난 힘이 있다는 사실을 고려한다면, 심리 상태를 잘 이해하려고 노력하는 일은 중요하다. 내가 완전히 없애고 싶은 엄청난 거짓말은 정신건강 문제가 감정을 통제하지 못하는 데에서 주로 기인한다는 것이다. 사실, 감정 조절 장애는 훨씬 더 과학적이고 실증적인 장소에서 곧잘 시작되는 증상의 부산물이거나 부작용이다. 우리는 자신의 형편 없는 기분의 원인을 다른 사람이나 상황 탓으로 여기거나 인생을 제대로 살지 못하는 우리의 부족함이나 무능함으로 돌리는 경향이 있다. 만약 당신이 당신답게 느껴지지 않고 심리적으로 건강하고 효율적인 활동이 어렵다면, 과학으로 다시 돌아가서 **당신이 미치지 않았다**는 사실을 기억하면서 위안을 받아라.

부정적인 정신건강 증상이 나타나면 많은 사람이 '뇌의 화학적 불균형'을 여전히 들먹인다. 화학적 요인은 한 사람의 심리적 기능에 분명히 중요한 역할을 한다. 하지만 뇌와 신체 속을 흐르는 전기 에너지의 영향을 인식하지 못하는 건 배터리가 방전된 자동차에 오일을 교환하고 연료만 주입하는 것과 같다. 만약 자동차의 배터리가 합선된 거라면, 자동차가 제대로 달릴 수 있도록 충분히 채워주어야 하는 냉각수가 부족한 상태이다. 전기와 화학이 관련되어 있다는 점에서 우리의 신체는 자동차와 같다. 만약 전기의 상태가 불안정하다면, 아무리 화학적으로 교정을 이루어도 그것만으론 치유, 위안 혹은 긍정적인 변화를 가져오지 못한다.

인간의 뇌에는 엄청난 양의 에너지가 솟구친다. 우리의 뇌를 통과하며 흐르는 다양한 전기파장은 얼마나 빨리 잠드는지, 집중력은 얼마나 좋은지부터 속상한 일이 생겼을 때 얼마나 성공적으로 침착함을 유지하는지까지, 우리가 경험하는 모든 것의 원인이 된다. 뇌 속의 불안정한 전기 에너지는 우리가 흥분했을 때 마음을 가라앉히는 능력뿐 아니라 우리의 열의와 각성 수준에도 손해를 끼칠 수 있다. 뉴로피드백neurofeedback은 우리 뇌파가 더욱 균형 잡힌 상태로 되돌아가도록 훈련하는 놀라운 도구이다. 뉴로피드백을 통해 이런 신경 건강에 주의를 기울이는 사람은 인지 건강, 감정 조절, 집중력 그리고 행동에서 엄청난 개선을 보인다.

그리고 뇌는 우리 신체의 전기체계 중 일부에 지나지 않는다. 고등학교 시절 생물 수업 시간으로 거슬러 올라가서 우리가 신경계에 관해 배운 내용을 생각해 보자. 신경계는 우리가 반응하고 조절하고 예측하고 되새기고 보호하기 위해 뇌와 신체 나머지 부분 사이에서 수십억 개의 데이터를 전달하는 역할을 한다. 정보는 발신자로부터 수신자에게 순조롭게 이동하지만 때때로 이 메시지 전송 체계는 다양한 요인의 영향을 받아, 우리의 생각과 감정, 반응을 적절하고 균형 잡힌 방식으로 전달하는 능력을 억제한다.

뇌와 신경계의 전기가 균형 잡힌 상태를 유지할 때 우리는 가장 진정성 있게, 즉 우리답게 느끼고 행동할 수 있다. 이처럼 균형을 잡고, 항상성을 유지하는 중립 상태를 근본으로 생각하자.

그 상태를 출발점으로, 각자의 상황에 따라 고속 기어를 넣어 '속도를 올리고 출발하는' **각성 고조** 상태가 되거나 저속 기어를 넣어 '속도를 늦추고 멈추는' **각성 저하** 상태가 될 수 있다. 신경 계와 관련해 말하자면, 이 표현은 **변연계의 각성 상태**를 가리킨다. 이것은 자동차 운전과 비슷하게 작용한다. 잠재적인 위험을 알아차렸을 때, 우리는 무엇이 위험을 가장 효과적으로 줄이는가에 따라서 속도를 올리거나 낮추거나 아니면 급정지한다.

우리의 신체 체계가 위험을 감지하고 지금이야말로 반응을 보이거나 달아날 시기라고 해석할 때, 번개처럼 재빠른 무의식적 반응이 우리의 교감 신경계를 작동시킨다. 10억분의 1초 만에, 신경계의 전기적 성분이 뇌와 신체 사이에 메시지를 전달해 화학적 반응을 촉발한다. 그러면 스트레스 호르몬인 코르티솔과 아드레날린의 분비를 활성화하는 호르몬이자 신경 전달 물질인 노르에피네프린이 분출한다. 금세, 우리 신체는 행동을 시작하고 엔진을 더 빨리 작동시킬 것처럼 느낀다. 우리는 짜증이 나고 안절부절못하게 된다. 주먹으로 무언가를 내리치거나 고함을 치고 싶은 충동에 시달릴지도 모른다. 혹은 방을 벗어나 탈출하거나 뛰쳐나가고 싶은 욕구를 극도로 느낄 수 있다. 편도체는 작은 아몬드 모양을 한 뇌의 한 부분이다. 이것의 주된 역할은 우리를 위험으로부터 보호하는 것이다. 진화론적 관점에서 보면 신경 구조에서 가장 오래된 부분 중 하나로, (우리가 파충류의 조상이기 때문이 아니라 그것의 생존 본능 때문에) 때때로 '도마뱀' 혹은 '파충류' 뇌라고 불린다. 편도체가 하는 일은 자신을 방어하거나 보호할 필요가 있을 때 뇌에 경고를 보내는 것이다. 이것은 우리를 안전하게 지키려고 노력한다. 만약 각성이 고조되는 게 엔진을 더 빨리 작동시키는 거라면, 편도체는 가속 페달을 누르는 발이다. 일단 편도체가 신체 반응이 필요하다는 전기 메시지를 내보내면, 관련된 화학 물질이 분비되기 시작한다. 이것은 우리의 근육을 수축시키고 우리의 호흡과 심박수를 빨라지게 하며 우리의 눈을 팽창하게 만드는데, 이 모두는 우리가 방어하거나 보호하거나 달아나기 위해 준비하는 것이다. 만약 고속도로에서 운전하는 도중에 충돌을 피하려고 방향을 갑자기 바꿔야 한다면, 우리의 사고와 감정과는 별개인, 그 경험을 신체적으로 하게 된다. 흔히 말하는 '아드레날린 분출'이란 코르티솔과 노르에피네프린이 순간적으로 분비될 때 우리가 느끼는 것으로, 불안이나 격분의 증상은 각성이 고조된 신경계의 또 다른 사례이다.

몇 해 전 여름, 나는 남동생 케이시와 함께 재잘거리는 아이들을 한 무리 데리고 콜로라도 아스펜 근처로 3박 4일간의 배낭여행을 떠났다. 우리 두 사람에게는 여덟 살에서 열두 살 사이의 여섯 아이를 안전하게 지킬 책임이 있었다. 등산길은 가팔랐고, 해발 3미터씩 위로 올라갈 때마다 산소는 점점 희박해졌다. 우리는 예정보다 훨씬 늦게 출발했다. 해는 산등성이 너머로 지고 있었고, 우리는 헤드랜턴을 켜고 밤 9시경에 등산을 시작했다. 우리의 목적지는 우리가 차를 주차해 둔 지점에서 3킬로미터 남짓 떨어진, 해발 약 3킬로미터 높이에 자리한 크레이터 호수였다. 3킬로미터가 그리 먼 거리처럼 들리지 않겠지만, 경사가

11%인 험준한 지형에서 어둠 속에 여섯 명의 아이를 데리고서 엄청나게 무거운 배낭까지 짊어지고 간다면 이야기는 다르다. 밤 11시에 우리는 호수에 도착했다. 모두 춥고 허기진 상태로 완전히 지쳐 있었다.

아이들과 나는 담요를 덮고 몸을 옹송그린 채 바짝 붙어 있었고, 남동생은 텐트를 칠 만한 평평한 바닥을 찾느라 숲을 되짚어 걸어갔다. 10분쯤 지나자, 케이시가 숲에서 나와 우리를 향해 똑바로 걸어왔는데, 표정으로 보아서는 무언가 잘못된 것 같았다. 그는 우리 바로 옆에 놓인 배낭에서 곰 퇴치용 스프레이를 꺼내려고 몸을 숙였다. 나는 동생을 따라 내 가방에서 곰 퇴치용 스프레이를 잽싸게 꺼내 들고 안전장치를 제거했다. 아이들과 나는 일어서서 케이시가 스프레이를 조준하고 있는 방향을 쳐다보았다. 약 4~5미터 떨어진 소나무와 사시나무 근방에서 우리의 헤드랜턴 불빛에 반사된 두 개의 눈동자가 우리를 쏘아보고 있었다.

바로 그 순간, 내 몸은 마치 레드불을 다섯 캔이나 들이마신 것 같은 느낌이 들었다. 정신이 멍해졌고 팔다리에 아드레날린이 마구 분출되는 느낌이었으며 귓속에서는 마치 심장이 펄떡펄떡 뛰는 것 같은 소리가 났다. 최고조의 각성 상태였다. 내 신체 체계는 나 자신과 가족들을 방어하고 보호할 준비를 하고 있었다. 케이시의 눈과 보디랭귀지를 보니 그의 내면에도 나와 똑같은 현상이 벌어지고 있었다.

(사실은 10초밖에 안 되었겠지만) 마치 5분 같던 시간이 흐른 뒤,

마음 경찰

우리의 헤드랜턴에서 나온 불빛이 그 짐승의 눈 아래 30센티미터 지점쯤에 달린 무언가를 희미하게 비추었다. 이름표였다. 강아지 목줄에 달린 이름표 말이다. 다른 등산객이 근처 어디엔가 캠프를 차린 모양이었다. 얼굴에 곰 퇴치용 스프레이를 맞은 강아지의 기분이 어떨지 알 순 없지만, 하마터면 등산객의 길잃은 강아지가 그것이 어떤 기분인지 알게 될 뻔했다.

우리는 텐트를 칠 장소를 찾고 허겁지겁 밥을 먹은 다음, 따뜻한 침낭 속에 몸을 넣고 뻗어버렸다. 완전히 녹초가 된 상태였다. 딸은 내 오른쪽에, 아들은 내 왼쪽에 바싹 붙여 눕히고, 나도 무의식의 세계로 곧 넘어가기를 기대하면서 잠자리에 들었다. 안타깝게도, 잠들 기미는 보이지 않았다. 아이들을 산으로 데려오면서 받은 스트레스, 텐트를 설치할 곳을 찾으려 안달하면서 느낀 긴장감 그리고 곰 이빨에 물려 죽을 수도 있다고 생각한 위기일발의 순간까지, 나는 신경이 완전히 곤두서 버렸다. 내 생각, 감정 그리고 신체는 마치 전기 발전기에 전원이 연결된 것처럼 부들부들 떨렸다. 세 개의 양동이가 모두 작동되었다. 코르티솔과 노르에피네프린, 아드레날린은 그런 상황에서 나타나자마자 바로 사라지지 않는다. 모든 게 차분히 가라앉고 대사 작용을 하며 사라지기까지는 시간이 걸린다. 비록 위험과 걱정거리는 지나갔지만 나는 각성 과다 상태에 빠져버렸다.

반면에 각성 **저하**는 부교감 신경계의 기능이다. 각성 저하는 에너지를 소비하기보다는 보존하고 싶어 한다. 이것 역시 방어 기전으로, 자동차의 브레이크 페달과 마찬가지다. 이것은 몸을 작게 하고 눈에 띄지 않게 하며 속도를 늦추라고 몸 전체로 메시지를 보낸다. 각성 저하 상태일 때 우리는 의욕을 느끼기 어렵다. 혼자 있고 싶어 하고, 어떤 종류의 자극도 피하려고 한다. 우울증 증상은 각성 저하 상태에 빠져버린 신경계와 관련 있다. 마치 인생이라는 늪을 통과하는 것처럼 출발대에서 도저히 벗어나지 못할 것처럼 보이는 사람을 알고 있다면, 각성 저하 상태가 어떤 것인지 우리는 이미 알고 있는 셈이다.

《곰돌이 푸》 이야기에 등장하는 늙은 당나귀 이요르는 만성적인 각성 저하 상태로 살아간다. 그는 천천히 말하고, 걸을 때는 발을 질질 끌며, 어떤 일을 하려고 결코 서두르는 법이 없다. (이요르의 목소리로 이 문장을 그냥 읽어보면 좋겠다.) 때때로 치열한 삶의 순간이나 서둘러야 하는 시기가 오면, 내 신체 체계는 각성 과다 상태로 되는 게 안전하다고 느끼자마자 나를 그런 상태로 만들어버리는 반응을 한다. 나는 30대 중반에 4년간의 치열한 시기를 지나면서 이런 경험을 했다. 그 시간 동안, 나는 상근직으로 일했고, 혼자서 두 아이를 키웠으며 저녁과 주말에는 대학원을 다녔다. 여러 해에 걸친 그 곡예 같은 시간이 마침내 끝나자, 나는 일주일 내내 집 밖으로 거의 나가지 않았다. 나는 씻지도 않고 운동복만 주야장천 입고 지냈다. 실컷 잠을 잤다. 생산적인 활동은 전혀 하지 않았다. 부교감 신경계가 내 몸을 탈취해 모든 기능을 꺼버렸는데, 이는 자신을 돌보지 않고 너무 오랫동안 차분하고 고요하며 느긋하게 지낼 때 생길 수 있는 결과 중하나였다.

이처럼 우리 내면에는 다양한 각성 상태가 존재한다. 우리가 위험에 처할 때만 각성이 일어나는 게 아니다. 예를 들어, 나는 화를 내거나 흥분할 때 생각과 말이 빨라진다. 이것은 가속 페달을 밟는 것 같은 각성 과다 상태이다. 이런 상태에 빠질 때, 나는 속도를 늦추고 마음을 느긋하게 먹거나 가만히 앉아 있는 게 어렵다. 만약 할 일이 매우 많다면 잔뜩 흥분한 상태가 내게 도움이 된다. 하지만 하루가 끝나갈 무렵 가속 페달의 속도를 늦추기 위해 자기 조절 도구를 사용하지 않는다면, 그날 밤 나는 잠들지 못해 몹시 고생하게 된다.

반대로, 내가 특별히 갈 데가 없거나 사람들과 연락을 끊고 등산이나 캠핑을 떠나는 일요일 아침이면 내 브레이크가 상황을 지휘한다. 모든 게 훨씬 느려진 것처럼 보인다. 아프거나 질병이나 부상에서 회복할 때 우리가 곧잘 경험하는 게으름은 각성 저하의 한 가지 형태이다. 이럴 경우, 내 신체는 치유하고 회복하기 위한 에너지를 보존하기 위해 우리에게 천천히 움직이도록 한다.

각성 과다 및 저하 상태는 모두 유용하다. 이 두 가지 사이에서 융통성 있게 움직인다면 건강에 좋다. 하지만 지나치게 작용한다면, 각각 문제를 일으키고 우리가 우리답지 않다는 기분을 느끼게 할 것이다. 일반적으로 말하는 우울증이나 불안증은 각성 과다나 저하 상태에 만성적으로 빠질 때 발생하는 증상을 관찰한 것이다. 몇몇 사람의 내면에서 흔들리는 추는 항상성을 갖춘 중립 상태로 돌아가지 못한 채 각성 과다와 저하 사이를 이리저리 오간다. 의학계는 이런 식의 신경계 활동에서 비롯된 증상을 '조울증'이라고 이름 붙였다.

각성 상태에 관해 생각할 때는 호기심을 가져라. 유턴을 하고 0에서 10까지의 점수를 기준으로 우리 상태를 확인하자. 0점은 아주 심각한 각성 저하 상태이다. 제기능을 조금이라고 하겠다는 의욕을 느끼는 게 어려울 수 있다. 10점은 순전한 공포나 눈이 멀 정도의 분노를 느끼거나 진짜 조병(기분 고양이나 의욕 항진 등의 상태가 특징인 정신 장애-옮긴이)에 걸릴 정도로 각성 과다인 상태이다. 우리가 대체로 우리답다고 느끼는 지점인, 항상성을 유지하는 근본적인 중립의 범위는 4점에서 6점 사이이다. 바로 지금, 당신은 이 기준 범위에서 어디쯤 위치하는가? 어떤 사람, 어떤 상황 그리고 어떤 환경이 트리거로 작용해서 당신을 이 기준 범위의 최고점으로 솟아오르게 하는가? 무엇이 당신을 이 기준 범위의 최저점으로 떨어뜨리는가? 그리고 (아마도 가장 중요한 질문일 텐데) 요즘 당신의 인생에서 평균 점수는 얼마인가? 0에서 10까지의 점수에서 당신이 가장 자주 도달하는 곳은 몇 점인가?

우리가 인생에서 만나는 사람들을 생각해 보자. 각성 과다 상태에 빠져 그 점수대의 가장 활성화된 범위를 기준치로 잡은 것처럼 보이는 사람들을 몇몇 알고 있지 않은가? 각성이 저하된 한층 게으른 상태에 흔히 머무는 것처럼 보이는 사람들도 있지 않은가? 그리고 어쩌면 우리 혹은 다른 누군가는 중립 상태에서 휴식을 취하면서 원래 상태로 되돌아갈 시간도 없이 각성 과다와 각성 저하의 사이를 이리저리 오가고 있진 않은가?

신경계 각성 수준과 관련해서, 중요한 점은 두 가지 상태의 경험을 회피하지 않는 것이다. 이런 내면의 반응은 자신을 보호하는 유익한 것이다. 우리에게는 이 두 가지 경험이 필요하다. 각성 상태를 이해하고, 어떤 경우에 자신이 어느 점수 범위에 도달하는지 마음챙김을 통해 인식하는 행위는 과정 자체를 지켜보고, 그것을 통해 자신이 처한 각성 상태를 변화시킬 수 있는 능력을 학습할 때 의미가 있다.

다양한 상태에 따라, 우리는 세 개의 양동이에 동반된 부작용도 발견할 수 있다. 우리 머리는 정신없이 돌아가고 생각은 점점 더 비이성적으로 흘러갈 수 있다. 우리의 감정은 부풀어 올라 감당하기 어려울 수도 있다. 그리고 우리의 신체와 에너지는 제대로 작동하지 않는 것처럼 느껴진다. 혹은 감정이 완전히 무뎌지거나 주의가 산만해지거나 종일 잠을 자는 듯한 기분이 들 수도 있다. 이 모두는 정상적인 현상이며, 우리 몸에서 어떤 일이 실제로 벌어지는지 고려한다면 이는 전적으로 이해할 만하다.

건강한 수면, 충분한 영양 섭취 그리고 꾸준한 운동은 엄청난 자양분이 되어서 우리가 신경계를 더 안정적으로 조절할 수 있게 해준다. 우리를 괴롭게 하는 사람과 환경, 상황을 최대한 적게 접하는 것 또한 도움이 된다. 물론 디지털 웰니스(데이터를 기반으로 건강과 행복을 관리하는 개념-옮긴이)가 얼마나 중요한지를 상기시켜주지 않았다면 나는 훌륭한 심리치료사라고 할 수 없다. 스크린 시간을 최소화하고 적대적인 매체를 멀리한다면 우리의 신경계는 잘 조절되어 안정적인 상태를 유지하는 데 도움이 된다.

각성이 과도해졌을 때 우리가 이를 스스로 조절하기 위해 활용할 수 있는 자원은 무수히 많다. 명상, 마음챙김, 호흡 요법, 요가, 산책, 찬물 샤워, 운동 그리고 자연 체험 등은 모두 효과로 입증된 신경계 조절기이다. 마음챙김 호흡은 우리가 실제로 위험에 처한 게 아니라고 신경계에 알리는 것으로 각성 상태를 완화하는 가장 효과적인 방법에 속한다. 신경계 조절 훈련은 사람마다 다를 수 있다. 어떤 사람에게는 아로마요법이나 춤, 기도, 명상이 효과적이지만, 어떤 사람에게는 낚시나 기타 연주, 새로운 요리법을 찾아보고 부엌에서 요리하기가 신경계 조절에 매우 효과적이라고 느껴질 수 있다. 자신에게 잘 맞는 방법이 무엇인지 생각해 보고, 필요할 때 유용한 자원으로 활용하도록 몇 가지 방법을 준비하자. 목표는 대뇌변연계 각성 범위의 양극단 사이에서 기본이 되는 중간 지대로부터 너무 멀지 않은 수준을 유지하는 것이다. 그렇게 하면, 신경계 조절 불능 상태가 그리 오랫동안 지속되지 않는다.

이제, 우리는 감정이 통제되지 않을 때 "나는 미치지 않았어"라고 자신에게 상기시킬 수 있다. 이런 비이성적인 상태는 때때로 불편하고 우리의 감정과 기능에 큰 영향을 미칠 수 있지만, 완벽히 정상이다. 이런 상태는 우리의 신경계가 작동하고 있으며 우리를 보살피려고 노력한다는 사실을 떠올리게 하는 훌륭한 알림이다. 다음번에 당신의 가족들, 친구들 혹은 동료들이 당신에게 어째서 당신답게 행동하지 않는지 궁금해하거든 그냥 이렇게 말해 주면 된다. "나는 신경계의 각성을 조절할 수 없는 상태야."

감정을 모두 쏟아내는 조절 불능 상태로 살아가지 마라. 그보다는 감정을 살피고 그것에 이름을 붙여주며 자신의 실수를 허용하라. 당신의 신체가 중립 상태로 되돌아가는 데 필요한 것을 확인하기 위해, 자아성찰의 도구를 활용하고 건강한 정도의 호기심을 발휘하라. 그리고 당신이 신뢰하는 사람들에게 도움을 요청하는 것을 두려워하지 마라. 심리적으로 가장 건강한 상태와 그렇지 못한 상태를 **모두** 경험하는 존재인 우리가 다 같은 처지임을 기억하라.

트라우마

누구에게나 트라우마는 있다. 예외는 없다. 로봇이 아닌 이상 트라우마는 있기 마련이다. 제대로 처리되지 못한 감정적 충격은 우리에게 외부 자극에 민감하게 반응하도록 만든다. 신경생물학적 사전성향(다양한 자극에 비슷한 방식으로 반응하는 성향-옮긴이)이나 생리적 상해 역시 반응성(누군가에게 관찰되고 있다고 인식하여 행동 방식을 바꾸는 현상-옮긴이)에서 분명히 중요한 역할을 할 수 있다. 하지만 심리적 트리거로 인해 일어나는 인지적, 정서적 그리고 행동적 반응성은 우리가 이미 배웠거나 목격했거나 경험한 고통스러운 일이 원인일 때가 많다. 반응성은 관계나 스트레스가 많은 상황에서 우리가 어떻게 반응하는지, 결정은 어떻게 내리는지를 비롯해 무수히 많은 것에 영향을 미친다. 반응성은 우리가 다른 사람을 어떻게 인식하고, 우리 주변의 세상을 어떻게 해석하는지에 영향력을 발휘한다.

만약 진정한 자기 자신으로 감정을 느끼고 활동하기를 원한다면, 우리는 각자의 트라우마를 파악해야 한다. 이 부분은 건너뛸 수 없다. 만약 우리를 구성하는 트라우마 조각들을 회피한다면 우리는 기껏해야 가장 진실한 자아에 미치지 못한 모습으로 세상에 비춰질 것이다. 트라우마는 마치 치아에 쌓이는 플라크처럼 불어난다. 자신의 트라우마가 무엇인지 확인하고 그것에 주의를 기울이지 않는다면, 우리는 절대 전인적으로 건강해질 수 없다.

'트라우마'라는 용어가 주로 암시하는 의미는 핵심을 빗겨나갈 뿐 아니라 그 단어를 필요 이상으로 무서운 말처럼 들리게 한다. 심리치료 분야에서 트라우마는 우리의 스트레스 반응 시스템을 작동시키는 어떤 사건이나 오랫동안 이어지거나 반복되는 사건의 패턴을 가리킨다. 부정적인 영향의 정도와 고통을 고려하면 트라우마의 심각도는 그 스펙트럼이 매우 넓다. 고통은 분명할 수도 있고 모호할 수도 있다. 고통은 엄청날 수도 있고 미미할 수도 있다. 또한 신체적, 의학적, 관계적, 정신적 혹은 재정적인 고통 등 온갖 형태로 나타날 수 있다. 트라우마는 삶의 변화나 어떤 종류의 상실에서 생겨날 수 있다. 연인과의 이별이나 부부간의 이혼은 분명히 트라우마가 될 만하다. 내가 이 책을 집필하는 바로 지금, 코로나19라는 전 세계적인 전염병이 한창이다. 이 질병은 엄청나게 많은 경제적, 교육적, 사회적 그리고 정치적 트라우마에 불을 붙였다. 트라우마는 교통사고처럼 쉽게 알아볼 수 있는 사건일 수도 있다. 혹은 예의범절을 갖추지 못하거나 아주 뛰어난 성적을 내지 못하면 실망스러운 아이라고 취급받는 가정에서 성장하는 것처럼, 겉으로 드러나지 않은 감춰진 기능장애가 될 수도 있다. 게다가 속박하고 사사건건 간섭하는 양육 방식뿐 아니라 무관심한 양육 방식으로도 생길 수 있다. 트라우마는 개인, 연인이나 부부, 가족, 지역사회, 심지어 문화 혹은 인종 전체에 영향을 미치기도 한다. 만약 무언가로 인해 당신의 내면에서 스트레스 반응이 일어난다면 (당신이 받은 스트레스가 합리적이든 아니든) 그 스트레스는 당신의 마음속을 파고들어 트라우마의 형태로 뿌리내릴 잠재력이 있다.

트라우마에 관해 말할 때 대부분 사람은 엄청나게 끔찍한 사건이나 죽음, 부상, 인생을 바꿀 정도로 부정적인 상황을 이야기한다. 내가 보기에 이런 추정은 우리가 **빅** 트라우마big trauma라고 부르는 것에 해당한다. 빅 트라우마란 생명이나 안전에 대한 위협이 실재하거나 감지되는 고통스러운 사건이다. 신체 폭력, 교통사고 그리고 파괴적인 자연재해가 모두 빅 트라우마의 예이다.

흔히 잘못 이해되고 축소되기도 하는 유형의 트라우마는 **스몰** 트라우마small trauma로 알려져 있다. 스몰 트라우마란 생명이나 안전에 대한 위협이 반드시 실재하거나 감지되는 것은 아닌 고통스러운 경험을 의미한다. 때때로 스몰 트라우마는 눈에 뻔히 보이지 않아서 대단히 충격적이라고 인식되기 어려울 수 있다. 예를 들어, 실직은 스몰 트라우마가 되기도 한다. 이 범주에는 힘겨운 산후 경험, 집단 괴롭힘, 배우자의 외도 혹은 축구 경기에서 입은 다리 부상 같은 것도 포함될 수 있다. 어떤 사람들에게는 퇴직이나 이사가 대단히 충격적인 트라우마가 될지도 모른다. 내가 초등학교 4학년으로 올라가기 직전의 여름에, 우리 집은 기존에 살던 도시의 한쪽 끝에서 반대쪽 끝으로 이사하게 되면서 나는 전학을 가게 되었다. 새로운 집, 새로운 동네 그리고 새로운 학교는 내가 떠나온 곳보다 훨씬 안전하고 좋았다. 하지만 나는 변화 그 자체가 무서웠다. 이사한 뒤로 넉 달 동안 지속된 내 스트레스 반응은 분명히 그 변화로 인해 생겨났다. 새로운 환경은 낯설었고 아는 사람도 없었다. 새 학년이 시작되고 몇 주 동안 나는 날마다 책상 앞에 앉아서 울었다. 이것은 내가 겪은 스몰 트라우마의 한 사례이다.

'빅 트라우마'와 '스몰 트라우마'를 구별한다는 것은 하나가 다른 하나보다 더 큰 문제가 될 가능성이 있다는 뜻이다. 사실, 스몰 트라우마와 비교해서 빅 트라우마가 유발하는 고통의 정도와 그 영향의 지속성에는 일관된 차이가 없다. 사실, 스몰 트라우마가 빅 트라우마보다 **더 파괴적으로** 느껴지고, **더 많은** 문제를 유발할 수도 있다. 한 예가 정서적 학대이다. 장기적으로 이어진 심리적, 정서적 학대는 한 개인의 정신을 황폐하게 만들 수 있어서, 예컨대 어떤 사람들에게는 한 번의 교통사고보다 더 대대적인 피해를 초래할 수 있다. 다른 사람이 경험한 트라우마를 목격하거나 전해 듣는 것, 즉 **2차성 트라우마**로 알려진 현상 역시 스몰 트라우마가 심각하게 부정적인 영향을 미칠 수 있음을 보여주는 또 하나의 사례이다. 전문 의료진, 사회복지사, 심리치료사 그리고 교사들은 2차성 트라우마의 영향을 자주 느끼곤 한다.

여기서 마땅히 다뤄야 할 다른 용어는 외상 후 스트레스 장애PTSD이다. 정신건강 전문가의 교육 및 훈련의 상당 부분은 《정신 장애 진단 및 통계 편람DSM》으로 알려진 크고 두꺼운 책을 기초로 한다. 여기에는 한 개인을 구체적인 종류의 치료와 의료 보험 적용 대상 후보로 분류하는 증상 목록을 비롯하여 각종 진단이 포함되어 있다.

《장애 진단 및 통계 편람》 5차 개정판 진단 기준에 따르면 PTSD로 진단받으려면 실제 죽음이나 죽음에 대한 협박, 심각한 부상 혹은 성폭력에 노출된 경험이 있어야 한다. 물론 이 예시들이 바로 트라우마다. 하지만 더 복잡하거나 덜 분명한 유형의 트라우마가 미치는 영향에 관해서는 설명하지 않는다. 내가 이 책을 쓰고 있을 때, 성장기 트라우마, 애착 트라우마 그리고 복합적 트라우마를 설명하기 위해 이 편람을 개정하라는 강한 압력이 정신건강 산업에 가해지고 있었다. 이런 문제들은 내가 개인 진료소에서 지켜본 대부분으로 《장애 진단 및 통계 편람》 5차 개정판에서 PTSD를 다루는 내용보다 훨씬 더 복잡할 때가 많다. 이 책을 개정한다면 각종 트라우마를 총망라하는 훨씬 더 폭넓고 적절한 그물을 던질 수 있을 것이다.

우리가 경험해 온 트라우마가 어떤 종류이고, 얼마나 많든 그것이 우리 삶에 영향을 미치는 방식에는 하나의 공통된 주제가 있다. 우리의 치유 가능성을 결정하는 핵심은 다음과 같다. **트라우마를 일으키는 경험은 트라우마를 일으키지 않는 경험과는 완전히 다른 방식으로 우리 내면에 쌓인다.**

우리의 인생 경험은 다양한 감각 구성 요소와 관련되어 있다. (소리, 색상, 냄새, 음성, 표정 그리고 신체적 감정 혹은 그 이상의 것을 포함해) 우리를 둘러싼 환경의 세부 요소들은 (우리 자신과 다른 사람들의) 생각 및 감정과 결합한다. 즉, 감각의 혼돈 상태이다. 가장 고통스러운 순간에, 모든 정보를 의식적으로 고려하려고 노력한다면 우리는 감당할 수 없는 압박감에 잠식될 것이다. 엄청난 스트레스를 받는 순간, 지금 일어나는 일들을 완전히 처리하는 건 최선책이 아니다. 알코올 중독자인 아버지에게 괴롭힘을 당하는 여섯 살배기 아이는 상황 이해력, 인지적 성숙함이나 감정적 성숙함 또는 무슨 일이 벌어지고 있는지 혹은 어째서 그런 일이 일어나는지를 이해할 수 있는 심리적 능력을 갖추지 못했다. 배우자의 외도를 알게 된 시기에 유산을 경험한 여성은 매일 아침 일어나 어떻게든 일상을 살아나가려고 그 트라우마 중 하나 혹은 모두를 무의식적으로 잊어버리거나 서로 영향을 주지 못하도록 완전히 구분할 수 있다. 구획화하거나(상충되는 것처럼 보이는 생각이나 감정을 마음속에서 분리하는 일종의 심리적 방어 기제-옮긴이) 회피한 (인지적, 감정적 혹은 신체적) 트라우마는 우리의 마음과 신체, 정신을 파고들어 심리적으로 축적된다. 시간이 흐르면서 이 다층적 문제들은 서로 뒤섞여 온갖 고약한 방식으로 나타난다.

집 안이 엉망진창인데 손님이 곧 들이닥칠 상황이라면, 체계적으로 집을 정리하거나 대청소할 시간은 없다. 그래서 대혼란을 효율적으로 해결할 만한 공간과 시간을 마련하기 전까지 나는 급한 대로 이 난장판을 감출 수 있는 벽장이나 보관소를 찾게 된다. 트라우마를 지금 당장 효율적으로 처리하는 것이 불가능하기에 우리는 아침에 일어나 하루를 또 살아가며 앞으로 나아갈 수 있도록 그 혼란스러운 경험의 수많은 세부 사항을 (비유적으로 말하자면) 가장 깊숙한 벽장 속에 무의식적으로 밀어 넣는다. 이런 종류의 구획화는 자연스럽고 필요한 심리적 방어 기제이다. 이것은 다행스러운 일이다. 다만, 나중에 우리가 봄맞이 대청소를 하려고 벽장을 다시 찾을 때까지 이 혼란들은 마음 깊이 쌓여 파묻힌다는 것을 기억하자.

시간이 흐르면서 우리는 고통스러운 문제들을 벽장 속에 차곡차곡 묻어둔다. 그러나 벽장문이 영원히 닫혀 있을 수는 없다. 우리 내면의 아수라장에는 곰팡이가 피고 쥐가 들끓으며 갈라진 틈 사이로 물이 줄줄 새어 나오기 시작할 것이다. 이 아수라장은 상황이 뒤틀리고 무너져 내릴 때까지 문과 경첩을 힘껏 압박한다. 삶의 한 가지 사건을 계기로 그 문이 살짝 열린다면, 어마어마한 난장판이 벌어지면서 문제가 생기기 시작한다. 우리가 경험하는 트라우마는 잡동사니를 넣어두는 서랍이나 벽장이 아니라 우리의 마음, 감정의 영혼 그리고 신체에 차곡차곡 쌓인다.

야생 동물은 우리 인간보다 이런 문제를 더 잘 해결하는 것처럼 보인다. 로버트 새폴스키Robert Sapolsky는 신경 내분비학자이자

스탠퍼드대학교의 교수로, 영화 〈행오버〉(친구의 총각 파티에서 폭음으로 기억을 잃은 세 남자에 관한 코미디-옮긴이)에서 자흐 갈리피아나키스Zach Galifianakis가 맡은 캐릭터와 비슷한데, 그보다는 좀 더 나이 들고 뛰어나 보인다. 새폴스키는 케냐 국립박물관의 연구원이기도 한데, 그곳에서 야생 생물, 그중에서도 야생 동물의 스트레스 반응을 연구하는 데 매년 시간을 할애한다. 1990년대 중반, 그는 《스트레스》라는 책을 출간했다. 그의 설명에 따르면, 얼룩말은 트라우마가 될 만한 사건을 겪을 때면 발작적으로 몸을 흔들고 이리저리 구르고 요란한 소리를 내며 달려감으로써 마치 신진대사를 하듯 그 트라우마를 곧장 분해한다고 한다. 동물들은 내면의 긴장감과 코르티솔 및 노르에피네프린 분자를 분해하고 배출하는 방법을 직관적으로 알고 있다. 그들은 고통스러운 경험을 **겪는 내내** 몸을 움직인다. 이것은 얼룩말이 침착한 원래의 상태로 재빠르고 효과적으로 돌아가도록 도와준다.

인간은 얼룩말처럼 직관이 발달하지 않았다. 대체로 우리는 얼룩말과 정반대로 행동한다. 우리는 트라우마를 완전히 소화하고 배출하기 위한 작업을 하는 게 아니라 고통이 우리를 갉아먹도록 내버려둔다. 아니면 고통을 느끼지 못하도록 하기, 고통에서 주의를 돌리기, 고통에 대한 책임을 다른 사람에게 돌리기, 고통을 회피하기, 고통을 축소하거나 정당화하기 또는 기회가 생기면 바로 고통으로부터 멀리 달아나기를 시도한다. 그러면 고통은 우리 내면에 머물면서 긴 시간 동안 축적된다. 처리되지 못한 스트레스는 마치 흉터처럼 차곡차곡 쌓여 끈적하게 눌어붙고, 우리의 생각과 행동, 감정에 무의식적으로 주입된다. 이것은 근막, 근육, 관절 그리고 신경계에 물리적으로 비축된다. 시간이 흐르면 이 스트레스는 다음과 같은 형태로 나타날 수 있다.

- 자신, 타인 또는 세상 전반에 대한 왜곡된 믿음
- 도저히 감당할 수 없는 감정들
- 우유부단
- 자기의 마음과 감정, 신체와 단절되는 해리성 증상
- 파괴적이고 건강하지 못한 선택이나 행동
- 집착이나 강박
- 두통, 관절 강직, 만성 통증, 심계항진, 현기증, 사지 불안, 무기력, 근육 긴장이나 근무기력증, 피로, 소화 문제, 가슴 통증 그리고 메스꺼움

우리의 체내 기관이 고통을 덮어버리는 법을 알고 있다는 게 반드시 나쁜 건 아니다. 이 현상은 우리의 '도마뱀 뇌' 편도체가 신체를 장악하지 못하도록 하는 방어기전이다. 편도체를 사람이라고 한다면, 정보를 모두 확보하지 않았을 때조차 매우 다급하고 방어적인 반응을 보일 것이다. 편도체는 편협한 태도를 보일 것이고 미안한 기색도 없이 곧장 다른 존재의 요구보다 자신의 요구를 더 중요히 여길 것이다. 편도체는 주저하지 않기 때문에 실제로 위험할 때는 가까이 두는 게 좋다. 편도체는 책임지고 나서서 재빨리 결정할 줄 안다. 실제로 이런 사람을 알고 있다면,

이런 유형의 사람이 유사시에 대단히 도움이 되지만 정말 성가시다는 말이 무슨 뜻인지 이해할 것이다. 그들에게는 강렬한 에너지로 주변 사람을 불안하게 하고 스트레스 받게 만드는 재주가 있다.

당신의 이마 바로 뒤에 자리한 전전두엽 피질이라고 불리는 뇌 영역과 편도체 사이에는 흥미로운 역학 관계가 존재한다. 외부 자극에 민감하게 반응하는 편도체와 반대로, 전두엽 전 영역은 마치 '곰돌이 푸'와 같다. 침착하고 사려 깊으며 외부 자극에 민감하게 반응하지 않는다. 곰돌이 푸는 생각을 종합하고 다양한 관점을 고려하며 논리적으로 계산하고 분석하기 위해 데이터와 정보를 활용하는 데 뛰어나다. 감정을 조절하고 학습하고 의사소통하며 상황을 이해하기 위해 노력을 쏟아붓는다. 그는 격렬하고 민감하게 반응하는 동료인 편도체보다 훨씬 능숙하게 상황의 여러 측면을 고려할 줄 안다. 이 전전두엽 피질 영역은 상당히 분주하게 움직일 수도 있지만 (본질적으로 그리고 저절로) 우리가 섣불리 행동하거나 스스럼없이 떠들거나 아니면 반사적인 반응을 일으키도록 하지 않는다. 이런 격렬한 반응은 편도체의 반응 양식에 더 가깝다.

트라우마에 관해 이야기하려면 기억력의 역할을 탐구하는 것도 빼놓을 수 없다. 기억력은 당신이 가장 진실하고 진정한 자신으로서 느끼고 제기능을 하는 걸 방해할 수 있어서 트라우마 경험과 우리가 복잡한 기억 체계를 통해 정보를 저장하고 검색하는 법 사이의 관계를 이해하는 일은 중요하다. 다음의 시각적 훈련을 시도해 보자.

당신이 동네의 오솔길로 산책을 갔다고 상상해 보자. 당신은 평온하고 느긋한 기분을 느끼며, 상쾌한 공기를 들이마시면서 오로지 자기 자신에게만 집중한다. 모퉁이를 돌다가 당신의 앞길에 무언가가 도사리고 있는 모습을 발견한다. 그 존재는 스르륵 소리를 내더니 고개를 쳐들면서 몸을 쭉 폈다. 그것은 붉은 눈동자와 뿔이 돋아난 머리에 날카로운 엄니를 드러낸 채 독을 뚝뚝 흘리고 있었다. 틀림없이, 사악하기 이를 데 없는 치명적인 코브라 방울뱀이었다. 내가 너무 극적인 상상을 하기는 했다. 그렇더라도, 이런 상황이 실제로 일어났다고 가정하고 당신의 신체 내부에서 어떤 일이 벌어지는지 주목해 보자. 아드레날린이 느껴지는가? 솟구치는 격렬한 에너지를 알아차릴 수 있겠는가? 이것은 당신의 편도체가 제 할 일을 하고 있다는 뜻이다.

당신의 눈이 몸을 한껏 웅크린 채 성이 난 대상을 받아들이고 당신의 귀가 그 스르륵 하는 소리를 듣는 몇 밀리초의 시간 안에, 편도체는 그 정보를 당신의 평생이 담긴 기억 장치와 비교해 순식간에 확인한다. 당신이 읽어온 책, 당신이 보아온 영화, 당신이 들어온 이야기 그리고 당신이 겪어온 경험에 대한 기억을 정리한 자료를 바탕으로, 편도체는 엄니를 드러낸 채 스르륵 소리를 내며 똬리를 틀고 있는 물체를 뱀으로 인식한다. 편도체는 뱀이 때때로 공격적으로 변해 위험할 수 있다는 사실을 떠올린다. 그 즉시, 잠시 잠들어 있던 당신의 편도체가 화들짝 깨어나서 완전히 작동하기 시작한다. "젠장, 뱀이잖아. 뱀은 널 해칠지도 몰

라. 달아나!" "죽여 버려!" "꼼짝하지 마!" 편도체는 이 상황을 벗어날 궁리를 할 수 있도록 단 1초라도 전전두엽 피질에게 시간을 줄 마음은 단연코 없다. 조금이라도 시간을 허비한다면 뱀에게 공격할 기회를 주는 셈이라고 확신한다. 전전두엽 피질인 곰돌이 푸가 무슨 말을 할지는 신경도 쓰지 않는다. 편도체는 푸를 완전히 밀쳐 버리고 당신을 보호하기 위해 반응한다. "휴, 큰일 날 뻔했잖아! 편도체 덕에 살았어!"

시간을 앞으로 감아서 한 10년쯤 뒤라고 해보자. 당신이 다시 산책하러 밖으로 나갔다고 상상해 보자. 이때의 환경은 처음과 완전히 다를 수도 있다. 다시 한번 당신은 모퉁이를 돌다가 조금 떨어진 보도에 도사리고 있는 어떤 대상을 발견한다. 편도체는 어리숙하지 않다. 이 장면을 잘 알고 있다. 편도체는 과거에 일어난 일을 되살리기 위해 모든 기억 파일을 능숙하게 후다닥 살펴본다. 그리고 기억해 낸다. 위험을 감지한 것이다. 편도체는 당신의 신체 반응을 돕기 위해 코르티솔과 노르에피네프린의 수문을 활짝 연다. 당신의 신경계를 통해 메시지를 곧바로 보내, 당신의 동공을 확장시키고 심박동 수를 증가시키며 근육을 수축시킨다. 함께 산책을 나갔던 사람은 정원용 호스를 보고 지레 겁을 먹었다며 당신을 놀린다. 이번에는 동네 사람이 꽃에 물을 주다가 우연히 호스를 똬리 모양으로 바닥에 내버려두었다.

그러면 이번에는 무슨 일이 일어난 걸까? 이번에 일어난 일의 몇 가지 세부 사항이 당신의 편도체에 과거의 무섭거나 스트레스를 받았던 사건을 상기시켰다. 이런 세부 사항들을 우리는 '트리거'라고 부른다. 트리거는 편도체의 쥐덫을 건드려 그것이 즉각 작동하게 만든다. 그 쥐덫은 트리거가 진짜 쥐인지 우연히 내려앉은 깃털인지 상관하지 않는다. 편도체에 필요한 전부는 똬리를 튼 형태와 당신이 지나는 길 위에 그것이 도사리고 있었다는 사실뿐이었다. 편도체는 전전두엽 피질을 (그것의 논리, 침착성 그리고 이성과 함께) 옆으로 밀쳐 버리고, 당신을 지키고 보호할 수 있었다. 나이가 지긋하고, 생각이 깊은 전전두엽인 곰돌이 푸였다면 충분히 오랫동안 멈춰선 채 심호흡을 하고 지금 벌어지는 일을 심사숙고하여 이 똬리가 뱀이 아니라는 것을 알아차렸을 것이다. 그것이 단지 낡은 수도 호수에 불과하다는 것을 말이다. 하지만 편도체가 맡은 일 자체는 당신을 보호하는 것이기 때문에 편도체는 푸에게 기회를 주지 않는다. 푸는 시간을 너무 오래 잡아먹을 테니까. 편도체는 쥐덫과 마찬가지다. 편도체에게 가장 중요한 건 행동을 취하는 것이다.

신경 전기적 활동을 관찰하면서 우리는 '트리거'가 인간의 뇌 속에서 활동을 창출하는 모습을 분명히 볼 수 있다! 우리가 일상생활을 할 때, 전전두엽 피질은 마치 크리스마스트리에 환하게 들어온 불처럼 활발히 활동한다. 하지만 트리거가 발생하고 편도체의 쥐덫이 작동하면 마치 전전두엽 피질에 놓인 크리스마스트리의 전구 플러그가 뽑히고 (뇌의 훨씬 뒤쪽에 자리한) 편도체에 불이 붙은 듯 환히 켜진다. 이 신경 현상에 뒤이어 발생하는 생리 반응, 정서 반응 그리고 행동 반응의 도미노효과는 소위 '트라우마 반응'이라고 할 수 있다.

트라우마 반응은 방어적인 반응으로 항상 일어난다. 바로 이런 이유로 우리는 무서운 영화를 보면 흠칫 놀라고, 고속도로에서 앞차가 급정거하면 브레이크를 세게 밟거나 핸들을 틀고, 누군가가 고함을 지르면 고개를 숙이고, 누군가가 비난을 퍼부으면 방어적인 태도를 보이고, 비행 중에 난기류를 만나면 좌석 팔걸이를 본능적으로 움켜쥐게 된다.

트라우마 반응으로 인해, 우리는 연인이 바람을 피우지 않을까 하는 빌미를 준 적이 없는데도 수상쩍은 문자를 찾아내겠다며 연인의 휴대폰을 뒤지게 된다. 다른 이성들과 문자를 주고받으며 시시덕거리는 못된 습관을 지녔던 것은 예전 연인이었는데도 말이다. 트라우마 반응으로 인해, 경제적 안정이 보장되지 않았던 가정에서 성장한 탓에 비록 지금은 은행 계좌에 돈이 두둑하게 들어있다고 해도 우리 중 몇몇은 거의 언제나 돈 걱정을 한다. 과거의 경험으로 생긴 고통스러운 정보가 생명이나 안전을 실제로 위협하지 않는다는 이유만으로 그 정보가 쥐덫의 작용을 조금이라도 둔감하게 만들 수 있다는 게 아니다. 가족의 기저에 미묘하게 흐르는 건강하지 않은 심리 도식(어릴 때 형성된 개인이 세상을 바라보는 틀–옮긴이), 우리가 사회적으로 주고받는 메시지를 통해 갖게 된 부적응적 믿음, 보잘것없어 보이는 고통스러운 사건은 빅 트라우마에서 생긴 것과 똑같이 파괴적인 트리거를 만들 수 있다.

트라우마 경험과 관련해서 반드시 알아두어야 할 마지막 개념은 그런 경험이 우리의 내면에 영원히 흔적을 남긴다는 것이다. 트라우마에는 우리의 가장 명료하고 건강한 인지 기능, 정서 기능, 신체 기능 그리고 행동 기능을 서서히 갉아먹을 가능성이 있다. 그리고 우리를 변하게 한다. 만약 우리가 주의를 기울이지 않는다면, 남아있는 고통과 상처는 우리의 자의식을 산산조각 낼 수 있다. 남은 고통과 상처는 현재의 우리와 과거의 우리가 다르다고 느끼게 만들거나 한때는 이끌어갈 수 있다고 믿었던 삶을 지금은 할 수 없다고 믿게 만들 수 있다. 또한 우리를 속여서 원래의 자신처럼 건강한 상태로 돌아가지 못할 거라고 생각하게 만들 수도 있다. 트라우마는 우리 자신, 다른 사람들, 우리의 미래 그리고 우리의 주변 세상에 대한 애정 어린 믿음을 파괴할 잠재력을 가지고 있다. 이것은 우리를 변화시킨다. 만약 우리가 마음챙김을 발휘하고 트라우마적 상처에 주의를 기울여 과거의 경험을 현재의 모습에 반영하지 않는다면, 두꺼운 안개가 가로막은 듯 우리의 진정한 모습이 분명하지도 않고, 이해할 수도 없는 상태가 되지 않을 것이다.

당신이 느끼는 가장 큰 고통의 기저에 트라우마적 경험이 깔려있을지도 모른다. 하지만 그런 경험이 당신으로 하여금 치유되고 성장하고 변화하는 데 가장 큰 교훈이자 기회가 될 수 있다. 이것이 바로 루미Rumi(이슬람의 위대한 신비주의 시인-옮긴이)가 다음의 시를 읊으며 품었던 생각이다.

선생님이 손을 흔들어 파리를 쫓아버리고
상처 위에 반창고를 붙이게 두세요.

고개를 돌리지 말아요.

반창고를 붙인 자리를 계속 쳐다보세요.

상처야말로 당신에게 빛이 들어오는 곳이니까요.

　당신의 지난 삶을 고요히 돌아보다가 트라우마의 근원을 확인하기 시작했다면, 트라우마 재처리를 전문으로 하는 지역 상담소에 찾아가라. 당신은 자기 트라우마를 혼자서 간파하는 방법을 알지 못한다. 우리 심리치료 전문가들은 안구운동 둔감화 재처리법, 전신 및 에너지 요법, 신경 피드백, 신체 감각 움직임 요법 그리고 사이키델릭 보조 심리치료법과 같은 치료 방식을 통해 심리적 트라우마와 트라우마 반응을 효율적이고 효과적으로 치유하는 법을 공부하고 있다. 트라우마에 관련된 지식과 자격을 갖춘 상담사를 찾아서 치유를 시작하라.

　고난은 우리의 회복력을 길러주고 어려운 경험에 대한 참을성을 키워준다. 망가짐은 우리 자신이 인간이라는 사실을 일깨워준다. 고통은 공감을 통해 다른 사람들과 연결되는 통로이다. 이것들은 불운했던 지난 상처가 남긴 아름다운 부산물이다. 이제 당신의 트라우마는 훌륭한 교육자이자 변화의 촉매가 될 잠재력을 지니고 있다. 그저 당신은 더 가까이 다가가고 호기심을 발휘할 마음만 먹으면 된다. 그러고 나서 당신이 발견한 것을 연구 대상으로 삼아라. 제대로 처리되지 못한 트라우마는 당신의 신경 생물학에 영향을 미치고, 평온한 감성에 대한 감각을 앗아갈 수 있으므로, 트라우마가 당신 마음의 어두운 구석에 자리 잡게 두어서는 안 된다. 트라우마를 찾아내 이름을 붙여주고 도움을 구하며 변화와 치유를 꾀하자. 트라우마 치유 작업은 심약한 사람들은 할 수 없다. 이 일을 해내려면 어마어마한 용기가 필요하다. 이 작업은 고통스럽다. 하지만 깨끗한 고통이다. 그리고 트라우마 재처리 작업의 반대편에서 경험할 수 있는 자유는 값을 매길 수 없이 귀하다.

인격체의
다양성

나는 심리치료 일을 전문적으로 시작한 초창기에 **인격체의 다양성**이라는 개념을 알게 되었다. 이 개념을 접했을 때, 나는 태어나서 처음으로 내 모국어를 들은 것 같았다. 이러한 감정은 리처드 딕 슈워츠Richard Dick Schwartz가 개발한 치료 방법이자 삶의 구성 개념인 내면 가족 체계 심리치료IFS(자기 내면의 생각, 감정, 감각 등을 알아가며 그 이면의 상처를 치유하여 균형되고, 행복하고, 자기 주도적인 삶을 살도록 돕는 심리치료 기법-옮긴이)를 공부한 사람이라면 공감할 것이다. 이 개념을 배운 뒤로 내가 살고 일하고 인간관계를 맺고 자녀를 양육하고 세상을 헤쳐 나가는 방법은 완전히 달라졌다.

심리치료사이자 작가인 슈워츠는 천재적인 사람이다. 그는 가족심리치료사로 일하며 사람들이 가족 체계 안에서 상처를 확인하고 치유할 수 있도록 돕는 일을 전문적으로 했다. 훌륭한 가족심리치료사라면 가족 구성원 각각이 가족 내에서 서로 얼마나 다른지 관계없이 개개인의 고유한 가치관과 의견, 생각, 감정을 존중하는 일이 얼마나 중요한지 이해하고 있다. 힘겨루기로 가족 체계에 불화가 생긴다면, 그 가족은 균형을 잃고, 믿을 수 있고 자율권을 부여할 수 있는 리더십이 부족해진다. 단결이 이뤄지려면 인정이 있고 공감할 줄 아는 목격자가 존재해야 한다. 이 목격자는 가족 구성원 각자가 경험을 털어놓을 때 기꺼이 그 얘기를 들어주고, 그 사람을 존중하고 믿어주며 감싸줄 것이다. 가족 체계 안에 그런 존재가 없다면, 결국 (심리치료사처럼) 도움을 줄 수 있는 제삼자를 그 집단 안으로 끌어들일 필요가 생긴다.

상담을 하면서 슈워츠는 사람들이 '나의 한 부분은' 이런 특정한 '느낌이 들지만 나의 다른 부분은 그것과 다르게 느낀다'고 자주 말하는 것을 알아차렸다. 마법 같은 일이 시작된 순간은 바로 그가 내담자들에게 다음과 같이 말했을 때였다. "당신의 그 다양한 소인격체parts에 대해 그리고 그 소인격체들이 그렇게 느끼는 이유에 대해 더 자세히 말해 보세요." 그는 내담자의 다양한 내면의 **소인격체들**에게 공감하며 그들을 지켜보는 목격자가 되었다. 슈워츠가 알아낸 바에 따르면, 내담자의 내면에 존재하는 소인격체들은 가족 구성원이 가족심리치료에서 반응하는 방식과 꽤 비슷하게 반응하는 듯했다는 것이다. 자기 의견을 제시할 기회가 생기면, 이 소인격체들은 대체로 자기들이 개인의 행동에 특정한 방식으로 영향을 미치는 이유를 기꺼이 설명했다. 더욱이 그는 내담자가 자신의 경험에서 각각의 소인격체가 특정 방식으로 느끼고 믿으며 작용할 타당한 이유가 있다는 것을 알아차렸다.

슈워츠는 가족심리치료에서 자신이 활용한 것과 비슷하게 개인의 심리치료를 수행하기 시작했다. 가족 구성원들과 그들의 경험 각각을 존중하고 지켜보는 대신, 한 개인의 다양한 **소인격체들**을 존중하고 지켜보았다. 그는 각각의 소인격체가 한 사람의 성격을 이루는 개별적인 독립체, 즉 **내면 가족**의 독특한 구성원이라고 간주했다. 슈워츠는 내면의 소인격체들에 대해 어떤 판단도 하지 않은 채 순수한 호기심을 느낀다면 그 소인격체들이 엄청난 통찰력과 지혜를 제공한다는 걸 알아냈다. 하지만 이렇게 되려면 그 소인격체들이 보이고 들리고 이해되고 존중된다고 느껴져야만 한다는 것을 깨달았다. 또한 내담자들에게 자기 내면의 소인격체들을 이렇게 대하라고 가르치면, 그 사람들이 **자신의** 내면 가족 체계를 공감하며 지켜보는 법을 배운다는 것도 알게 되었다.

슈워츠가 관찰한 바에 의하면, 각 내담자의 소인격체들이 더 민감하게 반응하고 더 원활하게 상호작용하면 내담자의 심리 생태계 안에서 내적인 평화와 조화가 차츰 커졌다. 이 사람들은 **치유**되고 있었다. 그들의 부적응적 행동과 사고방식이 줄어들었다. 사람들은 침착해졌고, 인지적 명확성도 개선되었다. 시간이 흐를수록 그들의 반응성은 감소했고 자신감은 증가했으며 자신과 타인에 대한 연민과 건강한 책임 의식을 확장할 줄 아는 능력이 확고해졌고 **점점 더 커졌다.**

이제 IFS는 구조적 방식에 맞게 조정되었고, 세계 전역의 학교, 산업 환경, 교회, 공동체 집단, 비영리 단체, 스포츠 시설 그리고 심리치료소에서 교육되고 사용되고 있다. 우리 모두의 내면에 다양한 소인격체로 이루어진 체계가 있다는 생각은 연구와 개인의 체험 후기를 통해 뒷받침되고 있으며, 그 내면의 체계와 관계 맺는 법을 배운다면 우리는 더 잘 정렬되고 온전한 상태로 행동할 수 있다. 그렇게 함으로써 우리는 자신을 치유하고 궁극적으로는 더 자기답게 느낀다. 그것이 IFS의 요점이다.

당신이 당신만의 소인격체들로 구성된 체계 속으로 뛰어들 때 기억해야 할 점은 당신 자신이 곧 당신의 생각은 아니라는 점이다. 당신이 곧 당신의 감정은 아니다, 당신이 곧 당신의 신체적 감각은 아니다. 오히려 당신은 이런 인지 경험, 정서 경험 그리고 신체 감각 경험의 관찰자이다. 또한 당신의 행동과 반응을 지켜보는 목격자이기도 하다. 이런 것들은 소인격체들의 체계가 의사소통하고 당신을 돌보려고 할 때 활용되는 수단이다. 당신이 할 일은 그 소인격체들이 무슨 말을 하는지 그리고 무엇을 보여주는지에 관심을 기울인 다음, 그들의 필요를 충족시키고 당신의 체계 전체를 건강한 방식으로 이끌어가는 것이다.

만약 새로운 일자리를 얻기 위해 면접을 보는데 면접관이 당신에게 자신의 장점을 이야기해 보라고 한다면, 당신은 무엇이라고 답하겠는가? 이 부분에 관해 잠시 생각해 보고 노트에 당신의 장점을 세 가지 적어보아라.

당신은 이제 막 자기 내면의 세 가지 **소인격체**를 확인했을 가능성이 크다.

이제 당신의 면접관이 다음과 같은 흔해 빠진 질문을 던졌다고 가정해 보자. "당신의 단점이라고 생각할 만한 성격적 특징은 무엇인가요?" 이 질문에 대한 대답 역시 당신의 노트에 적어보아라. 이 부분은 당신의 또 다른 독특한 소인격체일지도 모른다.

당신은 네 가지를 적어야 한다. 세 가지의 '장점'과 한 가지의 '단점' 말이다. 이제 세 가지 '장점' 각각에 대해 다음 질문에 답해보아라.

- 이 소인격체는 얼마나 오랫동안 당신의 일부였는가?
- 이 소인격체는 어디에서 비롯되었는가?(그것에 관해 어떻게 알게 되었는가? 당신에게 맞게 만들어졌는가? 배운 것인가? 당신이 이 소인격체를 가지지 않았다면 나쁜 상황이 발생할 수 있었다는 말을 들어서 이 특성을 받아들인 것인가?)
- 어떤 종류의 상황이 이 특성을 강화하거나 보상했는가?
- 이 특성이 과하게 작동한다면 무슨 일이 일어날까?
- 만약 당신에게 이 특성이 없다면 어떤 부정적이거나 불편하거나 무시무시한 상황이 일어날 것 같은가?

이제 당신이 적은 '단점'에 관해 생각해 보고 다음 질문에 답해보아라.

- 이 소인격체는 얼마나 오랫동안 당신의 일부였나?
- 이 소인격체는 어디에서 비롯되었는가?
- 이 특성이 과하게 작동한다면 당신에게 어떤 골칫거리, 괴로움 또는 갈등이 생기는가?
- 이 특성이 과하게 작동하지 않는다면 이 특성의 잠정적 **장점**은 무엇인가?
- 만약 당신에게 이 특성이 없다면 어떤 일이 일어날까?

한 가지 예로, 나는 당신과 함께 이 연습을 여러 번 해볼 것이다. 내 장점 중 하나는 내가 완벽하게 독립적인 사람이라는 것이다. 나는 이 성격의 구성 요소를 나의 '독립적인 꼬마 숙녀'라고 부른다.

그녀는 얼마나 오랫동안 나의 일부였나? 나의 독립적인 꼬마 숙녀는 고등학교에 진학하기 전부터 나와 함께했지만, 그녀가 내 삶에 크게 다가온 시기는 고등학교 1학년 때였다고 기억한다.

그녀는 어디에서 비롯되었을까? 내 엄마는 대단히 독립적이었고 많은 책임을 떠맡고 있었고, 나는 그런 그녀를 지켜보면서 배웠다. 나는 10대 시절에 학교, 아르바이트, 댄스 동아리에서 많은 책임을 맡았다. 내 엄마는 직장에서 일하고, 집안을 관리하고, 아들(내 남동생)을 돌보고, 남편(내 아버지)에게 신경을 쓰느라 늘 바빴다(아버지는 우리와 함께 살았지만, 알코올 중독으로 내 인생에 특별히 관심을 가지거나 관여하거나 도움을 주지 않았다). 나의 독립적인 꼬마 숙녀는 내가 나만의 필요와 책임을 다하도록 도왔다. 그녀는 내가 맡은 일을 잘할 수 있도록 도와주었고 그 덕분에 대체로 나 자신을 잘 돌볼 수 있었다.

이런 수준의 독립성은 어떻게 보상받았는가? 내 엄마, 선생님들, 고용주들 그리고 댄스 강사들은 나의 독립적인 꼬마 숙녀에게 흡족해했다. 나는 누구에게도 도움을 요청하지 않고 맡은 바를 잘 해내서 갈채를 받았다. 이 특성은 존경스럽다고 여겨졌다. 맡은 일을 상당히 잘 해냄으로써, 독립적인 꼬마 숙녀는 내가 아버지를 짜증 나게 하거나 불편하게 만들거나 갈등을 만들지 않도록 도와 주었다.

나의 독립적인 꼬마 숙녀의 활약이 지나치게 되면 어떤 일이 벌어질까? 세상에, 그녀가 전력을 다해 움직이면, 사람들을 밀어내는 의도치 않은 부작용이 때때로 발생한다. 독립적인 꼬마 숙녀는 다른 사람들이 자신을 돕는 것을 거절한다. 그녀는 나에게 감당할 수 있는 것보다 더 많은 일을 하라고 부추긴다. 그러고 나면 나는 결국 일을 주체하지 못하고 단절된 기분을 느낀다.

독립적인 꼬마 숙녀가 없다면 어떤 일이 일어날까? 나의 아버지는 무엇이 부족하고 모자라든 간에 얼굴을 찌푸렸다. 내가 알기로 그는 방해받는 것을 싫어했다. 나는 그를 화나게 하고 싶지 않았으므로, 나의 독립적인 꼬마 숙녀는 그의 도움이나 관심을 절대 요구하지 않으려고 정말이지 피나게 노력했다. 나는 엄마에게도 스트레스를 주고 싶지 않았으므로, 그녀에게도 너무 많은 것을 요구하지 않으려고 노력했다. 이 독립적인 꼬마 숙녀는 내가 다른 누군가에게 스트레스나 불편을 불러일으키는 원흉이나 짐 덩어리가 되지 않기를 바랐다.

나는 청년기를 보내는 동안 면담에서 개인적인 '단점'에 관한 질문을 받으면 언제나 똑같이 대답했다. 완벽주의가 있다고 말이다.

이 완벽주의는 얼마나 오랫동안 당신과 함께해 왔는가? 이 소인격체는 대략 열 살 무렵 일찌감치 시작되었다.

이 소인격체는 어디에서 비롯되었는가? 완벽주의는 댄스 교습소, 그중에서도 특히 테크닉 수업과 발레 수업에서 탄생했을 것이다. 나는 '올바르게' 일을 처리하는 방법과 '올바르게' 보이는 방법이 있다고 배웠고 그렇게 믿었다. 머리를 뒤로 묶고 분홍색 타이츠와 검은색 레오타드(티셔츠와 팬티가 결합된 형태의 의류로 발레나 체조를 할 때 입는다-옮긴이)를 입고 발끝으로 선 다음에 발과 다리를 엉덩이 관절에서부터 바깥쪽으로 향하게 하고, 배를 쏙 집어넣은 다음, 턱을 들며 꼬리뼈를 아래로 향하게 한다. 내 완벽주의자 소인격체는 자기가 혼란을 해결했다고 나를 확신시켰다. 정신없이 바쁜 일정 그리고 부모님의 불화로 생긴 복잡한 역할과 다양한 책임을 오가며 나는 인생에서 꽤 많은 혼란을 겪었다. 그래서 내 완벽주의자 소인격체는 가능한 상황이면 언제든 잔뜩 흐트러진 에너지를 줄이도록 나를 돕기 위해 합류했다.

이 소인격체가 내게 골칫거리를 안겨주었나? 그렇다. 나의 내면의 완벽주의자는 상황이 특정한 방식으로 정확히 진행되어야 한다고 집착한다. 상황이 터무니없이 흘러갈 때 나는 엄청난 불안을 느끼곤 했다. 이 소인격체는 나에게 통제감을 느끼도록 한다. 또 한 가지 부정적 측면을 들자면, 다른 사람들이 내 방식과 전혀 다르게 상황에 대처할 때면 나는 곧잘 스트레스를 느끼거나 속 상해한다. 나의 완벽주의자 소인격체는 가만히 입 닫고 있기를 어려워하는데, 이 점이 사람들을 불쾌하게 만든다.

나의 완벽주의자 소인격체의 좋은 점은 무엇인가? 과열되지만 않으면 그 특성은 정말 유용하다! 그녀는 조직을 이끌 때 대단히 도움이 되는데, 이는 경영주이자 엄마로서 중요한 부분이다. 그녀는 마감일을 맞추고, 복잡한 가족 일정을 시시각각 훤히 꿰고 있다. 그녀는 내 인생의 체계가 마치 기름을 잘 친 기계처럼 순조롭게 진행되도록 돕는다. 나의 완벽주의자 소인격체는 크리스마스트리를 아름답게 장식하고 매일 아침 침대를 올바르게 정돈하는 데 탁월한 재주를 가지고 있다.

완벽주의가 없다면 어떤 일이 일어날까? 만약 내게 완벽주의자 소인격체가 존재하지 않았다면, 내 인생은 지저분하고 무계획적이라고 느껴졌을 것이다. 아이들은 활동을 놓친다는 이유로 스트레스를 느낄 것이다. 필요할 때마다 학용품 같은 지원을 딱 맞게 갖추지 못할 것이다. 가정용 고지서 비용도 제때 내지 못할 것이다. 내 사업은 난장판이 될 것이다. 우리 집은 엉망진창이 되고 침대는 정리되지 못할 것이며, 이건 나를 완전히 스트레스 받게 할 것이다. 끔찍하리만큼 무질서해질 것이다. 나는 대혼란이 발생하면 어떤 기분이 들지 잘 알고 있고, 그것을 좋아하지 않는다. 이런 대혼란은 어린 시절 우리 집에서 나 자신의 내면이 어땠는지 그리고 때로는 우리 집의 상황이 어떻게 느껴졌는지를 상기시킨다. 대혼란은 나를 불안 속으로 몰아넣는다.

소인격체에 관해 이해해야 할 두 가지 중요한 특성이 있다. 첫째, 나쁜 소인격체는 없다.

소인격체는 모두 좋다. 소인격체는 모두 환영할 만하다.

우리가 이 첫 번째 특성을 사실이라고 알고 있는 이유는 바로 두 번째 특성 때문이다.

모든 소인격체는 어떤 식으로든 우리를 도우려고 노력한다.

앞서 던진 질문들에 답한다면, 당신은 각각의 소인격체가 어떻게 유용한지 확인할 수 있을 것이다. 어쩌면 당신은 그 소인격체들의 활동이 지나치게 활발해지면 당신을 어떻게 짜증 나게 하는지도 알 수 있을 것이다. **모든** 소인격체가 극단적으로 작동하지 않는다면 우리에게 아름다운 것들을 줄 수 있다. **나쁜 소인격체는 없다**는 개념은 조만간 내가 이 자리에서 몇 가지 다른 평범한 소인격체의 이름을 댔을 때 믿기 어려울 수 있다. 하지만 내 말에 끝까지 귀 기울여준다면, 잘 설명할 수 있다.

내면의 소인격체들을 처음 다룰 때, 우리는 그 소인격체를 이해하거나 소인격체에 실망하게 되는 강렬한 감정에 주목할 때가 많다. 이것은 바로 우리가 그 소인격체를 '장점'이나 '단점'이라고 딱지 붙이는 실수를 저지르기 때문이다. 각각의 소인격체가 당신에게 얼마나 깊이 와 닿는지를 측정하려면 다음 질문에 답하면 된다. "이 소인격체에 대해 어떻게 느끼는가? 각각의 소인격체에 대한 호기심이 커지면서 그것을 더 잘 이해하게 되었을 때 당신은 그 소인격체 **모두가** 유용하고 쓸모 있다고 깨닫는다. 또한 당신은 그 소인격체 전부가 정도를 지나치면 파괴적이고 해로울 수 있다는 것도 알게 된다.

아이들이 어렸을 때 나는 아이들에게 영화 〈그렘린〉을 보여주면 정말 좋겠다고 생각했다. 내가 엄마 노릇을 가장 잘 해낸 순간이라고는 차마 말하지 못하겠다. 나는 그 생물들이 얼마나 기이하고 폭력적인지 잊고 있었다. 영화가 시작한 지 약 30분 만에 우리는 영화를 끄고, 나는 우리 막둥이와 늦은 시간까지 깨어 있었다. 막둥이는 자기가 잠든 사이에 그렘린이 자기를 잡으러 올까 봐 무서워했다.

영화에서 이 생명체들은 모두 사랑스럽고 털이 복슬복슬하고 자그마한 기즈모에서 출발한다. 그것들은 요키푸(요크셔테리어와 푸들이 합쳐진 귀여운 견종-옮긴이)와 퍼비(햄스터나 올빼미를 닮은 전자 로봇 장난감-옮긴이)의 중간쯤 되는 존재로 보인다. 기즈모는 친근하고 도움을 준다. 하지만 그들이 밤늦게 과식하면 끔찍한 일이 벌어진다. 만약 기즈모가 자정이 지나서 음식을 먹는다면, 피부가 끓어오르기 시작한다. 귀와 코는 길게 자라고 요키푸처럼 포근해 보이는 털은 비늘과 끈적끈적한 점액질로 변한다. 치아와 발톱은 날카로워지고 몸체는 쭉 늘어나서 (1980년대의 아이들이 모두 기억하는 존재인) 그렘린이 된다. 그렘린은 문제를 일으킨다. 그들은 성질이 고약하고 폭력적인 데다 못된 장난을 치고 심술궂으며 과격하게 행동한다.

우리 내면의 소인격체들은 기즈모와 같다. 그들은 우리를 정말로 돕고 싶어 한다. 흔히, 그들은 우리의 필요에 꼭 들어맞기 때문에 우리 삶에 일찍 합류한다. 그 필요는 우리가 부모님을 지켜보거나 다른 사람들이 감탄하는 것을 알아내면서 배운 교훈에서 나올 수 있다. 그렇지 않으면, 우리는 다른 선택의 여지가 없어서 이런 소인격체들과 함께한다. 그 소인격체들은 우리의 안전을 유지하도록 돕거나 우리의 주의를 얻으려고 작동할 수도 있다. 어떤 소인격체들은 우리가 고통을 피하도록 돕기 때문에 자기 할 일을 하기도 한다. 비록 우리 내면의 많은 소인격체가 어린 시절에 발달하기는 하지만, 인생의 후반기에 보이는 때도 있다. 언제 생겼는지는 상관없이, 그 소인격체들은 모두 자신이 **우리를 돕고 있다고 믿기** 때문에 우리의 성격 안으로 들어와서 제할 일을 한다.

그러고 나면 트리거가 등장한다. 심리적 트리거는 기즈모를 그렘린으로 변화시키는 야식과도 같다. 트리거가 클수록, 소인격체는 점점 더 지나치게 작용하게 된다.

나는 나의 방어적인 소인격체와 (특히 20대와 30대 초반에) 엄청난 싸움을 치렀다. 내가 속한 사회적 문화의 일반적인 기후를 고려하면, 내면의 방어적인 소인격체는 우리 대부분에게 공통으로 존재한다. 내 방어적인 소인격체는 어린 시절에 부모님이 싸우는 것을 보고 자라며 어느 정도 생겨났다. 방어적인 태도는 우리 가정에서 익숙한 특징이었다. 나는 나 자신이 사랑스러운 사람인지에 대해 자신이 없었으므로 그 편리한 방어적 소인격체를 환영했고 유용하게 잘 써먹었다. 나의 방어적인 소인격체가 맡은 가장 중요한 일은 내가 상관없는 사람이라는 기분을 느끼지 않게 나를 보호하는 것이다. 그녀는 이 불안정이 내 가슴을 묵직하게 누른다는 것을 알고 있었고, 이 연약함을 보호하기 위해 노력했다.

내 방어적인 소인격체는 무자비하기도 하다. 그녀는 다른 사람들에게 내 적합성을 확신시키기 위해 죽기 살기로 싸우곤 했다. 만약 누군가 내 행동이 어떤 사람에게 상처를 줬다고 말한다면 나의 방어적인 소인격체는 즉시 행동에 돌입해서 그 사람에게 내 행동을 정당화할 수밖에 없는 이유를 모조리 털어놓을 것이다. 그리고 맙소사, 내 방어적인 소인격체는 호전적이었다. 그녀가 그렘린 모드로 돌입하는 데에는 그리 긴 시간이 걸리지 않았다. 그렘린 모드에 들어가면, 그녀는 시끄럽고 말이 빨라졌다. 그녀는 턱을 악다물고 팔짱을 낀 채 눈에서 불을 뿜어내므로, 내 본래의 부드러운 성정과는 전혀 닮지 않았다.

내가 30대 중반이 되었을 때, 내 심리치료사는 이 소인격체에 대해 조금이라도 호기심을 느껴보라고 권했다. 우리는 내 방어적인 소인격체에 관해 이야기를 나눴고, 이 소인격체를 조금 더 잘 이해하기 위해 노력했다. 처음에 나는 이 생각이 꽤 거북했다. 나의 방어적인 소인격체에 대해 극심한 혐오감을 느끼고 있었다. 나는 이 소인격체가 마음에 들지 않았다. 그녀는 내 삶의 몇 가지를 심각하게 파괴했다. 하지만 호기심이라는 렌즈를 통해서 들여다보기 시작하자, 이 소인격체가 나의 취약성을 보호하기 위해 (30년 이상) 얼마나 열심히 노력했는지를 알게 되었고 가슴이 벅차올랐다. 그녀의 흔적을 뒤쫓아 나의 어린 시절까지 거슬러 올라가 보니, 6학년 때 몇몇 여자아이들이 나를 괴롭혔을 때 그녀가 어떻게 자기 태도를 고수했는지 떠올랐다. 그녀는 내 부모님이 싸우는 모습을 보면서 맞서 싸우는 법을 배웠다고 내게 일깨워주었다. 그녀는 싸울 때 방어적인 태도를 취하는 게 기본자세라고 믿었다. 이것이 바로 당신이 하는 행동이다.

내가 방어적인 소인격체에 대해 느끼는 방식은 서서히 달라지기 시작했다. 그녀가 짜증 났을 때는 마치 울화통을 터뜨리는 어린아이를 지켜보는 것 같았다. 하지만 내가 그녀를 더욱 이해하기 위해 노력하면서 그녀는 누그러지고 차분해지기 시작했다. 나는 앞으로 그렇게 방어적으로 굴 필요가 없는 이유를 그녀에게 알려주기 위해 애썼다. 나는 괴롭힘을 당하는 어린아이가 더는 아니었다. 나는 내 감정이 존중받지도 소중하게 여겨지지도 못하는 관계를 멀리하기 시작했다. 내가 잊히거나 오해받거나 (최악의 경우) 내 감정은 상관이 없다고 느껴지는 순간이 도래하면, 내 방어적인 소인격체가 지나치게 보호적으로 굴었다는 것을 깨닫게 되었다. 나의 방어적인 소인격체가 제 할 일을 한 이유를 이해하려고 노력할수록 그녀는 나와 기꺼이 협력하고 싶은 것처럼 보였다. 그리고 내 생각과 감정을 존중하는 사람들에게 둘러싸인 삶을 주도해 갈수록, 내 방어적인 소인격체는 자신이 더는 그렇게 격렬하게 투쟁할 필요가 없다는 사실을 깊이 깨닫게 되었다.

내 말을 오해하지 말기를 바란다. 내 방어적인 소인격체는 나의 내면에 여전히 그대로 존재한다. 종종 그녀는 어떤 식으로든 내 가치를 깎아내리려고 하는 사람을 날카롭게 쳐다보며 방관자로서 가까이 앉아 있다. 하지만 그녀는 내가 더는 어린아이가 아님을 깨달았다. 이제 나는 나의 괜찮은 면과 그렇지 않은 면에 관해 명료히 알고 있고, 이를 활용할 방법뿐 아니라 발언권도 가지고 있다. 요즘 그녀는 이성적으로 보든 논리적으로 보든 나 자신이나 우리 가족을 방어해야 할 때만 그렘린 모드로 변한다. 그녀와 나는 서로 신뢰하는 관계이다. 나는 침착함을 유지하는 동시에 그녀의 힘과 확신을 이용할 수 있다. 그녀는 나의 진실을 큰 목소리로 알려야 할 때, 거리낌 없이 말할 수 있는 나의 대담하고 명쾌한 목소리의 형태로 등장한다. 그녀는 내가 건강한 경계선을 유지하고 내 힘으로 일어서리라는 걸 믿는다.

당신의 소인격체 중에서도 특히 당신의 삶을 파괴하는 방식으로 과하게 작용하는 소인격체에 대해 생각해 보라. 그들의 이야기, 그들의 의도, 그들의 신념 그리고 그들의 숨은 의도에 대해 약간의 시간을 할애하여 호기심을 가져보아라. 개인적인 판단을 내리지 않으려고 열심히 노력하라. 순수한 호기심의 에너지를 품고 그들 앞에 서서 그들이 무슨 말을 하는지 지켜보아라.

추방자

어떻게 그리고 어째서 이 모든 소인격체가 우리를 보호하기 위해 작용하는지 이해하기 위해서는 **추방자**라고 불리는 개념에 대해 논의해야 한다. '추방자'라는 단어는 영화 〈캐리비안의 해적〉에서 악당들이 잭 스패로우 선장을 오도 가도 못하게 무인도에 버리고 가는 장면을 떠올리게 한다. 추방자란, 만약 우리가 선택할 수 있다면 고통이나 불안, 불편을 느끼게 될 일이 다신 없도록 무인도에 데려가서 영원히 방치하고 싶은 정서적 경험이다.

우리는 누구나 추방자가 된다. 그것도 상당히 여러 번. 어떤 사람들에게는 추방자가 되는 경험이 그 어떤 다른 경험보다 강렬하다. 하지만 대개, 추방자가 되는 일반적인 경험에 관해서라면 동감할 것이다. 예를 들어, 가치나 자격이 없다는 느낌은 정말이지 끔찍하다. 이런 감정은 아예 느끼지 않는 게 좋지 않겠는가? 그 누구도 내 이야기에 귀 기울이지 않고, 내가 하찮고 못생겼고 틀렸고 무가치하고 불안정하고 스트레스를 받고 과부하가 걸렸고 불안하고 어리석고 우울하고 외롭고 비판받고 고립되고 오해받으며 가망이 없다고 느껴지는 것은 하나같이 형편없다.

대체로 추방자는 트라우마를 비롯한 불쾌한 경험을 통해 생겨난다. 최근에 한 내담자는 업무 회의에서 자신이 꺼낸 아이디어를 동료가 무시했을 때 몹시 속상했다는 이야기를 내게 들려주었다. 나는 그녀에게 그 상황을 그토록 기분 나쁘게 받아들인 그녀 자신의 소인격체에 대해 호기심을 가져보라고 권했다. 자기의 생각과 감정, 신체에서 갑자기 드러난 고통에 마음챙김으로 주의를 기울이는 동안 그녀는 중학생인 열네 살 때 퉁명스러운 친구에게 거절당했던 기억을 떠올렸다. 열네 살의 자신이 그 경험을 어떻게 느꼈는지 떠올리자마자 자신에게 문제가 있다거나 자신이 보잘것없는 사람이라는 믿음과 슬픔, 눈물, 고통이 되살아났다. 그것은 친구의 퉁명스러운 행동을 이해하기 위해 그녀 스스로 써 내려간 이야기였다. 그 감정적이고 신체적인 느낌을 다시 경험하면서, 이 내담자는 자기 내면에 존재하는 고통스러운 추방자, 즉 거절을 발견했다.

추방자란 우리가 직접 겪지 않았더라도 다른 사람의 고통스러운 경험을 듣거나 목격한 적이 있다면 그것을 기반으로 형성되기도 한다. 만약 깊은 슬픔을 경험한 적이 있다면 당신은 그 감정이 얼마나 끔찍한지 잘 알고 있다. 하지만 깊은 슬픔을 직접적으로 알지는 못하더라도 다른 사람들의 슬픔을 듣거나 목격한 경험을 통해 그것이 얼마나 지독하게 힘든 일인지 알고 있을 것이다. 우리 대부분은 램프의 요정 지니에게 깊은 슬픔을 영원히 피할 수 있게 해달라는 소원을 기꺼이 빌 것이다. 우리는 종종 배우자, 애인, 반려동물, 가장 친한 친구 혹은 자녀가 세상을 떠나면 어떤 기분이 들 것인지와 같은 끔찍한 생각을 해본다. 이렇게 생각하는 것만으로도 우리는 엄청난 고통을 겪는다. 실제로 깊은 슬픔을 겪으면, 대부분 사람에게는 (당연히) 추방자가 생겨난다. 이 감정은 고통스럽다.

추방자는 고통이 어떤 느낌인지 기억한다. 이것은 정말이지

숭고한 역할이다. 추방자는 우리가 인간이라는 사실을 근사한 방식으로 상기시킨다. 우리는 자신이 추방되었다는 고통을 다시 돌아보고 느끼면서 공감 에너지를 갖추게 된다. 추방자라는 불편과 괴로움, 완전한 고통에 대해 진정으로 이해하지 못한다면, 우리는 비슷한 경험을 하는 다른 사람에게 진심으로 공감할 수도, 소통할 수도 없다.

하지만 보호본능이 강한 우리의 소인격체는 추방자를 그런 식으로 존중하지 않는다. 소인격체에게 추방자란 그들이 반드시 지켜야 하는 민감하고 아픈 부분일 뿐이다. 조직과 근육이 신체의 상처 주변에 염증을 일으키는 것처럼, 소인격체는 어떤 적대자도 가까이 다가오지 못하게 하려고 추방자 주위에 벽을 치는 것을 좋아한다. 소인격체들은 우리에게 관심을 기울이며 우리가 추방자로 인해 고통을 느끼지 않기를 바란다.

잠시 시간을 내어 어느 추방자가 유난히 무시무시하게 느껴지는지 생각해 보자. 당신에게 민감하고 아픈 부분은 어디인가? 그 근원을 추적해 보자. 아주 잠시만, 그 고통을 떠올려보라. 그 고통을 느껴라. 그 고통을 관찰하라. 당신의 생각, 감정 그리고 신체라는 세 개의 양동이에서 무슨 일이 일어나는지 주의를 기울여보라. 그렇게 하면, 어째서 소인격체들이 당신을 위해 각자의 역할을 해내려고 그토록 분투하는지 이해할 수 있을 것이다.

관리자

보호적이고 방어적인 성향의 하위 인격체 부대는 두 가지 유형으로 분류될 수 있다. 첫 번째는 우리가 **관리자**라고 부르는 무리의 소인격체들이다. 그들은 추방자를 향해 선제공격을 퍼부으려고 시도한다. 그들은 추방자가 되는 고통을 느끼지 않게 우리를 보호하려고 저마다 특정한 역할을 해낸다. 통제감을 확립하고 유지하기 위해 열심히 노력하는 소인격체는 관리자의 가장 중요한 예이다. 우리의 인격을 구성하는 '통제광' 소인격체는 혹시나 우리가 엄청난 혼돈으로 과부하에 걸리거나 불확실성으로 불편을 느끼게 될 위험을 줄이기 위해 애쓰고 있다. 이것이야말로 통제를 기반으로 하는 소인격체들의 전문 분야라고 할 수 있다.

소인격체들은 상당히 구체적으로 나타나기도 한다. 통제를 담당하는 소인격체들은 섭식 장애가 있는 소인격체, 사소한 일까지 챙기는 소인격체, 몸을 혹사하는 소인격체, 규칙에 집착하거나 잔소리가 심한 소인격체 혹은 관계에서 절대적인 우위를 차지하려는 소인격체의 모습으로 나타날 수 있다. 우리는 대부분 과소평가하거나 정당화하거나 비난하거나 모면하거나 회피하는 소인격체를 가지고 있다. (우리가 역사적으로 그렇게 불러온) 강박 장애의 증상을 해결하려고 발버둥 치는 사람들은 무언가를 통제하는 데 극도로 애착을 느끼는 게 어떤 기분인지 분명히 알고 있다. 내면 가족 체계의 관점에서 이 진단 용어를 살펴보면, 통제하기 위해 고군분투하는 내담자의 **소인격체**와 정확히 일치한다. 내면 가족 체계는 마치 그런 성향이 코감기나 유전병이라도 되는 것처럼 '강박 장애를 앓고 있다'고 표현하는 방식과는 완전히 다르게 접근한다.

만약 내 진료실에 걸어 들어와서 자신의 전 배우자나 시어머니 혹은 장모님이 어째서 '나르시시스트'인지 이야기하는 내담자 한 명 한 명에게 1달러씩을 받았다면, 나는 백만장자가 됐을 것이다. 충격적인 진실을 알려주자면, **그 누구도 나르시시스트가 아니다.** 한 사람은 한때는 어린아이였고, 그전에는 유아였다. 아기들은 나르시시스트로 태어나지 않는다. 오히려 어떤 사람들은 융통성 없이 그 사람을 보호하려고 노력하는 나르시시스트 성향을 지닌 관리자 소인격체를 길러낸다. 나르시시스트라고 비난받아온 내담자와 심리치료를 진행할 때마다 나는 그 사람의 소인격체가 불안정하고 미덥지 않은 데다 참혹하게 상처받은 추방자를 용감하고 맹렬하게 보호하고 있어서 제 할 일을 한다고 생각했다. 그런 사람들을 상담하면서 (지금까지 한 번도 예외 없이) 내가 알아낸 바에 따르면, 그들의 나르시시스트 소인격체는 어렸을 때 그 사람에게 일어났던 끔찍한 일에 대한 반응으로 그런 역할을 하게 된 것이었다. 그런 사람들에게 어린 시절에 부모로부터의 폭력, 집단 따돌림 혹은 성범죄 피해를 겪은 내력이 있었다고 밝혀지는 것은 드물지 않다. '나르시시스트'라고 여겨온 사람을 떠올리고, 잠시 그 점에 대해 곰곰이 생각해 보자.

이번 장에 제시된 연습에서 당신이 확인한 '장점'과 '단점'은 관리자 소인격체일 가능성이 크다. 그 소인격체들이 당신을 위해 제 할 일을 하는 이유는 자신들이 그렇게 하지 않으면, 당신이 한 명 이상의 추방자를 갖게 되는 고통을 경험할 위험이 커지기 때문이다. 어째서 모든 소인격체가 태생적으로 좋은지에 대해 내가 설명한 것을 기억하는가? 바로 이런 이유 때문이다! 그들의 모든 의도는 당신이 고통을 느끼거나 상처받는 일이 없도록 보호하는 것이다.

만약 이 글을 전부 읽고도 관리자 소인격체로부터 자유로울 수 있다는 개념을 합리화하려고 한다면, 당신은 사실을 부정하는 상태(자연히 그 자체로 관리자 소인격체)이다. 우리는 누구나 소인격체를 가지고 있다. 그것도 무수히 많은 소인격체를 가지고 있다. 그리고 일부 관리자 소인격체가 (다른 사람을 쥐고 흔들거나 짜증을 내며 비난을 퍼붓거나 수동적 공격성을 보이거나 폭력적이거나 도피적이거나 공포를 조성하는 것 같은) 부정적인 특성을 보이는 것도 사실이지만, 일부 관리자 소인격체들이 존경스러운 모습을 쉽게 꾸며낼 수 있는 것 또한 사실이다. 사람들의 비위를 맞추거나 다른 사람들을 잘 돌보는 소인격체들이 이것의 아주 좋은 예이다. 겉으로 보면, 사람들의 비위를 맞추거나 다른 사람들을 잘 돌보는 소인격체를 갖춘 사람들은 세상 누구보다 친절하고 이타적으로 보인다. 그런 소인격체들은 그렘린 모드에 돌입해도 고약하거나 심술궂어지지 않는다. 오히려 그들은 동반 의존적으로 변한다. 그들은 개인의 가치와 경계를 신경 쓰지 않고, 다른 사람들의 요구에 주의를 기울인다. 동반 의존적인 소인격체는 갈등이나 비판, 버림받기처럼 앞으로 일어날지 모를 고통스러운 결과를 피하려고 지나치게 활발히 활동한다. 이런 성격의 소인격체는 자신을 위해 살아가기보다 다른 사람을 위해 살아가기 위해 노력한다.

혹시 엄마가 다음과 같이 이야기하는 걸 들어본 적이 있는가? "아, 저는 어린 딸아이와 **가장 친한 친구** 사이에요." 만약 그렇다면, 그렇게 말하는 여성은 관리 밀착형 소인격체를 갖추고 있을 것이다. 나는 자녀들이 자신에게 화를 낸다는 생각을 도저히 견디지 못해서 자녀에게 "안 돼"라고 말하거나 체계와 규칙을 따르도록 강요하지 못하는 등 경계 설정에 어려움을 겪는 엄마들을 만났다. '적극적으로 관여하는 양육자'나 '맹목적인 애정을 보이는 동반자'라는 탈을 쓴 동반 의존형 혹은 밀착형 소인격체를 지닌 사람들은 대단히 해로울 수 있다. 거절당하거나 버림받거나 혼자가 된다는 상처는 어떤 사람에게 정말로 무시무시한 일로 느껴진다. 밀착형 소인격체는 자신이 단절의 고통을 견딜 수 없다고 생각한다.

일 중독이나 운동 중독 같은 관리자 소인격체는 그 사람이 자기 일이나 운동에 엄청나게 몰두해 있다는 인식을 만들어내기 위한 손쉬운 사탕발림으로 이용될 수 있다. 하지만 사실, 이런 소인격체들은 그 사람이 더 심각한 문제를 다루는 것을 피하도록 주의를 계속 산만하게 하는 데 일조할 때가 많다. 그들은 잘못된 만족감이나 통제감을 심어준다.

연구자이자 교육가이고 강연자이며 베스트셀러 작가인 브레네 브라운Brené Brown 덕분에, 이제 우리는 수치심에 관해 많은 것을 알고 있다. 내면의 비평가와 수치심은 관리자 소인격체이다. 이들을 긍정적인 존재라고 보기는 어렵다. 확실히 그들이 우리를 도우려고 애쓰는 것처럼 느껴지지는 않는다! 하지만 조금 더 가까이 들여다보라. 어째서 우리 내면의 비평가는 그런 행동을 하는 것일까? 어째서 수치심은 우리에게 자신이 어리석거나 무가치하다고 확신시키기 위해 그토록 무자비하게 행동하는 것일까? 어째서 수치심은 우리가 끔찍한 사람, 부모, 배우자 혹은 친구라고 말하는 것일까? 우리 내면의 비평가나 수치심이란 소인격체는 그램린 모드에 돌입하면 정말 재수 없게 굴기도 한다. 하지만 이 부분에 대해 호기심을 발동해 보자. 그 소인격체들의 진정한 의도는 무엇일까? 그들이 무엇으로부터 우리를 보호하려고 애쓰는 것일까?

그 해답의 보고를 찾아낼 방법은 다음과 같다. 두 눈을 감고, 당신 내면의 비평가나 수치심 소인격체가 당신과 마주 보고 앉아 있다고 상상해 보라. 그리고 이렇게 질문을 던져보아라. "네가 그런 못된 말을 하지 않으면 나에게 무슨 일이 일어날까 봐 두려운 거야?" 소인격체가 어떤 대답을 할지 생각하지 마라. 그보다는 그 대답에 귀를 기울여라. 진심으로 질문을 던져라. 주저 말고, 질문하라. 만약 지금 당장 명료한 답을 얻었다면, 당신은 이제 혼자가 되지 않을 것이다.

이런 종류의 소인격체는 우리를 괴롭히려고 우리가 부족하다는 말을 온갖 방법으로 하는 경향이 있다. 이런 소인격체들이 우리를 싫어한다고 추측하기 쉽다. 하지만 사실 그들은 우리를 격정하는 것이다. 그들은 우리가 상처 입지 않기를 바란다. 이 소인격체들은 희망이나 신뢰가 얼마나 위험한지 잘 알고 있다.

당신이 소인격체들에게 진심으로 호기심을 느끼고 연민을 보인다면, 그들은 당신에게 해답과 통찰력을 제시하기 시작할 것이다. 그들은 당신에게 과거의 고통스러운 경험을 떠올리게 하거나 미래에는 피하기를 바라는 고통에 대해 경고할 수도 있다. 만약 그들을 향해 애정 어린 호기심을 갖는다면 당신은 그들이 들려주는 이야기에 뜻밖의 놀라움을 느낄 것이다.

소방관

관리자가 추방자에 대비하는 선제공격 장치라면, **소방관**은 추방자가 이미 등장해서 고통을 불러일으키고 있을 때 요란스레 사이렌을 울리며 돌진하는 소인격체이다. 그들은 훌륭한 소방관이라면 누구나 할 만한 행동을 한다. 즉, 불을 끄려고 노력한다. 추방되는 감정은 우리에게 위협이라고 보는 관점에서, 그들은 관리자 소인격체처럼 생각하는 셈이다. 그들은 우리가 추방으로 인해 활성화된 고통과 상처를 견딜 수 있다고 믿지 않는다. 이 소방관들은 고통을 부적응 행동으로 진화시키려고 노력한다.

추방자에 과부하가 걸린 상황을 예로 들어보자. 당신에게 과부하가 걸렸다면, 그 감정에 반응하는 건강하지 못한 방식에는 어떤 게 있을까? 우리 중 어떤 사람들은 술을 마시거나 마리화

나를 한가득 피울 수도 있다. 또 어떤 사람들은 마음속의 혼란을 몰아내기 위해 포르노나 유별난 성행위에 눈을 놀리기도 한다. 엄청난 과부하를 느끼는 사람의 경우, 생을 마감하면 궁극적으로 위안을 얻으리라 믿으며 자살 충동을 느끼는 소방관 소인격체도 있을 수 있다. 만약 의도적으로 자해하는 사람과 진심 어린 대화를 나눠본 적이 있다면, 자해하는 소인격체들이 대단히 의도적이고 방어적이라는 사실을 알고 있을 것이다.

이미 고통에 허덕이고 있다면, 우리의 개인 해결사인 소방관 소인격체 중 일부는 우리를 추가적인 고통의 위험에서 분리하고 격리하려 한다. 나는 마음의 문을 닫고 뒤로 물러서서 혼자 수많은 시간을 보내며 내게 연락한 친구들에게 회신하지 않으려 한다. 어떤 사람들은 불안, 우울함, 외로움, 무가치함 혹은 공포라는 추방자들을 피하고 싶다는 강렬한 욕구로 인해 중독에 빠지기도 한다. 격렬한 분노, 맹렬한 비난, 책임 전가, 가스라이팅, 폭력 그리고 학대는 모두 소방관의 파괴적인 행동들이다. 무언가를 잘못한 것 같다거나, 덫에 걸린 기분이 든다거나, 아니면 다른 사람에게 잘못을 지적받을 위험이 감지된다면, 우리는 자신의 실수에 대해 책임지기를 거부하거나 실수를 정당화하거나 축소하려는 소방관 소인격체를 가지고 있을지 모른다. 회피와 현실 도피는 열정적인 소방관들이다. 그들은 상황이나 환경, 관계에서 달아나는 것이 추방당하는 감정을 받아들이고 헤쳐 나가는 것보다 나은 선택이라고 믿는다.

이제 개인적인 목록을 작성해 보자. 당신의 해결사인 소방 기제에는 어떤 것들이 있는가? 그들을 예리하게 인식하고 관찰할 수 있을 만큼 호기심을 가져보자. **더욱 나다운 존재**라는 이 온전한 존재가 되기 위해서는 바로 자신의 허튼 행동을 스스로 책임질 필요가 있다. 소방관 소인격체는 당신의 온전함에서 벗어나 존재하려는 경향이 있으므로 반드시 조화를 이루고 갱생해야 한다. 이 소인격체들에게 호기심을 가득 품는다면 당신은 그들의 의도를 이해할 수 있다. 여기서부터 시작한다면, 당신은 소인격체들의 신념을 잘 활용하고 그들과 협력하기 위해 노력함으로써 일시적인 위안과 감정의 반창고가 아니라 지속적인 치유와 변화를 만들 수 있다.

당신이 자신의 내면 체계에 관해 적는다면, 일부 소인격체들이 관리자와 소방관의 역할을 **모두** 수행한다는 것을 알게 될 것이다. 예를 들어, 섭식 장애 행동을 생각해 보자. 음식을 엄격하게 제한하는 사람은 하루에 크래커 몇 조각 이상은 먹지 않으려 할 수도 있다. 이럴 경우, 섭식 장애를 관리하는 소인격체는 그 사람의 통제력이 부족해지지 않도록 노력할 것이다. 바로 이 사람이 대단히 혼란스러운 상황이나 인생의 단계에 접어들 때, 같은 소인격체가 이번에는 소방관으로 등장한다. 가령, 이 사람이 이별을 겪는 중이라고 해보자. 섭식 장애가 있는 구속형 소인격체는 소방관처럼 즉시 행동에 돌입하여 타오르는 고통의 불꽃을 진화하려고 노력한다.

만약 이처럼 당신을 보호하려는 숨은 의도가 형성되는 것이 조금이라도 느껴진다면 하나 이상의 소인격체에 트리거가 작용했다는 것이다. **소인격체에게는 언제나 숨은 의도가 있다.** 이것이야말로 소인격체의 가장 큰 특징이다. 그들의 숨은 의도는 때때로 교활하기도 하지만 때로는 눈에 뻔히 보인다. 소인격체가 추구하는 일은 선한 의도를 띠고 있으나, 그럼에도 불구하고 숨은 의도도 의도일 뿐이다. 이런 '관리자'와 '소방관' 역할을 확인하는 능력은 당신을 더욱 정렬된 상태로 이끌어줄 내면의 작업을 완수하기 위한 첫 번째 단계이다. 특히, 소인격체들이 두 역할을 모두 수행할 때가 많다는 점을 고려하면 어느 소인격체가 관리자이고, 어느 소인격체가 소방관인지에 너무 구애받지 마라. 중요한 점은 당신이 소인격체를 주의 깊게 인식하고 그들이 언제 활성화되는지 알아볼 수 있어서 소인격체를 자신과 지나치게 동일시하거나 그들이 당신의 삶을 좌지우지하게 내버려두지 않는 것이다. 민감하게 반응하지 마라. 그런 다음, 어째서 소인격체들이 제 기능을 못 하는지 궁금해할 정도의 호기심만 가지도록 하라.

내 소인격체들은 개별적으로 등장하는 법이 거의 없다. 대체로 그들은 시끌벅적하게 무리를 지어 돌아다닌다. 나의 통제를 좋아하고 완벽주의를 추구하고 대단히 체계적이고 규칙에 집착하며 비판을 잘하는 소인격체들은 모두 함께 어울리는 것을 좋아한다. 그들은 소규모의 조직이나 다름없다. 하나 이상의 소인격체들이 동시에 활성화되면 감당하기 어려울 정도로 벅차게 느껴질 수 있다. 만약 내담자가 이런 일이 자신에게 벌어지고 있다고 말하면, 나는 그들이 '소인격체의 파티'를 벌이는 중이라고 설명한다. 칠판이나 노트를 꺼내서 내담자에게 그 순간 느낄 수 있는 소인격체를 모두 적어보도록 하는 것도 도움이 된다. 소인격체의 목록을 적거나 그리는 것은 내면의 혼란을 분류하고 단순화하는 데 도움이 되는 듯하다. 빠르게 생각하는 가운데 우리 뇌 속의 검색창은 동시에 스무 개나 열려 있어서 그야말로 분주한 인식의 양동이를 가진 사람들에게, 이런 연습은 변화를 불러일으키고 심지어 마음을 느긋하게 달래주기도 한다.

당신이 소인격체에게 처음 할당한 이름에 대해서는 걱정하지 마라. 때때로 그 소인격체들은 (예컨대 방어적이거나 내향적인 소인격체) 존재를 확인해 이름 붙이는 게 쉬울 것이다. 하지만 소인격체에게 붙인 이름은 행동에 대한 묘사에 더 가깝다는 사실을 종종 깨닫게 한다. 나의 회피주의자 소인격체에게 멋지고 깔끔한 이름을 붙여주기 전에, 나는 그것을 '모든 사람과 상황으로부터 달아나 타히티로 가서 향후 6개월 동안 혼자 지내고 싶은 나의 소인격체'라고 지칭하곤 했다. 간결한 표현은 아니었지만, 상당히 정확한 설명이었다.

만약 유용한 방법이라고 생각한다면, 당신의 소인격체에게 실존하는 사람의 이름을 붙여주어도 좋다. 언젠가 나는 거식증 소인격체와 사투를 벌이는 어느 영리한 소녀를 상담한 적이 있다. 이 소인격체는 그녀를 몹시 괴롭히고 있었고, 그녀에게 너무 못생기고 불쌍하다고 끊임없이 이야기했다. 이 소인격체는 그녀에게 만약 체중이 늘어난다면 누구에게도 사랑받지 못할 것이라고 말했다. 내담자는 영화 〈퀸카로 살아남는 법〉에서 남을 괴롭히는 등장인물의 이름을 따서 이 소인격체를 레지나라고 불렀다. 나는 이렇게 물었다. "이번 주에 레지나는 어떻게 지냈나요?" 그 내담자는 다음과 같이 대답하곤 했다. "그 아이는 정말 못되게 굴고, 제가 거울을 들여다볼 때마다 쉴 새 없이 저를 비난해요." 그녀는 가끔 이렇게 대답하기도 했다. "이번 주에 레지나는 꽤 조용하고 서먹하게 굴어서 제가 숨 쉴 틈이 좀 있었어요." 일부 내담자들은 자기 소인격체들에게 '뱃속에 난 커다란 구멍처럼 느껴지는 소인격체' 같은 신체적 감정이나 '머리 위에 드리워진 거대한 먹구름처럼 느껴지는 소인격체' 같은 심리적 경험과 관련된 이름을 붙여준다. 당신의 소인격체의 정체를 확인할 때 잘못된 방법이란 없다. 여기서 명확히 할 것은 그 소인격체에 대한 당신의 경험뿐이다. 비록 누구도 이해하지 못한다 해도 상관없다.

때때로 소인격체들은 눈에 띄고 싶어 하지 않는다. 이런 소인격체에게는 다가가기가 더 어렵다. 예를 들어, 매일 밤 마음을 진정시키기 위해 약을 먹거나 술을 마셔야 하는 소인격체들은 어두운 곳이나 부정이라는 벽 뒤로 숨어버리기도 한다. 심지어 정당화와 최소화를 통해 다른 소인격체들을 보호하려는 소인격체들이 총출동할 수도 있다. 몹시 수줍어하거나 불안정한 소인격체는 완벽하게 화장하지 않으면 절대 집을 나서지 않는 소인격체나 놀기 좋아하는 외향적인 소인격체와 같은 대담한 보호자 무리 뒤로 쏙 숨어버린다. 레이디 가가라는 예명으로 알려진 스테파니 제르마노타Stefani Germanotta는 자신의 페르소나인 '가가'를 취약한 소인격체들과 불안함과 자기 회의에 빠진 추방자를 보완

할 방법으로 만들어낸 소인격체 무리라는 사실을 공공연하게 밝혀왔다. 가가라는 소인격체들은 강하고 대담하다. 그들은 당당하고 자율적이고 독특하며 자신감이 넘친다.

우리의 목표가 소인격체들을 계몽하는 것이라고 가정하고 싶은 욕구가 들기는 한다. 하지만 세상에 나쁜 소인격체란 없다는 사실을 기억하길 바란다. 이따금 지나치게 활발하게 작용하는 소인격체들이 있을 뿐이다. 우리의 목표는 소인격체들과 신뢰 관계를 쌓고 그들을 조용하게 만들거나 제거하려는 숨은 의도 없이 그들에게 호기심을 갖는 것이다. 당신은 소인격체들이 당신을 보호하고 도우려는 노력에 대해 인정받고 존중받는다고 느끼기 시작하면 점차 새롭고 더 건강한 방식으로 당신과 협동하고 제기능을 수행한다는 사실을 깨닫게 된다. 그들은 자기가 당신을 위해 노력한 일들에 대해 이해받았다고 느끼면 잠잠해진다. 일단 **당신이** 건강하고 지속적인 방식으로 자신들의 요구를 충족해 줄 것이라고 믿게 되면 그들은 뒷자리에 앉아서 부조종사에 가까운 역할을 하기 시작한다.

기꺼이 유턴을 하고 우리 자신의 복잡성을 호기심 어린 눈빛으로 들여다보는 마음은 어마어마한 정서 지능의 신호이다. 이 과정은 우리가 까다롭고 고통스럽게 느끼는 세상에서 진심으로 최선을 다하고 있다는 사실을 상기시켜줄 것이다.

용감무쌍하게 자아성찰을 하는 사람들은 누구와 비교해도 남을 비난하는 성향이 매우 낮다. 자기 내면에 기꺼이 호기심을 느끼는 사람들은 세상에서 가장 열정적이고 참을성 있고 공감력이 있으며 마음이 열려 있다. 그들은 **이해하는** 사람들이다. 그들은 헤아릴 줄 안다. 그들은 특정 개인이나 무리가 더 낫거나 못하지 않다는 사실을 알고 있다.

자기 소인격체의 체계를 나름대로 탐구하고 깊이 이해하기 시작하면서 당신은 그 똑같은 은총을 다른 사람들에게도 적용하고 싶을 것이다. 당신에게 상처를 준 사람들이 그들의 가장 진실한 자아가 아니라 그들의 소인격체에게 휘둘리고 있었다는 사실을 이해하면서 그들을 새로운 시선으로 보는 능력이 생길 것이다. 당신은 완전히 새로운 차원에서 자신을 이해하기 시작한다. 일단 그런 상황이 생기면, 안개가 걷히기 시작하고 당신의 앞길이 훨씬 더 선명해질 것이다.

양극화

우리 내면의 소인격체 중 하나 이상이 서로 발맞춰 움직이지 못할 정도로 강력한 의도를 품고 있을 때 양극화가 발생한다. 양극화된 소인격체들은 우리가 결정을 내리지 못하는 것처럼 보일 때 우리를 정체 상태에 빠뜨리는 주범이다. 마치 자신과 내면의 논쟁을 벌이는 듯한 기분이 들다가, 대체로 뒤늦은 비판과 좌절감을 주는 주기를 겪는다. 양극화된 소인격체들은 우리가 스스로 행복하지 않다는 것을 알면서도 정해진 패턴이나 생활환경에서 벗어나지 못하게 만든다. 이번 장에서, 나는 당신이 내면의 소인격체 클리닉을 통해 과거의 양극화를 인식하고 탐구하며 변화시킬 수 있는 준비를 하도록 도울 것이다.

2010년 무렵 우리 가족의 삶은 허리케인의 거센 소용돌이에
휘말린 듯했다. 소위 어른이 되고 아이를 낳고 원만한 결혼 생활
을 하는 법을 찾으려고 애쓰며, 지난 10년 동안 실수로 빚어낸
난처한 상황을 정리하려고 맹렬히 노력하는 대혼란 속에서 나는
부모님이 고군분투하는 모습을 지켜보았다. 아버지의 알코올 중
독은 절정에 달했다. 자신을 추스르는 데 계속 실패하면서 아버
지의 몸과 마음은 만신창이가 되었다. 그는 장애 수당을 신청했
고, 이것은 결국 조기 퇴직으로 이어졌다. 엄마는 장시간 고된
일을 하고, 가정을 돌보고, 강아지 두 마리를 건사하느라 혼신의
노력을 다하는 한편 아버지가 기능장애로 고생하지 않도록 최선
을 다했다. 부모님은 나와 남동생이 지내는 콜로라도에서 차로
여덟 시간 걸리는 거리인 캔자스에서 여전히 살고 있다.

엄마는 나와 동생이 아이들을 기르는 동안 다른 주에서 떨어
져 지내는 걸 못마땅했다. 손주들의 유년기를 모두 놓치고 있는
것처럼 느끼는 듯했다. 또한 캔자스의 토피카는 그녀가 좋아하
는 장소가 아니었다. 그곳에는 그녀가 원하는 삶을 살아갈 수 있
도록 뒷받침할 만한 것들이 별로 없었다. 그녀는 사랑하는 사람
들과 우정을 나누며 일도 하고 시간도 보냈지만, 나와 남동생 그
리고 손주들과 멀리 떨어져 지내는 것에 지쳐갔다. 게다가 아버
지를 돌보는 일이 그녀 혼자서 감당할 수준을 넘어서고 있었다.
엄마는 캔자스의 거의 모든 부분에 대해 서서히 분노하기 시작
했다.

2010년 초반에 나는 둘째를 임신한 사실을 알게 되었다. 이

아이는 부모님의 네 번째 손주가 될 터였다. 여름이 시작될 무렵, 엄마와 아버지는 나와 (그 당시의) 남편을 따라 20주 차 산부인과 검진에 동행하기 위해 차를 몰고 콜로라도로 오셨다. 아버지는 세 명의 손녀딸을 사랑하는 만큼 자신이 손자를 원하는 마음이 얼마나 큰지를 쉽사리 감추지 못하셨다. 내 남편과 엄마가 초음파 검사실로 나를 데려간 사이 아버지는 대기실에서 기다리셨다. 나는 이번에도 딸이라고 너무도 확신한 나머지 산부인과 의사에게 아이의 성별을 알려주지 말라고 말할 뻔했다. 흑백 이미지가 모니터에 뜨고 아이가 몸을 뒤틀어 사지를 활짝 펴자, 2초가량 뒤에 나는 또 딸을 임신한 게 확실히 **아니라는** 것을 알았다. 나는 손가락으로 모니터를 가리키며 잠시 말을 잃었다가 소리를 질렀다. 평생을 두고 가장 기뻤던 순간 중 하나는 바로 내가 대기실에 들어가서 남자아이를 임신하고 있다고 아버지에게 말한 순간이다. 나는 아버지의 표정과 눈에 맺힌 눈물을 결코 잊지 못할 것이다. 아버지는 깜짝 놀라는 것을 그다지 좋아하지 않았고, 그를 말을 잃게 할 만한 것은 세상에 거의 없었다. 하지만 이 소식은 가장 아름다운 방식으로 그 일을 해냈다. 어쩌면 바로 그 순간 엄마는 콜로라도로 이주해야겠다고 마침내 결심했는지도 모른다.

감정적인 측면에서 보면, 엄마에게 이사는 명확한 결정처럼 느껴졌을 것이다. 하지만 논리적으로 보면, 우주비행사들이 탑승한 우주 항공기를 우주로 안전하게 발사시키는 일에 비견할 만했다. 그녀는 캔자스에서 다니던 직장을 그만두고 60에 가까운 나이에 콜로라도에서 새로운 일자리를 찾을 수 있기를 기도해야 했다. 재정적인 측면에서 보면, 이것은 특히 무시무시한 일이었다. 나라가 2008년의 경기 불황에서 아직 벗어나지 못했고, 콜로라도는 생활비가 비싼 곳이었다. 소중한 친구들에게 작별을 고해야 했고 집을 팔아야 했으며 생활방식을 새롭게 바꿔야 했다. 이제 가재도구와 보관된 짐을 모두 분류하거나 기증하거나 챙겨서 콜로라도로 가져가야 했다. 아버지는 이사에 대해 상당히 회의적이었다. 그는 익숙한 환경에 머물고 싶어 했다. 무언가를 더 낫게, 더 건강하게 바꾸려는 노력이 그에게는 벅차게 느껴졌다. 그는 엄마의 입장에서 상황을 바라보려는 노력조차 하지 않았다. 아버지는 이사 절차를 돕는 일에는 손도 까딱하지 않았다. 엄마가 보기에 그는 이사라는 경험 전체를 시류에 역행하는 고통스러운 일로 만들어버렸다. 만약 이사를 실제로 하게 된다면 모든 수고와 변화는 엄마가 도맡아야 할 참이었다.

엄마는 콜로라도에서 지내고 싶은 열렬한 바람과 이사가 이론적으로 터무니없는 결정처럼 보이는 온갖 이유 사이에서 손바닥 뒤집듯 생각을 바꿨다. 그녀는 이사의 모든 절차에 대해 스스로 질문을 던져보았다. 그녀의 내면 한 곳에서는 토피카의 생활은 예상할 수 있다고 주장했다. 근사하진 않지만 적어도 어떤 일이 벌어질지 자신이 알고 있다는 것이다. 그녀가 일하는 회사는 그녀를 마음에 들어 했고, 그녀가 계속 다니려고만 한다면 고용이 보장되어 있었다. 그녀의 사회적 관계망도 제법 탄탄했다. 토피카에 머문다면 엄마는 아버지의 고집스러운 저항도 피할 수

있었다. 아버지가 엄마의 노력에 매 순간 맞서 싸우려고 할 것은
엄마도 알고 있었다. 이런 갈등을 피할 수 있다는 게 얼마나 장
점인지는 차마 부인할 수 없는 사실이었다.

하지만 엄마의 직감 내부에 깊이 자리한 무언가가 (특히 자신
에게 정말로 중요한 문제에 관해서라면) 그녀가 얼마나 유능하고 끈
기 있는지를 끊임없이 상기시켰다. 이사를 찬성하는 소인격체는
자녀와 손주들이 사는 도시에서 같이 살아간다면 그녀의 인생이
어떨 것 같은지 말하며 엄마의 마음속에 계속 꽃가루를 뿌려댔
다. 그녀는 소프트볼 경기와 무용 발표회에 참석하고, 생일 파티
가 열릴 때마다 함께하며, 남동생이나 나에게 아이들을 돌봐줄
사람이 급하게 필요할 때 곧장 달려갈 수 있다면 어떤 기분일지
상상해 보았다. 이 소인격체는 엄마다운 애정에 호소해서 우리
가 아프거나 직장에서 힘든 하루를 보냈을 때 우리에게 들러서
상태를 확인해 볼 수 있다는 점을 상기시켰다. 그녀는 무수히 많
은 포옹을 받을 것이고 손주들이 까르르 웃는 소리를 들을 것이
며 네 명의 손주 모두와 돈독한 관계를 맺을 기회를 얻을 것이
다. 그녀는 내 딸과 남동생의 딸들이 어렸을 때 너무도 많은 기
회를 놓쳤다. 이 소인격체는 엄마가 네 번째 손주와 보낼 소중한
시간마저 놓치지 않기를 바랐다.

이 소인격체는 아버지의 건강이 나아지지 않는다는 것도 내
심 알고 있었던 것 같다. 아버지의 신체적, 정신적 건강의 장래
는 어둡기 짝이 없었다. 그에게는 나아지고 싶다는 마음조차 없
었다. 엄마는 결정을 내렸고, 아버지가 인생의 마지막 날까지 견

딜 수 있도록 자신이 어떻게든 도울 것이라고 확신했다. 그녀가 세상에서 가장 사랑하는 사람들과 떨어져 살면서 이렇게 계속 헌신하느라 정작 그녀 자신의 상태는 점점 나빠지고 있는 게 분명했다. 이 이동에 찬성하는 소인격체는 엄마가 아버지에 대한 맹세를 마지막 몇 년 동안 끝까지 지켜나가려면 자기 가족을 마치 산소통처럼 옆에 둘 필요가 있음을 알고 있었다.

이처럼 엄마의 내면에서 이사를 반대하는 소인격체와 이사를 찬성하는 소인격체가 벌이는 전쟁은 양극화된 소인격체들의 교과서 같은 사례이다. 이 주도권 다툼의 한쪽에서는 엄마를 콜로라도로 보내는 데 열렬히 헌신한다고 느꼈다. 그 반대쪽에서는 이사 과정을 두렵고 위협적으로 느꼈고, 아버지의 저항으로 진을 뺐다. 이런 종류의 어려운 문제는 우리가 양극화된 소인격체들과 싸워서 용기와 확신을 얻는 방법을 알지 못한다면 어찌할 바를 모르고 막막해지기 쉬운 원인이 된다.

이럴 때 **나쁜 소인격체는 없다**는 사실을 기억하는 것은 대단히 중요하다. 심지어 가장 완고하거나 적응력이 떨어지는 소인격체조차 어떻게든 당신을 도우려고 애쓰면서 여전히 제기능을 다한다. 가장 까다로운 양극화 상황에서, 우리는 전쟁을 벌이는 두 개의 소인격체뿐만 아니라 의견 일치를 보지 못하는 소인격체들로 이루어진 둘 이상의 부문이 하나로 작동하는 것처럼 느낄 때가 많다. 상황은 점점 복잡해지고 버겁게 느껴질 수 있다.

양극화된 소인격체들이 작동하면, **고무줄 효과**에 주의하라. 같은 본성을 지닌 소인격체들과 오랜 시간을 보내다가 더는 그렇게 행동하고 싶지 않다는 사실을 실감하게 하는 재앙과 같은 상황에 부딪히면, 우리 내면의 장치들이 움직이기 시작한다. 내가 경험한 가장 심각하고 해로운 고무줄 효과는 30대 초반의 나라는 존재를 근본적으로 바꿔놓았다. 그 당시, 30년 동안 다양한 문화 규범과 사회적 메시지로부터 편향된 영향을 받아온 나는 '착한 여자'가 되기 위해 노력해야 한다고 생각했다. 안전하고 사랑받으며 안정적인 상태를 유지하기 위한 가장 확실한 방법은 조용하고 겸손하게 지내는 것이라는 인식에 푹 젖어 살았다. 괜한 분란을 일으키지 말고 사람들, 특히 나보다 권위 있는 자리에 있는 사람들의 의견에 이의를 제기하지 말라. 나 자신을 위한 요구와 욕구를 너무 많이 품지 마라. 그리고 무엇보다 다른 사람들이 내게 거는 기대에서 절대 벗어나지 마라.

내가 30대에 접어들 무렵, 여러 가지 요인들이 합쳐져 완벽한 폭풍을 만들어냈다. 소나기구름이 형성되었고, 그 구름은 너무 무거워져서 모든 고통과 눈물, 분노, 비진정성을 담아낼 수 없게 되었다. 나는 너무 **지겨워졌다**. 그 폭풍 구름은 내가 나의 내면에 존재하는지도 몰랐던 사나움을 풀어놓았다. 나는 딸 노릇, 아내 노릇, 엄마 노릇 그리고 순종적이고 보수적이며 자기희생적인 친구 노릇에 신물이 나고 지쳤다. 나만의 요구와 욕구, 의견 그리고 삶에 대한 욕망에 눈뜨기 시작했다. 나는 사람들이 이해하지 못할 것 같거나 때에 따라 동의하지 못할 것 같은 일을 갈망했다. 나는 30년 동안 한길을 걸어오다 이제 벼랑 끝에 도달했다. 내 안의 모든 직감은 내가 걸어온 길을 다시 걸어가서 다른 사람들의 기대에 순순히 부응하는 한 제정신을 유지할 도리가 없다는 것을 알고 있었다. 이 벼랑은 내가 평생 훈련받은 순종적 측면과 노골적인 진정성을 가장 소중히 여기는 새롭고 낯선 양극화된 소인격체 사이에 그어진 선처럼 느껴졌다.

새롭게 발견한 이 자신감과 자율성은 내가 말하는 방식, 내가 소셜 미디어에 올리는 게시물, 내가 품고 있는 생각 그리고 내가 다른 사람을 대하는 태도에 흠뻑 스며들었다. 지나치게 공손했던 소인격체는 자기 의견을 강하게 밝히는 소인격체로 대체되었다. 나는 다른 사람들에게 최선이라고 생각되는 부분을 바탕으로 결정을 내리지 않고, 나를 최우선으로 두고 결정하기 시작했고, 여기에 대한 어떤 사과와 변명도 하지 않았다. 다른 사람들은 여전히 편한 가운데, 나는 분노와 고통을 꾹꾹 눌러 참는 대신 나의 불안을 알렸다. 나는 나를 상자에 가둔 모든 사람이 아주 분명하게 들을 수 있도록 내 목소리를 사용하는 법을 배웠다. 잠자코 지내는 것은 인제 그만두었다. 나는 모두가 기대하는 다정하고 순종적인 여자가 되기를 거부했다. 오랫동안 제대로 정렬되지 않은 채 살아오느라 내 내면에는 스트레스가 누적되었다. 사람들의 비위를 맞추려는 소인격체에게 마침내 휴식을 주면서 나는 과잉 기능하는 자기중심적인 소인격체를 향해 로켓 발사대처럼 힘차게 날아갔다. 호전적이고 자기주장을 입증하기 좋아하며 고집스러운 소인격체들은 나의 동반 의존적인 소인격체들이 속한 부문 전체를 지하실에 던져버리고 문을 잠가버렸다.

이것은 전혀 새로운 문제를 만들었다. 새로 등장한 대담한 버스 운전사는 내 순종적이고 동반 의존적인 소인격체들과 마찬가지로 제기능을 하지 않고 해로웠다. 과거에 어떤 일이 벌어진 건지 내가 깨닫기까지 약 3년이 걸렸다. 마침내 정신을 차리고 이 새롭고 극단적인 소인격체들이 나를 어떻게 장악했는지 깨달았을 때, 나는 그 소인격체에 고삐를 채울 필요가 있었다. 심각한 동반 의존증과 뻔뻔한 개인주의 사이에는 행복한 중재자가 필요했다. 나는 절충안을 찾아야 했다.

특정 순간이나 상황에 적절하게 움직일 수 있도록 하는 양극화된 인격 사이에는 창이 하나 있다. 정확히 말하면 이것은 중립 공간이 아니다. 오히려 순종적인 에너지와 대담하고 자기중심적인 에너지 중 어느 쪽으로 기울 것인지 융통성 있게 결정할 수 있는 태도이다. 이 역동적인 중립 지대에 접근할 수 있을 때, 우리는 어느 쪽으로 몸을 기울일지 **선택**하게 된다. 소인격체들이 그 중립 지역에서 버스를 장악하기란 더 힘들다.

고무줄이 한 극단에서 작동하는 소인격체들에 의해 한 방향으로 더 팽팽하게 당겨질 때, 격렬한 반동이 생길 가능성이 커진다는 것을 기억하라. 고무줄이 팽팽해질수록 장력은 커진다. 장력이 커지면 과도하게 양극화된 반응이 생길 위험도 커진다. 고무줄 새총은 유동성이라는 중앙 창을 넘어서 반대쪽 극단으로 우리를 던져버릴 가능성이 있다. 그러므로 조심해야 한다. 너무 오랫동안 침묵을 강요당하다 마침내 마이크를 손에 잡은 소인격체들은 당연히 금방이라도 파티를 벌이고 소동을 일으킬 수 있다. 이해할 만한 일이라고 해서 그것이 합리적이라는 뜻은 아니

마음 정렬

다. 그리고 그렇게 해도 괜찮다는 의미도 아니다.

양극화 개념에 대해 생각하던 중 나는 기업에서 일하던 시절을 떠올렸다. 나는 기획팀과 회계팀 사이의 갈등을 기억한다. 기획팀은 눈부시게 새로운 아이디어와 그 외의 것을 생각하고, 시선을 사로잡는 매력적인 개념들을 제시하는 것으로 유명했다. 그들은 예산 제약에 대해서는 눈곱만큼도 신경을 쓰지 않아서 회계팀을 짜증 나게 만들곤 했다. 그래서 회계팀은 경제적으로 실행 가능한 계획과 그렇지 못한 계획 사이에 한계를 설정하여, 온갖 즐겁고 창의적인 아이디어에 고삐를 채우는 악당 역할을 도맡을 수밖에 없었다. 한편으로 만약 회계팀이 맡은 일을 철저히 했다면 창의력을 비롯한 즐거움은 상당히 줄었을 것이다. 이런 상황을 고려하면, 성공적인 결과를 만들어내기 위해서는 두 부서가 모두 필요하다는 사실을 쉽게 이해할 수 있다. 근사한 기획팀이 없었다면, 우리 회사의 행사는 따분하고 지루했을 것이다. 우리에게 재정적인 한계를 상기시키는 회계팀이 없었다면, 우리는 결국 엄청난 빚더미에 올라앉았을 테고, 이는 회사에 결코 좋지 못했을 것이다.

마찬가지로, 나의 순종적인 소인격체는 인내심, 친절 그리고 타인의 요구와 감정을 고려하는 이해심 면에서 엄청난 가치를 제공하는 셈이다. 나의 자기중심적인 소인격체는 내게 자신감을 심어주었고, 나 자신의 요구를 지지하고 건강한 경계선을 만들어주며 내게 중요한 것들에 대해 거리낌 없이 말하도록 한다. 이렇게 양극화된 소인격체들이 서로를 존중하고 **힘을 모아 일하는**

법을 배울 때, 이 협동은 나를 가장 **나답다고** 느끼게 만든다. 그러므로 당신 내면의 소인격체들을 내부 조직, 즉 하나의 체계를 이루는 독립체로 생각하라. 소인격체의 의도에 귀 기울이고 그들이 서로의 장점을 알아볼 수 있게 도울 때, 당신은 그 체계 안에서 조화를 이룰 수 있다. 소인격체들은 상대가 공헌할 수 있는 능력을 존중하기 시작한다. 그 체계 내의 조화와 점점 증가하는 동시화synchronization 현상은 당신의 기반을 단단하게 하고, 당신이 생활하고 활동하며 자신감 있게 결정을 내릴 때 견고한 근간의 역할을 한다.

양극화는 사람이라면 누구에게나 존재하는 부분이다. 주의를 기울이기만 한다면 우리는 하루도 빠짐없이 우리 내면에서 인체의 양극화 현상을 알아차릴 수 있다. 양극화는 시간을 내서 운동하고 싶어 하는 소인격체와 하루쯤 운동을 건너뛰고 하루에 두 번 샤워할 필요가 없기를 바라는 소인격체의 대결이라는 형태로 나타난다. 혹은 저녁에 멕시코 음식을 먹고 싶은 소인격체와 몸에 좋은 샐러드를 먹은 지 오래되었다고 자각하는 소인격체의 대결이 될 수도 있다.

소인격체들의 레슬링 경기를 의식적으로 관찰하는 일은 개인적인 성장을 이루는 데 가장 적합한 조건 중 하나이다. 양극화에 면역력이 있는 사람은 없다. 예를 들어, 최근에 나를 찾아온 10대 후반의 내담자는 자신의 양극화된 소인격체들이 매혹적인 대화를 나누는 현상을 경험했다. 경제적 책임감이 강한 '401K(미국 국세청의 코드에 의거한 퇴직금 적립제도를 의미한다-옮긴이)' 소인격체는 그가 회사에 취직해서 미래를 위해 저축하며 '성인으로서 경력 쌓기'를 통해 안전한 재정적 기반을 마련하기를 바랐다. 하지만 그와 반대편에 선 '서핑족' 소인격체는 20대 시절을 바닷가에서 보내며 서핑 보드를 생각해내서 만들기를 간절히 바랐다.

또 다른 내담자는 불행한 결혼 생활에 마침표를 찍기를 바라는 소인격체와 아이를 낳는 일에 대단히 열성적인 소인격체 사이에 끼어 있었다. 그녀는 이미 40대 초반에 접어들었고, 남편과 헤어진다면 엄마가 될 기회도 함께 사라지는 게 아닐까 하는 두려움을 갖고 있었다.

나는 양극화된 소인격체 사이에 갇혀 있다고 느낄 때면, 한 소인격체의 부문이 어떤 것에 대한 내 생각과 느낌의 49%를 차지하는 반면 다른 소인격체의 부문이 51%를 차지한다면 그것 또한 결정으로 이끄는 방정식이라는 점을 떠올렸다. 고작 2%의 차이에 지나지 않지만, 내 직감을 뒷받침해 결정을 내리기에는 충분하다. 양극화된 소인격체 사이에 갇혀 있을 때, 우리는 결정으로 인한 결과를 완전히 명료하게 알고, 확신할 수는 없을 것이다. 사실, 우리가 어떤 선택을 내리든 어느 정도는 후회할 가능성이 있다. 다만 기억할 점은 같은 동전의 반대면 역시 모두에게 유리한 결정이라는 사실이다. 양쪽 선택지에 긍정적인 면이 없다면 양쪽 선택지에 부정적인 면도 존재할 수 없다.

당신의 양극화된 소인격체들이 표현하는 두려움에 귀를 기울여라. 상황이 어떻게 될지 아직 모른다고 해서 두려워 말고, 불안을 받아들여라. 그 특별한 불확실함이 당신을 새로운 방식으로 일깨워줄 것이다. 이것은 당신의 상처 입기 쉬운 인간성을 상기시켜주고 개인적인 성장을 이룰 여지를 더 활짝 열어줄 것이다. 용기를 내어, 당신의 양극화된 소인격체들 사이의 싸움에 뛰어들어라. 목소리를 높이는 하나하나의 소인격체를 존중하고 존경하며 그들과 의사소통하라. 당신을 도우려는 그들의 노력을 인정하라. 그들이 서로의 장점을 알아보고 자기 방식을 고집스레 밀어붙이기보다는 협력적인 접근법을 생각하도록 인도하라. 명확하고 공감할 수 있는 지침이 없다면, 너무 오랫동안 억압되어온 소인격체들이 극단적으로 파괴적인 힘을 행사할 수 있다.

다른 무엇보다 소인격체들이 벌이는 이런 내면의 소란이 꼭 엄청난 혼전으로 치달을 필요는 없다. 당신의 소인격체들과 구분되는 우두머리가 존재하고, 이 우두머리는 대단히 풍부한 자원을 갖추고 지혜와 침착함, 품위를 활용하여 **모든** 소인격체의 요구를 충족할 수 있다.

그 이상적이고 궁극적인 지도자는 바로 **당신**이다.

참다운 나

지금까지 우리는 당신의 인격이 다양한 소인격체들로 구성되어 있다는 사실을 분명히 밝혔다. 그렇다면 이 말은 **당신**이 이 소인 격체들의 총합에 지나지 않는다는 의미일까?

절대 그렇지 않다.

당신은 전혀 다른 존재이다. 당신은 **참다운 나**이다. 당신의 소인 격체 체계를 지지하고 이끌어주며 그들의 이야기를 열성적으로 들어줄 능력과 가능성과 지혜를 갖춘 의식적인 존재이다.

나는 심리치료사로 활동하면서 성폭력, 살인, 강도, 가정 폭력, 탈세 그리고 보험 사기를 저지른 사람들을 상담했다. 나는 배우자 몰래 바람을 피우거나 다른 사람을 흠씬 두들겨 패거나 가족에게 거짓말을 하거나 노후 대비 자금을 도박으로 날려버리거나 몇 년 동안 날마다 약물이나 알코올에 의존한 사람들과 대화를 나누었다. 조울증, 섭식 장애, 편집 망상, 자해 그리고 자살 경향 증상이 있는 사람들을 치료하기도 했다. 내게 고함을 지르고 심한 말이나 욕을 퍼붓고 물건을 집어 던지고 내 사무실을 뛰쳐나가고 나를 해고한 내담자도 있었다. 그래도 나는 그들 중에 내면에 대단하고 아름다운 감각을 지니고 있지 않은 것 같은 사람은 단 한 명도 없었다고 감히 단언할 수 있다. 이 말은 아무리 사악한 부도덕을 저질렀더라도 당사자를 소인격체나 가장 단순한 이름표로 축소하거나 정의할 수 없다는 뜻이다. 그가 아무리 반사적으로 행동하거나 단절되어 있다고 하더라도 말이다.

이처럼 **더 나다워지기**를 계속 추구하기 위해서는 다음과 같은 질문을 꼭 던져야 한다. **당신은 누구인가?** 그리고 '참다운 나'라는 말은 도대체 무슨 뜻인가?

당신은 버스를 운전하고 있다. 그 버스는 승객을 한가득 실은 대형 버스이다. 당신은 커다란 차를 몰면서 편안함을 느낀다. 오랫동안 이 일을 해왔기 때문이다. 당신은 운전 중에 장애물, 건축 공사, 내비게이션 문제 혹은 악천후가 갑자기 나타날지 전혀 알 수 없다. 하지만 경험을 통해 배웠기에 자신 자신은 믿을 수 있다. 당신은 어떤 일이 일어나더라도 대처할 준비가 되어 있다고 확신한다. 그러므로 당신은 운전대에 앉아서 도로를 천천히 누비고 음악에 맞춰 흥얼거리며 승객을 A 지점에서 B 지점으로 안전하게 데려다줄 수 있다고 확신한다. 운전하는 동안 당신은 정신이 깨어있고 주변을 인식하고 있지만 마음은 느긋하다.

　버스 뒷자리에 앉은 승객 중 한 명이 지평선 위로 폭풍 구름이 솟아오르는 걸 알아차린다. 그에게 짙은 두려움과 걱정이 밀려든다. 이 승객은 예전에 탔던 버스가 폭풍 속으로 돌진한 경험이 있다. 이전의 경험에서 나쁜 일이 벌어진 것이다. 도로는 빗물로 미끄러웠고 폭풍 구름에서 우박과 진눈깨비가 쏟아져 내렸다. 폭풍은 버스를 손상시켰고 다른 차들과 충돌하게 했으며 여정을 엄청나게 지연시켰다. 이전의 경험에서 최악인 부분은 그 경험이 너무나 불안하고 무서웠다는 것이다. 그래서 지금, 이 승객은 저 앞에서 피어나는 폭풍 구름을 보고 이전의 경험을 떠올리고는 다시 두려움을 느낀다. 그는 자리에서 벌떡 일어나 버스 앞쪽으로 달려가서는 당신을 운전석 밖으로 끌어내고, 고속도로 길가에 끼익 소리가 나도록 급하게 버스를 세운다. 이 승객은 자신의 과거 경험이나 그 비슷한 일을 두 번 다시 체험할 마음이 없다.

　이 은유를 통해 내가 하고 싶은 말이 무엇인지 이해했는가? 버스 승객 한 명 한 명이 바로 당신이 지닌 소인격체들이다. 일부 소인격체는 아주 느긋한데다 버스를 타는 내내 만족스러워한다. 윙윙거리는 버스 엔진 소리와 바퀴의 일정한 떨림이 몇몇 소인격체의 긴장을 풀어주는 듯하다. 일부는 당신이 운전하는 길의 모험에 흥분을 느끼기도 한다. 또 다른 소인격체들은 간섭하지 않고 뒷자리에 가만히 앉아 당신이 운전하도록 내버려두기를 힘들어한다. 그들은 운전 상태, 도로 위의 장애물, 당신의 운전

방식 혹은 목적지 자체와 관련된 무언가에 겁을 먹고 안절부절 못한다. 이 소인격체들은 자극을 받으면 버스 뒷자리에서 당신에게 종알거리기 시작한다. 어떤 경우에 그들의 의견과 경고는 우회적이지만, 어떤 경우에 그들은 더 시끄럽고 더 집요하며 가끔은 미친 듯이 날뛴다. 그러다가 당신에게 걱정 어린 잔소리를 던지는 것만으로는 충분하지 않다고 느끼는 때가 올 것이다. 그들은 도저히 참지 못하고 앞자리로 돌진해서 당신의 운전석을 제멋대로 차지하고는 나름의 의도, 공포, 선호하는 경로, 반응 그리고 도로 지도를 이용해 당신의 내면 체계 전체를 탈취한다.

이렇게 모든 승객이 일으키는 소란 속에서, 이 은유는 새로운 등장인물을 소개한다. 운전사인 바로 당신이다. 내면 가족 체계 모델에서는 운전사를 '참다운 나'라고 지칭한다. 참다운 나는 당신의 소인격체와 구별된다. 이것은 내면 가족 체계라는 존재이기는 하지만 소인격체들과는 분리된다. 참다운 나는 소인격체들의 행동과 특성을 관찰할 수 있는 의식이다. 참다운 나는 당신의 주요 정체성이다. 이것은 모든 소인격체와 동떨어진 당신이라는 존재이다. 나와 같이 당신도 누구나 본래 선하다는 것을 믿는다면, 참다운 나는 이 선함을 형상화한 존재가 된다. 참다운 나는 리더십의 가장 좋은 특성을 모두 포함하고 발산한다. 이런 특성들은 내면 가족 체계의 세계에서 여덟 개의 C라고 알려져 있다.

- 침착함 calm
- 자신감 confidence

- 용기 courage
- 창의력 creativity
- 연결성 connection
- 연민 compassion
- 명확성 clarity

그리고 내가 가장 좋아하는 것은 바로 이것이다.

- 호기심 curiosity

이 여덟 가지 특성을 명확하게 활용할 수 있다면, 우리는 진정으로 다음과 같이 말할 수 있다. "정말로 **참다운 나처럼** 느껴져." 우리가 '참다운 나의 상태'일 때 사람들은 우리와 더 쉽게 관계를 맺을 수 있다. 우리의 비언어적 요소들, 목소리, 반응 그리고 일반적인 에너지가 아늑하고 느긋해지며 개방적으로 되기 때문이다. 우리는 '참다운 나의 에너지'를 갖추고 제 역할을 할 때 더나은 리더이자 친구, 부모가 된다. 우리는 참다운 나의 상태일때 느긋하고 열린 태도로 피드백과 심지어 비평까지도 받아들일줄 안다. 참다운 나는 판단, 편견 혹은 숨은 의도를 가지지 않는다. 뒤늦게 비판하지도 자신 없어 하지도 않는다. 참다운 나는 태평하고 느긋하다. 참다운 나는 혁신적이다. 참다운 나는 현명하다. 참다운 나는 준비를 완전히 하고 대단히 침착하며 자원이풍부한 부모와 같다.

여러분이 마지막으로 **참다운 나답다**고 느낀 시점이 언제인가? 최근이었는가? 오래전이었는가? 나는 누군가 이 질문에 "내가 나답다고 느낀 게 언제였는지 기억나지 않아요"라고 답할 때면 깊이 공감한다. 나 역시 내가 **나답게** 느껴진다고 말할 정도로 명료하고 편안한 기분을 느껴본 적이 언제였는지 기억나지 않은 경험을 해보았다.

우리는 휴가를 내고 통상적인 일상의 책임에서 멀어질 수 있었던 마지막 시기에 대해 곰곰이 생각할지도 모른다. 특정한 환경에 놓이거나 특정한 사람들에 둘러싸이면 우리는 더 우리답다고 느끼는 데 도움받을 수 있다. 예를 들어, 나와 가장 친한 친구인 루니는 함께 있을 때 내가 다른 어떤 존재가 되어야 한다는 의무감을 느끼지 않고, 온전히 나 자신이 될 수 있도록 해주는 인생의 몇 안 되는 사람이다. 그녀는 내가 최고의 상태일 때 나를 아주 좋아해 줄 뿐만 아니라 내가 소인격체들과 섞여 있거나 최악의 상태일 때도 나를 판단하지 않는다. 루니는 오랜 기간 나와 우정을 나누면서 내가 달라지기를 바라거나 어떤 의도도 품지 않은 채 나를 있는 그대로 사랑한다는 것을 증명했다. 이런 종류의 우정은 참다운 나의 에너지를 기르기에 적합한 아름다운 터전이다. 나는 자연에 있을 때도 참다운 나의 에너지에 더 쉽게 다가갈 수 있다. 바닷가에 앉아 있거나 등산을 하다 보면 나는 그 순간 내가 진정으로 어디에 있고, 어떤 사람인지를 있는 그대로 받아들일 뿐 더 원하거나 바라지 않는 상태가 된다.

눈이 내리는 어둑어둑한 겨울의 어느 날, 당신과 내가 방 안에 함께 앉아 있다고 상상해 보자. 내가 창문을 가리키며 이렇게 묻는다. "하늘이 무슨 색인가요?" 당신은 뭐라고 대답하겠는가? 아마도 회색이라고 답할 것이다. 아니면 흰색이라고 대답할 것이다. 그러면 나는 고개를 저으며 그 말에 동의하지 않는다. "아니에요. 아주 청명하고 구름 한 점 없이 화창한 하늘이에요." 당신이 혼란스러운 표정으로 나를 쳐다보면 나는 근거를 설명할 것이다. 만약 당신이 비행기를 타고 안개와 구름을 헤치며 하늘을 날고 있다면 하늘은 무슨 색깔일까요?

푸른색. 청명한 푸른색이다.

그렇다! 회색은 하늘의 색깔이 아니다. 회색이나 흰색은 구름의 색깔이다! 저 망할 구름이 얼마나 기만적인지, 하늘 자체가 어둑어둑한 회색으로 변했다고 믿게 만드는지 정말 놀랍다. 사실이자 진실은 구름이 우리 시야를 가로막아 푸른 하늘을 보지 못하게 만든다는 것이다. 하지만 하늘은 언제나 그곳에 있고 언제나 푸르며 언제나 청명하다.

소인격체와 참다운 나의 관계도 마찬가지다. 때때로 소인격체들은 눈구름처럼 그럴듯해서 푸른 하늘에 대한 당신의 견해를 변형하고 왜곡할 수 있고, 참다운 나는 잘 느껴지지 않고 다른 사람들도 보기 힘들어진다. 예를 들어, 당신은 자신을 '불안한 사람'이라고 인식할지도 모른다. 어쩌면 실제로 당신은 참다운 나의 침착함을 방해하는 불안한 **소인격체**가 미치는 영향을 드러내고 느낄 것이다. 하지만 당신을 '불안한 사람'이라고 부르는 것이 실제로 정확한 표현은 아니다. 그 방해물은 **당신**이 아니다. 다시 말하지만, 이것은 그저 당신의 일부분일 뿐이다. **불안한 소인격체** 말이다. 핵심에 자리한 당신은 침착하다. 침착함은 당신의 내면에서 불타오르는 꺼트릴 수 없는 진실의 영원한 불꽃을 구성하는 여덟 개의 C 중 하나이다. 이것은 절대 사라지지 않는다. 절대 흐려지지도 않는다. 때때로 당신은 자신이 '불안정한 사람'이라고 믿을지도 모른다. 하지만 이것은 사실이 아니다. 그렇다기보다 당신은 자기 회의적인 사고방식으로 고개를 떨군 채 눈맞추기를 피하게 하는 영향력을 발휘하는 **불안정한 소인격체**를 가지고 있을 것이다. 하지만 당신의 진정한 정체성은 참다운 나의 C로 시작하는 또 다른 특성인 자신감을 갖추고 있다. 만약 당신이 C로 시작하는 여덟 개의 단어와 맞지 않은 방식으로 존재하거나 느끼거나 생각하거나 행동하게 하는 감정을 느낀다면, 당신은 '소인격체 상태'이거나 소인격체들과 '섞여 있는' 상태이다. 이런 순간에는 참다운 나의 에너지가 꽉 막힌 것이다. 구름이 방해하고 있다.

참다운 나와 소인격체를 이렇게 구분하는 일은 정신건강 전문가들의 진단 체계에 완전히 제동을 건다. 비병리적인 심리치료사가 되겠다는 게 내 결심의 근간이다. 다시 말하지만 나는 어떤 사람이 '조울증 환자,' '중독자,' 혹은 '자아도취자'라는 말에 동의하지 않는다. 오히려 나는 모든 사람이 그냥 사람이고, 빛과 사랑으로 가득한 존재이며 C로 시작하는 참다운 나의 여덟 가지 특성으로 구성되어 있다고 믿는다. 우리가 느끼거나 다른 사람들이 볼 수 있게 드러나는 기능장애는 참다운 내가 빛을 발하지 못하도록 방해하는 소인격체들이 품은 숨은 의도의 징후이거나 결과이다. 이 소인격체들은 신경 생물학, 트라우마, 문화, 다른 사람에게 집착하는 우리의 이력, 물질, 미디어, 상처 그리고 인생 경험에 확실히 영향을 주고 동기를 부여한다. 단지 기억할 것은 (간헐적이든 만성적이든) 그들의 기능과잉은 당신을 본질적으로 불행하게 만들지 못한다. 그 소인격체들과 그들의 반응은 부산물이자 결과일 뿐이다. 그들은 **당신**이 아니다.

희망과 자유는 참다운 내가 **언제나** 그 자리에 있다는 이해에서 비롯된다. 참다운 나는 절대 사라지지 않는다. 때때로 접근이 매우 힘들 뿐이다. (동전의 양면과도 같은) 수치심과 편향의 본거지를 상대로 싸움을 벌이기 위해서는 이 사실을 이해하는 게 대단히 중요하다. 일단 참다운 내가 계속 존재한다는 사실을 인식하고 나면 우리는 소인격체의 영향으로 생긴 기능장애를 확인할 수밖에 없다. 이것을 관찰하고 소유해야만 바로 그 자리에서 변화와 발전이 생길 수 있다.

나는 이 관점을 비판하는 사람들이 있을 것이라고 인정한다. 그리고 이 힘겨운 라벨 붙이기에 대한 거부감도 이해한다. 병리학적 라벨 붙이기는 편리하다. 하지만 이것은 편 가르기와 타자화를 자행할 수도 있다. 예를 들어, 자신이나 다른 사람에게 '중독자' 또는 '자아도취자'라는 라벨을 붙이면 우리는 그 사람의 인간성을 인식하지 못하게 된다. 당신이 중독을 이겨내려고 애쓰는 사람을 한 번이라도 사랑해 본 적이 있다면 그들이 당신에게 주는 고통이 아무리 크더라도 사랑이라는 스위치를 끄는 일이 얼마나 어려운지 알 것이다. 나는 그 스위치를 홱 뒤집어서 누군가를 향한 내 사랑을 **꺼버리고** 싶은 갈망과 수없이 맞붙어 싸웠다. 아버지의 학대와 중독이 나를 너무나 고통스럽게 할 때면 나는 아버지에 대한 사랑이 멈춰버리기를 기도했다. 나를 포기하거나 학대한 친구, 가족 혹은 전 연인에 대한 보살핌을 그만두기 위해 아주 열심히 노력했다. 하지만 아무리 노력하더라도 나는 그들 모두를 여전히 깊이 사랑한다. 나에게 상처를 준 마지막 한 사람까지 말이다. 이런 이유로 나는 참다운 내가 그들 안에 존재한다는 것을 알고 있다. 참다운 내가 도대체 몇 겹의 고통과 부적응적 믿음 및 행동 아래 묻혀있는지는 모르지만, 그곳에 존재한다는 것만은 확실하다. 그러므로 우리는 그들을 사랑한다. 어찌할 도리가 없는 일이다.

기능과잉인 소인격체들의 영향력을 바탕으로 라벨을 붙이면 다른 사람들은 나와 분리된 존재로 간주하라고 허락하는 셈이다. 이런 라벨 붙이기는 '나'와 '그들' 사이에 보이지 않는 커튼을 드리움으로써 우리의 공통된 인간성을 부인하는 것이다. 이것은 문화적으로도 사회적으로도 받아들일 수 있는 판단의 수단이다. 이런 라벨 붙이기는 우리 중 누구도 부적응적 소인격체가 미치는 심각한 파급 효과 때문에 고심한 적이 없다는 가정을 필연적으로 포함한다. 보호본능이 강한 소인격체의 기능과잉 증상이 최고조일 때 그것의 눈에 띄는 증상을 기준으로 정한 라벨을 어떤 사람이나 집단에 붙이는 것은 차별적이고 편을 가르는 행위이다.

라벨에 의존하는 대신, 소인격체의 언어를 사용하면 어떨지 생각해 보자. 예를 들어, "음, 내 전남편은 엄청난 자아도취자였어"라고 말하는 대신 "내 전남편은 자기 생각과 행동에 크게 영향을 주는 자기도취 성향의 소인격체들로 어려움을 겪고 있어"라고 말해 보자. 당신의 상사를 '통제광'이라고 부르는 대신 그 사람이 '대단히 강력한 통제형 소인격체'를 가지고 있다고 생각해 보라. 사랑할 가치가 있는 참다운 내가 그들 안에 존재한다는 관점에서, 그들에게 인간성을 되돌려주어라. 그래서 우리는 서로 다르기보다는 본래 훨씬 비슷하다. 당신이 의욕을 잃었을 때, 자기 자신을 '게을러빠진 놈'이라고 냉소적으로 부르기보다는 그 내면의 언어를 변화시켜 최근 그 버스를 운전하게 된 게으른 소인격체들이 조금 있다고 생각하자. 그것이 게으름 주변의 에너지를 어떻게 변화시키는지 알겠는가? 그렇게 함으로써 게으름에 부여되었던 인격이 사라지고, 이는 그 게으름이 우리에게 속한 전부가 아니라는 것을 상기시킨다. 이것은 우리를 정의하지 못한다.

사람들을 특정 범주로 나누어 구분하는 일은 똑같은 일로 고군분투하지 않는 사람에게는 괜찮게 느껴진다. 이것은 우리 자신을 '저 사람들'과 분리하는 방법이다. 최근에 콜로라도주 볼더 시의 한 식료품점에서 총을 난사해 수많은 사람을 죽인 남자를 미치광이, 정신병자 혹은 악마라고 생각하면 마음이 훨씬 낫다. 우리는 그를 사람이라기보다는 차라리 병리현상의 하나라고 믿고, 누구나 극단적으로 끔찍한 일을 생각하고 말하고 행할 수 있는 능력이 있다는 사실을 부인한다. (예를 들어, 정치적, 종교적 혹은 성적 취향의 관점에서) 우리와 다르게 생각하거나 믿는 사람들을 평가하거나 그들과 단절하는 일은 우리의 마음을 편안하게 하려는 또 다른 방법이다. 우리는 그들에게 우리와 똑같이 소속되고 존중받을 자격이 있다고 여기면 불안을 느끼기 때문에 공통성을 인정하고 싶어 하지 않는다. 사람들에게 라벨을 붙이고 그들을 외면하면 밤에 잠드는 데 도움이 되고, 우리가 망가질 대로 망가진 개차반에 속하지 않는다는 사실에 감사한다. 우리는 더 나은 기분을 느끼고 싶어서 그렇게 한다. 나는 이런 식으로 우리의 공통된 인간성을 잊어버리는 것보다 더 해로운 일은 없는 것 같다. 자기 자신의 믿음과 의견, 생활방식, 요구, 바람이 다른 사람이나 다른 집단의 것보다 가치가 더하지도 덜하지도 않다는 사실을 인정하기란 대단히 불쾌하다.

게다가 누군가의 기능과잉 상태인 소인격체들을 기반으로 인간성 전체에 라벨을 붙일 때 우리는 그 소인격체들이 기능장애 상태를 유지하도록 만든다. 우리는 일련의 증상을 근거로 소인격체의 존재 전체를 정의한다. 마치 그 소인격체들이 영원히 그런 상태로 존재할 운명인 것처럼 말이다. 사람들을 전체적으로 그리고 영구적으로 망가졌다고 이미 인식했다면 도대체 어떻게 우리는 그들이 완전히 치유되거나 회복되기를 기대할 수 있겠는가?

우리는 자신에게도 마찬가지로 행동한다. 물질 의존증인 사람은 마치 선택권이 전혀 없는 종신형을 선고받기라도 한 것처

럼 "한 번 중독되면 영원히 중독이야"라고 어깨를 으쓱하며 말할
지도 모른다. 당신은 중독자가 아니다. 당신은 한 명의 사람인 **당
신**이다. 한때 당신은 아주 작고 귀여운 아기였고, 미소를 짓고 까
르르 웃으며 음악에 맞춰 몸을 흔드는 법을 배웠다. 거기에 '중
독'은 없었다. 당신은 아픔과 고통에 소비하는 시간을 최소화하
기 위해 물질에 크게 의존하는 몇몇 소인격체로 고심할 수 있다.
하지만 그렇다고 해서 당신의 주요 정체성이 중독자가 되는 것
은 아니다. 소인격체와 지나치게 동일시하면 우리는 전인적 치
유를 포기하게 된다. 조심하지 않는다면 우리는 결핍 의식lack
mentality(자원이 제한되어서 원하는 것을 얻지 못할 것이라고 믿는 마음―옮
긴이)을 계속 품은 채로 부족한 생활에 대해 변명해도 괜찮다고
생각할 우려가 있다. 우리는 내면 체계와 외면 체계가 망가진 것
에 의문을 제기하고 이를 치유할 중요한 기회를 놓치게 된다.

당신의 내면에는 자신이 실패자이고 다른 사람들보다 가치가
없거나 사랑스럽지 않다고 이야기하는 비평가 소인격체가 있을
지 모른다. 그 소인격체와 관련된 생각들이 곧 진실은 아니다.
그 못된 비평가 소인격체는 어떤 이유가 있어서 그렇게 말하는
것이다. 어쩌면 그 소인격체는 당신이 다치는 걸 보고 싶지 않아
서 당신이 위험을 무릅쓰거나 희망을 품지 못하도록 하는 건지
도 모른다. 어쩌면 그 소인격체는 당신에게 동기를 부여하려고
애쓰고 있는지도 모른다. 어쩌면 거절에 대비해 선제공격을 가
하고 싶어 하거나 선수를 쳐서 다른 사람을 비판한다면 (당신이
나중에 받을) 고통이 그리 끔찍하지 않을 것으로 생각할 수도 있

다. (얼마나 설득력 있게 들리든) 이런 논리적 근거와 별개로, **당신**은 실패자가 아니다. **당신**은 절대 모자란 존재가 아니다.

우리 자신이나 다른 누군가의 특징을 묘사하기 위해 소인격체를 바탕으로 라벨 붙이기를 계속 활용하는 한, 우리는 비난, 수치 그리고 거짓으로 가득한 위치를 고수할 위험이 있다. 그럼 완전한 치유와 회복은 불가능해지고, 대단히 힘든 싸움이 벌어질 것이다. 소인격체와 지나치게 동일시한다면 순수하고 이타적이며 아무것도 섞이지 않은, 참다운 나의 에너지가 가진 특성에 접근하기는 어려워진다.

만일 기쁨과 성취감을 주며 목적의식이 있는 삶을 향해 나아가는 방법이 우리의 본질을 기억하고, 우리의 본질이 아닌 걸 확인해서 배제하고 더욱 정렬된 삶을 살아가는 것이라면, 다른 사람에게 라벨을 붙이고 자기의 소인격체와 과하게 동일시하는 것은 우리의 일반적인 행동 방식이 더는 될 수 없다. 이런 친숙하고 일반적인 규칙은 구식이 되었다. 이것은 비효율적이고 신경증적인 패러다임이다. **나답다**는 기분을 느끼고 싶다면 그리고 다른 사람들도 이와 똑같이 느끼기를 원한다면, 타자화하고 라벨을 붙이는 일을 멈춰야 한다. 참다운 나의 존재는 전 세계적인 공통성이다. 우리가 서로 아무리 다르게 보인다 해도 다른 사람에게서 나의 모습을 조금이라고 볼 수 있는 것은 공통된 진리 덕분이다.

당신은 침착하다.

당신은 용기 있다.

당신은 (자신, 다른 사람들 그리고 당신 주변 세계와) 연결되어 있다.

당신은 명확하다.

당신은 창의적이다.

당신은 (자신과 다른 사람들에게) 연민을 느낀다.

당신은 자신감이 있다.

당신은 호기심이 넘친다.

"당신은 이러저러해" 혹은 "나는 이러저러해"라는 표현을 사용할 때는, C로 시작하는 단어 외에 어떠한 부정적인 것도 전적으로 헛소리라는 사실을 알고 있다는 데에서 위안을 찾아라.

모든 게
중립적이다

'아하!' 모멘트(갑작스럽게 진정한 깨달음을 느끼는 순간-옮긴이)는 새로 발견한 명확함이 우리의 지각 방식과 이해 방식 안에서 변화와 조화를 이루는 신성한 순간 중 하나이다. 마치 당신이 퍼즐 맞추기를 완성하려고 애쓰다가 퍼즐 조각 두 개를 바꿔 끼웠다는 사실을 갑자기 깨닫는 것과 같다. 두 퍼즐 조각을 제자리에 다시 끼우면 퍼즐을 완성하기가 더 쉬워진다. **근본적인 중립성**의 개념을 제대로 파악하고 어떤 것도 개인적이지 않다는 생각을 받아들인 두 번의 경험이야말로 내 인생에서 가장 강렬한 인상을 남긴 '아하!' 모멘트에 속했다.

　헬렌 슈크만Helen Schucman의 《기적수업》이라는 흥미로운 책이 있다. 책 크기가 엄청나게 큼직해서 작은 발판 정도이다. 이 책에는 인생을 바꾸는 철학과 신학 이야기가 가득하다. "이것은 기적의 수업입니다. 반드시 들어야 할 수업이죠. 단지 언제 이 수업을 들을 것인지는 각자의 마음에 달려 있을 뿐입니다." 나에게는 이런 도발적인 말을 들으면 동기가 생기는 소인격체가 있는데, 첫 페이지에 이런 식의 극명한 도전장이 적혀 있었으므로 이책은 처음부터 도전을 시작하게 할 준비를 하고 있었다.

처음의 몇 가르침은 모든 게 중립적이라는 철학에 초점을 맞춘다. 우리 마음속에서 의자는 깔고 앉을 물건으로만 정의되는 이유는 우리가 지금까지 살아오면서 겪은 경험을 기초로 그 구조를 파악하기 때문이다. 부드러운 질감은 아무 의미가 없다. 스컹크의 지독한 방귀 냄새도 중립적이다. 우리가 어떤 것에 부여한 이름 역시 아무 의미가 없다. 어떤 것도 좋지도 나쁘지도 않고, 옳지도 그르지도 않다. 이는 음식, 경험, 감각, 말 그리고 선택 모두에 해당한다. 장소, 색깔, 소리 그리고 성취 역시 마찬가지다. 우리가 무언가에 좋거나 나쁘거나 옳거나 그르다는 개념을 부여하는 유일한 이유는 그렇게 하라고 배웠기 때문이다. 의미에 대한 추정과 라벨은 우리가 시간을 함께 보낸 사람들, 우리가 읽은 책들, 우리가 살아온 사회, 우리가 관심을 기울인 대중매체, 부모님이 우리에게 가르친 것들 그리고 편견 어린 암시로 스며든 문화를 통해 형성되었다.

만약 외계인이 우주에서 내려와 당신의 집으로 걸어 들어온다면, 외계인은 변기를 어떻게 사용해야 하는지 알 것이라고 생각하는가? 아니면 아주 쉽게 알아차릴 것 같은가? 그 외계인은 우리가 변기 사용법을 정의하거나 설명하지 않는 이상 그 물건이 매우 낯설고 무의미하다고 생각할 것이다. 이런 중립성이라는 개념은 아기가 개에 물리거나 개 짖는 소리를 듣기 전까지는 개를 두려워하지 않는 이유를 설명한다. 유아는 위험할 수 있는 칼에 관한 맥락을 아직 배우지 못했기 때문에 날카로운 칼을 덥석 잡을 것이다. 아이는 이런 지식을 갖추고 태어나지 않는다. 맥락이 생기기 전까지는 아무 맥락이 없는 셈이다. 일단 무언가에 의미가 부여되고 나면, 우리는 그것을 마음속의 무한한 기억 장치에 가지런히 보관했다가 그 의미를 바꿔야 할 이유가 생기기 전까지 그것을 몇 번이고 반복해서 사용한다.

나는 만화영화 〈인어 공주〉에서 에어리얼이 포크로 머리를 빗는 장면을 정말 좋아한다. 그녀는 이전에 음식을 먹는 도구로써 포크를 사용한 적이 없었다. (인어가 음식을 먹기는 할까?) 그녀는 그 물건이 '포크'라고 불리는 걸 들어본 적도 없다. 바다 갈매기인 스커틀이 그녀에게 이 물건은 '딩글호퍼dinglehopper(어떤 물건의 명칭이 바로 떠오르지 않을 때 쓰는 말-옮긴이)'이고, 머리빗으로 사용된다고 말하자 에어리얼은 마치 부인할 수 없는 진실인 것처럼 그 정보를 받아들이고는 길고 숱 많은 빨간 머리카락을 식기로 훑어 내리기 시작한다.

우리가 이 논리를 일상생활에서 적용할 때 엄청난 마법이 벌어진다. 이것은 일종의 인지 게임이다. 우리가 세상의 모든 것이 우리에게 어떤 의미인지를 인식하기 시작하는 유일한 이유는 우리의 이전 경험, 우리에게 영향을 미치는 주변의 모든 존재 혹은 두 가지 전부로부터 받아들인 다층적인 맥락 때문이다. 주변의 존재 자체는 사실상 중립적인 원자 덩어리이자 색깔과 움직임, 감각, 에너지, 소리가 복잡하게 얽힌 것이다.

당신의 인스타그램 계정에 표시되는 팔로워 수 역시 중립적이다. 이것은 아무 의미 없다. 당신이 입는 옷 치수는 아무 의미 없다. 짹짹거리는 새소리에 옳고 그름은 전혀 없다. 우리는 고속도로에서 깜빡이도 켜지 않고 새치기를 한 운전자가 이후 한 시간 동안 우리의 기분을 좌지우지하도록 내버려두지만, 같은 순간 그 운전자에게 일어나는 상황에 대해서는 전혀 알지 못한다. 우리는 못된 욕설을 퍼붓는 사람의 소리와 에너지에 분노를 느끼지만, 불어오는 바람이나 울리는 종소리와 에너지에는 화를 내지 않는다. 이상하지 않은가?

한 가지 예를 들어보자. 때는 어느 여름날이다. 해가 높이 떠오르고 오전 내내 맑은 하늘을 배경으로 날이 화창하다. 그러다가 오후 2시쯤, 소나기구름이 하늘을 온통 차지하고 오후 내내 비가 쏟아진다.

비 자체는 중립적이다. 먹구름, 폭풍이 올 듯한 하늘의 회색빛 그리고 비가 내릴 때의 습기는 모두 중립적이다. 그 중립성을 잊는다면 우리는 각자가 처한 생활환경의 맥락에서 비에 의미를 부여하고 판단함으로써 거기에 세상의 모든 힘을 떠넘긴다.

바로 그날로 예정된 야외 결혼식을 계획하고 꿈꿔온 신부는 이 비의 좋고 나쁨에 대해 강렬한 감정을 품을 수밖에 없다. 그녀는 이 먹구름과 폭우의 습기에 대해 극심한 반감을 품을지도 모른다.

하지만 길 아래편의 농부는 몇 주 동안 이와 같은 비를 기다렸다. 그의 곡식은 최근의 가뭄과 더운 날씨로 바싹 말라가고 있었다. 그의 수입과 가족의 생계는 바로 이 같은 날씨에 달려 있다. 그는 정확히 이런 날씨를 바라며 간절히 기도했다.

비 자체에는 아무 의미가 없다. 우리가 저마다의 상황으로 비에 부여하는 의미가 모든 것을 나타낸다. 우리의 인식은 우리가 비에 어떤 종류의 에너지와 감정을 얼마만큼 부여할 것인지를 결정하는 요인이 된다.

또 다른 예를 살펴보자. 나는 자신의 정치적 견해와 관점을 열렬히 맹신하고 그것에 집착하는 내담자를 상담한 적이 있다. 그의 특정한 견해는 캘리포니아주에 사는 대다수가 합의한 견해와 달랐다. 이런 이유로 그는 캘리포니아에 사는 사람들과 자신의 정치적 견해를 반대하는 사람들 사이에 상관관계가 있다고 여겼다.

이 내담자는 캘리포니아주 번호판을 달고 도로 위를 달리는 자동차를 볼 때마다 트리거가 당겨지는 느낌이라고 털어놓았다. 이 내담자는 자동차에 달린 캘리포니아주 번호판을 볼 때면 심박수가 치솟고 체온이 올라가며 육체적으로 동요되곤 했다. 엄청난 분노와 좌절이 그의 감정 양동이 안에서 소용돌이쳤다. 그리고 심리적 트리거가 작동한 그의 마음속에서 그 자동차의 운전자는 이 내담자가 세상에서 선하고 진실하며 옳다고 믿는 모든 것에 격렬히 반대하는 어떤 명칭이로 여겨질 것이 분명하다.

이 격렬한 반응 전체가 단지 캘리포니아주 자동차 번호판을 본다는 행위에 자극을 주었다.

사실, 이 번호판을 단 운전자는 그 내담자와 정치적 의견이 전혀 다르지 **않았을** 가능성도 있다. 그 운전자는 심지어 캘리포니아 주민이 아닐 수도 있다! 텍사스, 탤러해시 혹은 타히티에 사는 사람이 우연히 캘리포니아주 번호판을 단 자동차를 렌트했을지도 모른다. **모든 게 중립적**이라는 개념의 맥락에서 보면, 캘리포니아주 번호판에는 아무 의미가 없었다. 이 번호판이 내 내담자의 내면에서 이토록 강렬한 반응을 불러일으킨 이유는 그가 잠재의식적으로 부가한 가정 때문이었다. (그의 인식이 얼마나 정확하든 부정확하든 혹은 이성적이든 비이성적이든 간에) 그의 인식은 그의 경험 전체에 영향을 미쳤다. 결국, 그는 캘리포니아주 번호판을 단 모든 자동차의 운전자에 대해 전적으로 옳았을지도 모른다. 하지만 십중팔구 그가 틀렸을 가능성이 훨씬 크다. 그 번호판에는 아무 의미가 없었다. 단지 금속으로 만든 자동차 번호판일 뿐이었다.

모든 게 중립적이다. 소셜 미디어의 게시물부터 누군가가 우리에게 건네는 말까지 무언가에 의미를 부여하고 감정적 힘을 실어줄 때 우리는 (적어도 부분적으로는) 정확한 정보를 근거로 하지 않은 추론을 하고서 그렇게 하는 것이다. 이런 이유에서, 특히 우리가 모든 가능성을 아우르기 위해 고려할 사항을 확장하고 싶다면, 호기심이 그 무엇보다 중요하다. 호기심이 부족할 때 우리의 생각은 추정으로 변한다. 추정은 세상에 대한 우리의 편견 어리고, 극도로 제한적인 경험에 영향을 받기 때문에 폭넓은 관점이 부족해진다. 우리는 추정할 때 적용할 수 있는 모든 데이터를 고려하지 못한다. 이런 순간에 호기심을 가득 불어넣는다면 상황을 좀 더 충분히 이해할 수 있게 된다. 호기심이 생기면 우리는 고집스러운 확실성에 매달리기보다는 대립할 가능성이 있는 상황에 더 온화한 에너지를 불어넣고 그 상황을 확장할 의향이 생긴다.

모든 것이 중립적이라는 철학과 씨름하기 시작하면서 내 두 번째 '아하!' 모멘트가 바로 찾아왔다. 어떤 것도 개인적이지 않다.

돈 미겔 루이스Don Miguel Ruiz(멕시코의 수필가이자 의사-옮긴이)는 뛰어난 책을 많이 집필했는데, 그중에서 내가 좋아하는 것은《네 가지 약속The Four Agreements》이다. 이 책에서 루이스는 사람들의 행동이나 말은 당신의 현실이 아닌 그들의 현실이 나온 결과라고 주장한다. 달리 말하면, 다른 사람들은 그들만의 생활환경, 경험, 문화, 가치관 그리고 믿음이라는 렌즈를 통해 세상을 바라보며, 그 속에는 **당신이** 세상에 어떻게 등장하는지도 포함되어 있다. 그들은 이 렌즈로 당신에 관한 추정을 기술하고 머릿속으로 생각한 이야기를 적어가며, 때로는 당신의 실제 의도나 의견은 정확히 이해하지 못한 채 그렇게 한다. 그러므로 그들이 당신에게 하는 행동과 반응을 절대 개인적으로 받아들여서는 안 된다.

루이스는 우리가 다른 사람의 행동이나 말로 인해 고통 받는 것은 불필요하고 비생산적이라고 판단한다. 만약 모든 것이 중립적이라는 사실을 기억하고 자신이 만들어내는 의미에 주의를 기울인다면, 불필요한 불안에서 벗어날 가능성이 더 클 것이다. 바꿔 말하면, 당신에게 참다운 나를 대면할 기회가 많아지므로, 결과적으로 더 **나답게** 느끼고 행동하게 된다.

톰 행크스가 출연한 영화 〈뷰티풀 데이 인 더 네이버후드〉는 이 부분을 대단히 잘 묘사하고 있다. 한 저널리스트가 1970~1980년대를 상징하는 어린이 프로그램 진행자이자 세상에서 가장 친절한 사람 중 한 명인 미스터 로저스Mr. Rogers에 관해 쓰고 있었다. 그 사람은 참다운 나의 에너지를 다루는 데 숙달된 사람이었다. 일종의 아버지 콤플렉스(아버지의 형상 또는 원형에 대한 일련의 무의식적인 연관성이나 강한 충동-옮긴이)를 가지고 있던 그 작가는 인터뷰 중 미스터 로저스에게 그를 아버지로 둔 자녀들이 몹시 힘들었을 게 틀림없다고 말한다. 만약 누군가가 내게 나를 엄마로 둔 자녀들이 몹시 힘들었을 게 틀림없다고 말한다면 내가 어떻게 반응했을지 도저히 모르겠다. 아마 멀쩡하게 반응하지는 못할 것이다.

그 순간, (로저스를 연기하는) 행크스는 대화가 극도로 개인적으로 흘러갔을 때조차 그것을 기분 나쁘지 **않게** 받아들이는 일에 대한 놀라운 교훈을 우리에게 알려준다. 저널리스트가 그런 말을 했을 때, 로저스는 어느 정도 과거를 떠올렸을 게 분명하다. 하지만 로저스는 생각 없이 곧장 반응을 보이는 대신 말을 멈추고 잠시 가만히 있었다. 다시 말을 시작했을 때, 그는 저널리스트에게 감사를 표했다. 그는 그런 관점을 제시해 주어서 감사하다고 말했다. 그 순간, 로저스는 어쩌면 저널리스트가 자기만의 고통을 대화에 투영했다는 걸 감지했다. 또한 영화 속에서 내내 지적했듯이, 누구나 자기만의 감정을 가질 권리가 있고 그 감정들이 절대 나쁘지 않다는 사실을 그는 믿고 있었다.

만약 모두가 이와 비슷하게 대화한다면 우리가 사는 세상의 사회적 온도가 얼마나 크게 달라질지 상상할 수 있겠는가? 고요함과 연민이 늘어나면 시스템 전체에 충격이 가해질 것이다. 언젠가 세상의 모든 사람이 모든 것이 개인적인 게 아니라 중립적이라는 이중사고를 한다면, 이건 정말 멋진 리셋 버튼이 될 것이다. 세상의 사회적 에너지를 축으로 바꾸고, 우리의 심리적 궤적 전체를 변화시킬 것이다. 이것이야말로 정말 대단하지 않은가?

어쩌면 이것은 시도할 가치가 있다. 우리 각자의 내부에서 이 변화가 시작된다. 당신이 가장 바라마지 않는 삶과 생계 수단을 주관하면서 모든 게 중립적이고 어떤 것도 개인적이지 않다고 생각하는 연습을 하자. 당신의 인식과 당신이 할당한 내면의 의미로부터 이러한 변화를 만들어가기 시작할 때 어떤 일이 벌어지는지 살펴보라.

정렬

나는 정렬에 대해 많이 생각한다. 나는 신체가 잘 정렬되기를 바란다. 나는 수분을 충분히 섭취하고 숙면하며 규칙적으로 운동하려고 노력한다. 스크린 타임을 최소한으로 줄이고 야외활동을 가능한 늘리려고 노력한다. 나는 좋은 음식, 좋은 음악, 좋은 생각을 가다듬게 하는 대화, 배움의 기회 그리고 자연에 약과 같은 힘이 있다고 믿는다. 나답다는 느낌이 들지 않을 때 나는 주의를 기울이고 그때그때 알맞게 수정한다. 어쩌다 한 번씩은 내 인생에서 어떤 것 혹은 어떤 사람을 완전히 사라지게 하거나 대체할 필요도 있다. 또 다른 경우, 작은 변화만으로도 효과가 나타나기도 한다. 나는 내 가치관, 영적인 연결감, 일에 대한 사명 그리고 아이와 남편, 가족, 친구들과의 관계가 계속 정렬되어 있는지 의식한다. 정렬이 **전부**이다. 정렬이야말로 내가 참다운 나의 에너지를 잘 활용하고 있는지 (아니면 그것이 부족한지) 알려주는 지표이다. 나답다는 느낌이 들지 않을 때 나는 어떤 면에서 **정렬이 어긋난 상태**라는 것을 깨닫는다.

조카인 루시와 나는 9월생으로 생일이 닷새 차이가 난다. 우리는 산기슭의 땅바닥에서 잠을 자고 숲에서 소변을 보며 곰의 공격에도 거뜬한 보관함에 음식을 저장한 채로 며칠을 보내는 것이야말로 우리 생일을 자축하는 가장 완벽한 방법이라고 생각했다. 생일 기념 배낭 모험을 처음 떠났을 때 우리는 초보자다운 실수를 많이 저질렀다. 우리는 아이들에게 자기 침대에서 쓰는 보통 크기의 베개와 담요를 챙겨오게 했고, 우리가 쓸 장작을 챙겼으며 나흘 치 식수를 산 위로 낑낑대며 날랐다. 함께 간 어른들은 필요 이상으로 무거운 짐을 등에 짊어지게 되었다.

잔뜩 늘어난 짐을 짊어지고도 우리는 산에 오르는 데 성공했고 탐험하고 별을 관찰하고 하이킹하고 놀이를 하면서 즐거운 며칠을 보냈다. 우리의 첫 번째 생일 기념 황야 여행이 끝나자, 나는 뒷좌석에 아이들을 태우고 차를 몰고 산에서 내려왔다. 오른쪽에 놓인 낭떠러지에서 가능한 한 멀리 떨어지려고 조심하면서 지도를 따라 꼬불꼬불한 산길을 내려왔다. 완만하게 구부러진 도로를 지날 때쯤, 내 앞의 세상이 갑자기 한쪽으로 기울어졌다. 그것은 내가 태어나서 처음 경험한 현기증이었다. 그 느낌은 대학 시절의 어느 밤에 내가 폭탄주를 너무 많이 마시는 바람에 결국 기숙사 침대 위에 뻗어서 한쪽 발은 바닥에 늘어뜨리고 한쪽 손은 빙글빙글 도는 세상을 멈추게 하려고 용을 쓰며 벽을 짚었던 일을 떠올리게 했다.

그 느낌은 정말 무시무시했지만, 다행히 금방 지나갔다. 내가 도로 갓길에 차를 세울 만한 공간을 찾아 그곳에서 몇 분을 기다리는 사이에 시각과 균형 감각은 정상으로 돌아왔다. 나 자신과 재잘거리는 한 무리의 아이들을 산 밑으로 안전하게 데려가는 임무는 결국 대단히 느리고 조심스러워졌으며 끔찍하리만치 스트레스를 불러일으켰다. 내가 탈진과 탈수로 인한 어지러움이라고 일축해 버린 그 증상은 며칠 뒤에 다시 나타났다. 나는 남편과 식탁에 앉아 저녁을 먹고 있었다. 나는 남편인 매트에게 그날 있었던 일을 이야기하고 있었는데, 말하는 중간에 마치 우리는 작은 장난감이고, 누군가 한 손으로 홱 뒤집을 수 있는 인형의 집에 있는 듯 방이 한쪽으로 갑자기 기울어지는 것 같았다. 나는 바닥에 떨어진다고 생각했기 때문에 쓰러지지 않으려고 식탁을 꼭 쥔 채 비명을 내질렀다. 그 일로 우리 두 사람은 잔뜩 겁을 먹었다.

그 어지러운 증상은 3~4일 간격으로 계속 나타났다. 그러다가 증상이 더 자주 나타나기 시작했다. 나는 왜 이런 일이 일어나는지 이해할 수 없었다. 이런 상태에서 운전하는 건 너무 위험했기에 내가 병원에 갈 여력이 생길 때까지 며칠 동안 매트는 내가 꼭 가야 하는 곳이라면 어디든 차로 데려다주었다. 나는 마음 속으로 온갖 종류의 무시무시한 시나리오들을 써 내려갔다. 나는 전례 없는 속도로 뇌종양이 자라나는 중으로, 얼마 못 가서 목숨을 잃을 조짐이 보인다고 확신했다. 우리는 이비인후과 전문의, 검안 전문의 그리고 신경학과 전문의에게 예약을 잡았다. 그리고 척추 지압사인 케이티 데커 박사의 병원에도 진찰 예약을 잡았다.

내가 진료실에 들어가자 데커 박사는 내 두개골이 제자리에 있는지 확인하기 위해 20분가량을 이리저리 살펴보았다. 캠핑하는 동안 너무 무거운 짐을 등에 지고 다닌 바람에 내 두개골의 좌측 기저부가 척추뼈에서 멀리 떨어져 나가 있었다. 어지러운 증상은 신체가 나에게 신체 정렬이 심각하게 어긋났다고 알려준 신호였다.

데커 박사가 의료용 장갑을 끼고 나에게 입을 크게 벌려보라고 말했을 때, 내 눈이 얼마나 휘둥그레졌는지 누구도 상상하지 못할 것이다. 매트는 진료실의 반대편 벽에 등을 기댄 채 의자에 앉아 있었다. '이게 대체 무슨 일이야' 하는 내 내면의 생각이 남편의 얼굴에서도 고스란히 보였다. 내가 데커 박사에게 진찰을 받아온 수년 동안, 그녀는 한 번도 고무장갑을 낀 적이 없었다. 나는 기겁했다. 그녀는 내 왼쪽 위 어금니와 아래 어금니 사이의 뒤쪽으로 손가락을 단단히 밀어 넣고 내 잇몸 뒤의 작은 뼈들을 움직여보려고 했다. 그런 다음 그녀는 장갑을 벗고, 매트의 얼굴에서 핏기가 사라질 정도로 요란하게 우두둑 소리를 내며 내 목을 돌렸다. 나는 뇌종양에 걸린 게 아니었다. 그리고 어지러운 증상은 다시 나타나지 않았다.

그 현기증은 내 두개골이 완전히 기진맥진해지면서 생긴 한 가지 증상이었지만, 다른 문제들도 있었다. 나는 두통과 메스꺼움을 느꼈다. 오른쪽 갈비뼈가 툭 튀어나온 상태였는데, 나중에 알고 보니 이것은 내 신체의 오른쪽 부분이 고장 난 왼쪽 부분을 보완하려고 노력했기 때문이었다. 나는 집중력을 유지하기 힘들어했고 자주 졸렸으며 공포감으로 인해 운전을 그만두게 되었다. 나는 언제 어지럼증이 다시 찾아올지 몰랐기 때문에 짜증을 잘 냈고 무기력하게 지냈다. 그래서 다시 **나답다**고 느끼기를 정말이지 간절히 바랐다. 그 몇 주 동안 내 인생, 내 신체 그리고 내 마음은 정말로 형편없게 변해버렸다. 그리고 그 이유는 모두 내가 너무 무거운 배낭을 짊어져서 망할 두개골의 정렬이 어긋난 탓이었다.

척추 지압 치료는 내게 대단히 매혹적이었다. 이 치료의 핵심은 우리 신체가 몰입하고 제기능을 다하도록 우리의 뼈대를 재정렬하는 것이다. 신체 부정렬이 엄청난 파급 효과를 불러일으켜서 온갖 종류의 고질적인 문제를 만들어내는 것은 대단히 놀랍다. 개인의 정렬도 이와 마찬가지이다. 우리가 각자의 가치관에 맞게 활동하고 왕성한 호기심을 유지하며 목적의식에 계속 전념한다면, 결과적으로 개인적인 정렬을 이룰 수 있다. 이런 종류의 작용이 부족하면 결국 개인적인 부정렬이 발생하고 우리의 인간관계, 선택과 행동 그리고 우리 인식의 형성 방식 등 모든 부분이 고장 난다. 심지어 부모 노릇을 똑바로 해내는 능력, 자금을 책임감 있게 관리하는 능력 혹은 성취감을 주는 경력을 관장하는 능력조차 영향받을 수 있다.

언제 어디서나 모든 방면에서 완벽한 정렬을 유지하는 것은 누구에게도 불가능하다. 사고가 발생하고 비극이 날아들고 일자리가 사라지고 사람들이 병들며 말도 안 되는 이유로 보잘것없는 처지에 놓이기도 한다. 고통은 인생의 정상적인 한 부분이다. 그러므로 완벽은 인생의 목표가 아니다. 정렬은 완벽한 목표라기보다는 추구하는 과정이라는 점에서 지속적인 에너지와 주의 깊은 노력을 기울일 만한 가치가 있다. 정렬을 맞추는 과정 자체가 당신의 성취도와 만족도에 긍정적으로 기여할 것이다. 이것이야말로 결승점 통과보다 여정을 중요시하는 것에 딱 들어맞는 사례이다.

정렬을 위한 지침을 당신이 태어난 날부터 마지막 숨을 쉬는 순간까지 이어지는 실이라고 생각하자. 이것은 당신의 인생을 관통하는 낚싯줄이다. 이것은 길고 곧으며 끊어지지 않는다. 매듭이 엉킨 부분도 없다. 때로는 어려움이나 혼란이 우리 삶을 힘들게 할 때 잘 보이지 않기도 한다. 가장 힘겨운 시기를 겪을 때 나는 간혹 내 선이 완전히 사라졌거나 영원히 다가갈 수 없는 상태는 아닌지 의심했다.

우리가 자기성찰과 호기심을 활용하는 여정을 처음 시작할 때, 그 낚싯줄의 존재는 근거 없는 믿음처럼 보일 수 있다. 자아실현을 향한 여정의 출발대에 웅크리고 있을 때는 대체로 우리의 정렬은 어긋나 있고, 참다운 나의 에너지에 접근할 수 없다고 느끼는 상태이다. 길을 안내하는 실이 너무 멀리 있어서 우리는 그곳으로 되돌아갈 길을 언젠가 발견할 수 있을 거란 희망을 잃은 것처럼 보일 수 있다. 힘을 내라. 실은 바로 거기 있다. 우리가 실을 손에 넣을 수 없다고 인식하는 것은 그저 우리의 부정렬이 반영되고 우리 내면의 소인격체들이 두려움을 느끼기 때문이다. 단지 호기심으로 문 안을 슬쩍 훔쳐보는 정도에 지나지 않더라도 가능성의 문을 활짝 열어젖힘으로써, 당신은 자신의 낚싯줄에 이미 한층 더 가까워지고 있다. 계속하라. 비록 당신이 어둠 속을 더듬고 가는 기분이더라도, 한 걸음씩 차근차근 발을 내디디면서 호기심을 유지하라. 그 낚싯줄은 바로 거기 있다. 왜냐하면 **참다운 나**는 절대 사라지지 않기 때문이다.

우리의 낚싯줄로 되돌아가는 첫 번째 이동은 대체로 가장 어렵고 가장 오래 걸리며 가장 진이 빠진다. 아마도 낚싯줄 사냥을 포기하고 싶어지는 순간이 찾아올 것이다. 만약 지금 여기서 당신이 당신 자신을 발견한다면, 당신의 낚싯줄을 단 한 손가락으로 만질 수 있는 아주 작은 방법들을 찾아보자. 눈을 감고 호흡을 활용하고, 바닥을 딛고 있는 당신의 발을 느끼고, 당신의 심장 박동에 주의를 기울이며, 당신이 폐와 땅으로부터 지지받고 있음을 깨달아라. 아무리 가볍게 순식간에 스쳐 지나가더라도 그 순간 느끼는 안심은 당신의 줄이 있는 위치를 정확히 알아내는 방법이다. 여덟 가지 C를 기억하라. 당신이 여덟 가지 C 중 한 가지 이상에 접근하지 못하도록 방해하는 것이라면 무엇이든 그것에 도전하고 그것을 변화시켜라. 그 여덟 가지 C야말로 당신을 **당신다운** 모습과 정렬을 이루는 상태로 되돌릴 존재이기 때문이다.

진정한 정렬을 위해서는 노력이 필요하다. 진정한 정렬은 당신의 생각과 행동, 선택, 반응을 향상하는 데 상당한 양의 주의와 에너지를 쏟으라고 요구한다. 사실, 진정한 정렬은 당신이 다른 사람들의 헛소리에 대해 생각하고 이야기하고 집중하기보다는 **당신 자신의 헛소리**를 받아들이고 치유하는 데 더 집중하라고 요구한다. 일단 당신의 참다운 나와 정렬을 이루지 못한다고 느끼는 직업, 결혼, 정치적 신념 혹은 신앙 체계 같은 거대한 문제를 버리는 데 얼마나 많은 양의 위험과 불편, 에너지가 필요한지를 알게 된다면, 당신은 당신의 낚싯줄에서 다시는 그렇게 멀리 떨어져 나가지 않을 것이다. 계속 깨어있고 인식하고 있다면, 당신은 신뢰할 가치가 없는 사람을 다시금 분별없이 신뢰하지 않을 것이다. 당신은 엄청나게 큰 소리로 "절대 싫어요"라고 대답하고 싶은 마음을 직감적으로 느낄 때 "좋아요, 물론이죠"라고 답하며 초대를 받아들이지는 않을 것이다. 일단 당신이 정렬을 맞추고 살아가면 얼마나 근사한 기분인지 알게 된다면, 당신을 그 낚싯줄로부터 다시 멀리 떨어뜨리려면 용이 하늘을 날 정도의 노력이 필요할 것이다.

나는 만약 어마어마한 비극이 나를 그 낚싯줄로부터 멀리 끌어당기면 어떻게 될지 궁금했다. 예컨대 남편과 아이들이 모두 죽는다면 나에게 정렬이 여전히 중요하게 느껴질지 확신할 수 없었다. 나는 내 생각이 틀렸기를 바라지만, 내 영혼이 그 정도의 장대한 상처를 입는다면 '알게 뭐람' 같은 사고방식이 뒤따라

오는 것도 이해할 만하다. 결국에 나는 다시 나답게 느끼고 싶어질 것이다. 심지어 상상할 수 없는 슬픔과 두려움의 한복판에서도 내 선을 되찾기 위한 모험을 떠날 것을 믿기로 했다. 비록 그 모험이 수천 번의 작은 걸음마를 반복해 거쳐야 하는 일이라도 말이다.

만약 인간의 시각적인 경험이 당신에게 중요하다면, 개인적 정렬을 영원히 추구하겠다는 신념은 단순한 목표가 아니다. 이것은 **대단한** 목표이다. 솔직히 말해, 당신을 당신의 낚싯줄로부터 아주 멀리 잡아당기는 것이라면 무엇이든 당신의 제한적이고 귀중한 시간을 엄청나게 낭비시키는 것이다. 당신 앞에 놓인 역경이 무엇이든 거기에 맞서, 정렬의 선을 찾는 데 몰두하라. 일단 그 선을 찾고 나면, 거기에 단단히 묶여 있어라. 주의를 기울여 언제 당신이 그 선에서 벗어나기 시작하는지를 빨리 알아차려라. 당신의 길이 경로를 이탈하면, 잠시 멈추고 유턴해 주목하여 어떻게 그리고 어째서 그 부정렬이 발생했는지 진심으로 궁금해해라. 당신의 진정성과 여덟 개의 C를 확인한 다음, 정렬 상태로 가능한 한 빨리 효과적으로 돌아갈 수 있도록 그 둘을 지도로 활용하라. 정렬의 선은 당신이 가장 **나답다고** 느낄 수 있는 상태이다. 몰입은 당신이 정렬되어 있을 때 가장 유연하게 흐를 것이다. 기다리지 말고 지금 당장 시작하라.

온전함

정렬과 밀접한 관계가 있는 **온전함**은 일련의 역동적인 지침 원칙을 가진 것이 특징이다. 만약 정렬이 진정한 **나 자신다움**에 대한 감각 느낌 felt sense(상황이나 사람, 사건 등을 신체적으로 인식하는 것-옮긴이)을 나타내는 하나의 지표(아마도 **유일한** 지표)라면, 온전함은 볼링 레인 양쪽에 세워진 범퍼로 생각하면 되는데, 이것은 공간을 차지하고 구조를 지탱해 일반적으로 정렬을 더욱 쉽게 감지하고 유지할 수 있게 한다. 범퍼는 자유 의지를 무시하지 못하고 완벽한 정렬을 보장하는 정확한 경로를 지시하지 않는다. 오히려 온전함의 초능력은 영향력 있는 제안 중 하나이다. 온전함은 우리의 양심과 협력해 우리가 트랙에서 너무 많이 벗어나거나 배수로로 빠지지 않도록 최선을 다한다. 당신이 어느 정도로 당신의 온전함을 인식하고 거기에 전념하느냐에 따라 당신이 결국 나답다는 기분을 얼마만큼 느낄지 결정된다. 당신이 범퍼 안에 머물고 있을 때 정렬이 이루어진다. 명확성이 없고 자신의 온전함을 지키겠다고 맹세하지 않는다면, 정렬은 존재할 수 없다.

온전함은 도움이 되는 두 가지 요소에 따라 정의될 수 있다. 온전함의 범퍼들이 손상되지 않기 위해서는 두 가지 **모두** 있어야 하고, 서로 협력해 작동되어야 한다.

- 당신은 당신 자신이 드러내고 싶다고 말하는 모습으로 세상에 등장한다.
- 당신은 그것에 대해 일관성을 유지한다.

첫 번째 요소는 당신이 되고 싶은 유형의 사람에 관해 타당한 내면적 고찰을 요구한다. 당신은 자신의 주요 가치관 중 하나가 친절이라고 말하고는 고속도로에서 끼어든 운전자에게 가운뎃손가락을 들어 보여서는 안 된다. 당신은 정직이라는 도덕적 신념에 의지하면서 보험회사에 거짓말하고, 누군가 당신의 차를 부수고 뒷좌석에서 훔쳐 간 물건의 값어치를 부풀려 말해서는 안 된다. 그리고 사랑과 용서, 수용의 정신에 몰두해 있다고 말하고 나서 앙심을 품고, 남을 험담하며 마음속으로 타인을 판단한다면 당신은 어마어마한 사기꾼처럼 행동하는 셈이다. 온전함의 첫 번째 요소는 당신만의 핵심 가치관을 정직하게 작성하고,

그에 맞춰 적극적인 인지적 및 행동적 정렬이 이루어지도록 요구한다.

종이 한 장을 꺼내 커다란 원을 그려보아라. 원 안에 글자를 적어넣을 수 있을 정도로 커다랗게 그려라. 단, 원 바깥쪽에도 글씨를 적을 수 있도록 주변 공간을 충분히 남겨두어라. 생각 및 행동 패턴을 확인하고 원 안팎에 그것들을 적어라. 당신이 원 안쪽에 적은 개념들은 당신의 핵심 가치관을 반영하는 생각과 행동이다. 이것들은 당신의 온전함 내부에 존재하는 것이다. 당신이 그린 원 바깥쪽에는 **당신이 못마땅해하는** 생각이나 행동 패턴을 적어라. 예를 들어, 심술궂음은 원 밖에 적힐 가능성이 크다. 어쩌면 친절은 당신이 그린 원 안쪽에 있을 것이다. 폭력은 원 밖에 있을 듯하다. 아마도 연민은 원 안쪽에 있을 것이다. 욕하기와 소극적 공격성은 원 바깥에 적힐 수 있지만, 존중은 당신의 온전함이라는 원 안쪽으로 들어갈 성싶다.

당신이 원 안쪽에서 한 가지 개념을 표시하면, 바깥쪽에서 정반대되는 개념을 확인하는 경우가 자주 있다는 걸 알게 될 것이다. 예를 들어, 거짓말은 정직에 대비된다. 성급함은 인내심에 대비된다. 바람피우기는 서로 합의한 일부일처제에 대비된다. 자기애는 내면의 비판에 대비된다. 술에 취하는 것은 술에 취하지 않는 것에 대비된다. 판단은 열린 마음에 대비된다. 용서는 앙심 품기에 대비된다. 증오는 사랑에 대비된다.

만약 당신의 사고 패턴이나 행동 중 하나가 떠올랐는데 이 중 어느 쪽에 속하는지 결정하기 어렵다면, 곰곰이 생각해 보아라.

그것이 어느 쪽에 속하는지 순조롭게 정할 때까지 천천히 오랫동안 깊이 생각하라. 당신은 몇 가지 개념이 담장의 어느 쪽으로 떨어질지 다소 애매해서 그 선을 타고 슬금슬금 기어 올라가는 모습을 목격할지도 모른다. 어떤 개념들은 심술궂음 대 친절처럼 분명해 보이지만, 어떤 개념들은 그렇게 명확하지 않다. 예를 들어, 나는 입버릇이 상스럽다. 욕은 내가 나를 표현하는 열정의 한 부분이다. 욕은 어휘를 더욱 다채롭고 흥미롭게 만들어준다. 나 자신의 온전함에 관해 말하자면, 영어 단어에서 영리하게 사용한 F로 시작하는 욕보다 더 효과적이거나 적절하거나 신랄하게 느껴지는 단어는 거의 없다. 내 경우에, 욕은 약간 애매한 부분에 놓여 있다. 내가 그린 원에서 욕은 선 가까이에 있고, 다른 요소들에 의존한다. 내가 사람들을 **향해** 악담을 퍼붓거나 공격이나 불친절로 어떻게든 욕을 내뱉게 되는 것은 나의 온전함에서 벗어나는 일이다. 이런 종류의 언어를 몹시 불편하게 느끼는 사람들과 의사소통할 때는 그들을 존중하는 의미에서 나 역시 말조심을 한다.

사람마다 가치관은 다르다. 이것은 정상적이고 전적으로 괜찮다. 당신이 원 안팎을 어떻게 채울지는 당신이 어떻게 인생을 살아오고 어떤 식으로 영향을 받았는지에 따라 좌우될 것이다. 상스러운 말씨는 내가 그린 원의 선 안팎에 걸쳐 있지만, 엄마가 그린 원에서는 분명히 바깥에 자리 잡고 있다. 이것은 엄마의 온전함을 이루는 부분이 아니다.

시간이 흐르면서 이 도표의 구성요소가 달라지는 것은 자연스러운 일이다. 당신이 발전하고 나이 들어가며 다양한 관점을 시험하고 마음을 바꾸는 건 나쁜 게 아니다. 내가 20대와 30대에 확신한다고 생각한 것 중 일부는 지금 상반된 감정을 느끼게 하거나 상당한 반감을 느끼게 한다. 나는 내 온전함을 이루는 요소 중 많은 부분이 앞으로 변형되고 달라질 것이라고 확신한다. 전환과 변화는 우리가 성장할 때 일어난다. 사실, 나는 당신에게 당신의 상태를 종종 확인하고, 당신이 그린 온전함에 관한 원을 필요에 따라 수정하기를 권한다. 특히 당신이 개인적인 반성의 시간을 갖고 새해 계획 세우기를 좋아하는 유형의 사람이라면 이것은 해마다 연초에 하면 좋은 연습이 될 것이다.

온전함의 두 번째 부분은 당신의 가치관을 실행에 옮길 때 일관성을 유지하는 것이다. 그렇다고 해서 당신이 완벽해야 한다는 건 아니다. 당신은 볼링공을 레인 중심을 따라 똑바로 굴려서 매번 완벽한 스트라이크를 칠 것이라고 예상하지 않는다. 이처럼 우리는 모두 인간적이라는 같은 배에 올라타 있고, 인간적이기 때문에 불완전하며 온갖 종류의 몸부림을 치고 실수를 저지르도록 선천적으로 정해졌다. 오히려 일관성이란 당신이 누구와 있든 어떤 일이 벌어지든 당신이 어떤 환경에 있든 상관없이 진정한 자기 자신의 모습을 유지하려는 의도와 노력이다. 온전함은 아무도 지켜보지 않을 때 당신이 자신의 가치관과 계속 정렬되어 있다는 개념이다. 이는 만약 열린 사고를 가진다는 가치관에 관한 게시물을 소셜 미디어에 올린다면 당신은 정치관이 맞지 않는 친구를 공격하거나 멀리하지 않는다는 생각이다. 당신

마음 정렬

은 말다툼 중에 욕을 한다는 이유로 자녀를 야단치고 나서는 (아무도 모른다고 하더라도) 남편과 이야기하면서 길 건너에 사는 이웃 사람을 '멍청이'라고 불러서는 안 된다. 당신이 친구들에게는 애정 어린 마음으로 힘과 용기를 불어넣어 주고는 정작 당신 자신에게는 수치심을 기반으로 내면과의 부정적이고 비판적인 대화를 용납한다면 온전함은 손상되고 만다.

이런 종류의 개인적 목록을 작성할 수 없거나 작성하지 않는다면 당신은 온전함을 갖춰 살아간다고 주장할 수 없다. 유턴해서 자기 자신과 이처럼 중요한 내면의 대화를 나누지 않는다면, 당신은 자신이 어떤 사람이 되고 싶은지 절대 알 수 없다. 이런 명확성이 없다면, 잘 맞춰 조정할 수 있는 뚜렷한 구조가 없는 것이기에 정렬은 존재하지 않는다. 정체된 삶이란 명확하지 않은 온전함에서 생긴 위기인 경우가 많다. 당신의 임무가 잘 정렬되고 진정성 있는 삶을 창조하는 것이라면, 그 과정에서 이 부분을 건너뛸 수 없다. 내면을 들여다봐라. 진지해져라. 종이에 목록을 적고 그것에 대해 정직한 태도를 보여라. 그러고 나서 몰두하라.

경계선

과거 우리의 조상이 이야기하는 **경계선**이란 흙과 잔디가 만나는 정원의 가장자리나 토지 경계선을 의미했다. 그들은 건강한 **개인적** 경계선에 관한 대화는 나누지 않았다. 이 용어는 1970년대 무렵에야 비로소 일반 대중의 세계에 등장했다. 하지만 놀랍게도 현재 **경계선**은 일반적인 문화에서 불쾌할 정도로 가장 많이 남용되는 단어 중 하나가 되었다.

경계선 자체, 즉 진짜 경계선이 우리를 짜증 나게 만드는 것은 아니다. 나를 화나게 하는 것은 이 용어가 온갖 종류의 기능 장애 행동을 정당화하기 위해 사용된다는 것이다. 이번 장에서 우리는 개인적인 경계선이 무엇인지 탐구할 것이다. 하지만 내 생각엔 무엇이 경계선이 **아닌지**에 집중하는 것이 당신과 나의 시간을 잘 활용하는 셈일 듯하다. 세상에는 우리의 경계선을 확립하고 주고받으며 충실히 지키는 방법을 알려주는 농담이 무수히 많다. 이것은 중요한 문제이다. 하지만 다른 사람의 경계선을 겸허하게 받아들이고 거기에 반응하는 것을 더 잘하는 법에 관해 알려주는 자료는 그다지 많이 알려지지 않았다. 그래서 우리는 이 부분에 대해서도 다룰 것이다.

이번 장이 1부에 속하는 데에는 이유가 있다. 다른 방향으로 돌려서 생각한다면, 이번 장은 사람과 사람 사이의 연결성을 다루는 2부에 넣어도 손색없을 것이다. 하지만 냉정하게 생각해보면, 우리는 아직 이 문제를 다룰 준비가 되지 않았다. 이 대화는 바로 이 부분에 포함되어야 한다. 이유는 다음과 같다. 무엇보다 경계선은 **내적인 문제**이다. 경계 설정이란 무엇이 내게 괜찮은지 혹은 괜찮지 않은지를 명확히 정하는 방법이다. (이렇게 단순하면서도 효과적인 정의를 내린 사람은 내가 아니다. 나는 이 말을 브레네 브라운으로부터 배웠다.) 경계선이란 안전과 온전함에 관해 의도적으로 한계를 설정하는 기제이다. 우리가 안전하고 명확하게 참다운 나의 에너지를 계속 활용할 수 있다고 느끼도록 우리를 위해 공간을 확보할 생각으로 삶의 다양한 분야에 둘레를 정해주는 이정표이다.

그 누구도 무엇이 당신에게 괜찮은지 혹은 괜찮지 않은지를 결정하지 못한다. 이 분별력은 오직 **당신**이 확인하고 마련할 수 있다. 게다가 당신의 온전함은 다른 사람에게 반향을 불러일으키거나 불러일으키지 않을 개인적인 구조이다. 당신의 경계선은 다른 사람들이 원하거나 생각하거나 기대하는 것으로부터 영향을 받는 게 당연하겠지만, 이런 것들로 결정되거나 이런 것들에 의존하지는 않는다. 대개 기본적으로, 당신의 개인적인 경계선은 **당신**에 관한 것이다. 그러므로 당신의 경계선은 (스스로 경로를 이탈하지 않으려고 만들어낸 경계선조차) 당신의 진정한 자아를 지지하며 내면 깊은 곳에서부터 공명해야 한다.

개인적인 경계선은 보호하고 연결하는 역할을 한다. 이것들은 인생의 많은 영역에서 꼭 필요하고 건강에 도움이 된다. 견고하고 건강한 경계선은 당신의 신체적, 감정적 그리고 심리적 안녕을 도울 것이다. 당신의 유한한 시간과 에너지를 보호한다. 우리는 아이들에게 신체 동의에 대해 가르칠 때 신체 접촉, 공간 그리고 성적 친밀함에 관한 안전하고 건전한 경계선을 세울 수 있도록 지도한다. 재정적 경계선은 우리가 과다 차입, 과다 대출, 과다 지출, 과다 증여 혹은 과다 비축을 하지 못하도록 막는다. 사람들이 당신을 대하는 태도를 가리키든, 아니면 당신의 10대 딸에게 당신이 제일 아끼는 장신구를 빌려 가도 된다고 허용하는 한계를 가리키든 간에, 타당하고 사려 깊은 경계선은 건강하고 안전하며 중요하게 느껴지는 것을 보호하는 데 도움이 된다.

개념을 혼동하는 경우는 다음과 같다. 사람들은 마치 '경계선'이라는 단어가 철판과 철갑을 두르고 방탄 기능을 장착한 뒤 용접으로 막아버린 문이라도 되는 것처럼 남발하곤 한다. "아무개가 내 감정을 상하게 하는 말을 했으니까 나는 경계선을 쳐서,

다시는 그 사람에게 인사도 하지 않고 눈도 마주치지 않을 거야.” “그 괴물 같은 놈은 아이를 성추행했으니까 죽을 때까지 독방에 격리되어도 싸지.” 이런 것은 경계선이 아니다. 이것은 벽이다. 이것은 분리이다. 이것은 공포와 불안정에 뿌리를 두고 있다. 축소, 정당화, 폭력, 비난, 판단, 앙심 품기, 남용 혹은 무례한 행동이라는 전략을 사용하는 사람들은 자신의 기능장애, 맹점 혹은 자기가 원하는 결과에 걸맞지 않은 무시무시한 가능성과 씨름하느라 무서워 죽을 지경이다. 자신이 아닌 다른 사람들의 관점에 온 마음을 활짝 열 의향이 없는 사람들은 경계선을 설정하는 게 아니라 회피하는 것이다. 그들은 관심을 다른 곳으로 돌리고 있다. 그들이 ‘경계선’이라고 잘못 이름 붙인 건 사실상 상황을 통제하고 조종하려고 노력함으로써 자신을 보호하려는 최선의 시도일 뿐이다. 다른 사람들을 밀어내는 것은 자신의 불안과 불편을 부적응적으로 피하거나 배출하려는 가장 재빠르고 편리한 시도이다.

진정한 경계선은 스크린 도어에 더 가깝다. 문을 잠글 수도 있고 날씨가 서늘해지면 집 안으로 미풍이 들어올 수 있도록 유리문을 살짝 열어둘 수 있다. 스크린 도어는 안팎을 완전히 분리하지 않는다. 양쪽이 서로를 이해하고 공감하며 존중하는 상태에서 기꺼이 활동한다면 협동할 기회와 가능성이 있다. 잘못된 정보를 근거로 한 추정과 반대로, 건강한 경계선은 반드시 사람들을 분리하거나 갈라서게 하려고 형성되는 것은 아니다. 그보다 진정한 경계선은 한층 더 깊이 있는 이해를 통해 더 나은 연결성과 치유 가능성을 위한 매개체가 될 수 있다.

어떤 상황이나 인생의 단계, 인간관계에서 서로 단절되거나 고비와 영원히 작별하고 새롭게 출발해야 하는 적절한 시기가 없다고 말하려는 것은 아니다. 만약 누군가 복수심에 불타 사람들을 죽인다면, 그 사람을 사회에서 축출해 그 사람과 다른 사람들의 안전을 유지할 수 있는 특정 장소로 그를 보내는 것이 적절한 경계선이기는 하다. 10대 청소년이 전날 밤 어디에서 잤는지 부모에게 거짓말한 뒤, 아이가 위험한 약물을 사용하고 수상한 상황에 얽혀 있다는 사실을 부모가 알아냈다면, 자율적인 환경에서 지낼 수 있는 아이의 모든 특권을 일시적으로 빼앗는 것이 공정한 경계선일지 모른다. 하지만 스크린 도어는 최악의 기능 장애가 발생한 순간에도 그 사람들에게 귀를 기울이고 그 사람들을 보살피는 게 당연하다는 믿음에 여지를 남긴다. 발전과 이해력이 개선될 가능성이 있도록 유리문을 살짝 열어둘 수 있다. 경계선에 관한 이 관점은 사람들이 더 나은 선택을 하고 치유될 가능성이 있다는 믿음에 기댄다. 아니면, 최소한 그 사람들도 인도적인 배려, 안전 그리고 어느 정도의 존중을 받을 자격이 있다는 믿음에 의존한다.

경계선과 장벽은 서로 다르다. 철갑을 입히고 용접으로 막은 문이 장벽이다. 장벽은 "내가 옳아. 너는 틀렸어. 내 앞에서 꺼져"라고 이야기한다. 장벽은 호기심의 여지를 남겨두지 않는다. 심지어 한 줄기 불빛이 문틈 사이로 반짝여서 연결될 가능성이 있다는 여지도 없다. 이런 종류의 접근은 가장 보호적이고 가장 방어적인 소인격체들이 하는 일이다. 참다운 나의 일이 아니다. 장벽은 다른 사람을 존중하거나 (최소한) 상식적인 예의로 대할 가치가 있다고 여기지 않는다. 이런 근본적인 진리도 받아들이지 않는 닫힌 사고는 단절감을 만들거나 권력을 얻으려 하거나 자기주장을 입증하려는 시도이다. (특히 상처를 받거나 갈등을 빚은 뒤에도) 온전함을 유지하면서 존중과 호기심 또한 확장할 줄 아는 사람은 참다운 나의 에너지를 뛰어나게 잘 활용하는 사람이다. 참다운 나는 태생적으로 자신만만해서 권력이 필요하지 않다. 참다운 나는 자기주장을 입증할 필요가 없다. 참다운 나는 사람이면 누구나 자기 의견과 관점을 제시할 가치와 권리가 있다는 것을 이해한다. 참다운 나는 사람들이 실수를, 때로는 끔찍한 실수를 저지르지만 그래도 여전히 사랑받을 자격이 있다고 믿는다.

또한 참다운 나는 용서의 가치를 이해하고 **상대의 행복을 빌며 보내준다**는 개념을 잘 활용한다. 스크린 도어는 이유가 있어서 잠금장치를 달았다. 때로 상황에 따라서 우리는 관계를 끊고 떠날 필요가 있다. 하지만 잠금장치는 유리문을 통해 밖을 내다볼 수 있는 시야를 앗아가지 않는다. 우리가 떠난다고 해서 다른 사람들이 인간이라는 사실을 잊을 권리가 생기는 것은 아니다. "싫어"라고 대담하게 말해도 괜찮다. 모래에 선을 긋는 것도 괜찮다. 하지만 상대를 경멸하거나 상대에게 분노하는 마음으로 행동하지 마라. 악의가 원인이 된 행동은 장벽이고, 상대의 코앞에서 문을 쾅하고 닫아버리는 것이다. 잠시 거리를 두거나 작별을 고할 때 최종 경계선을 긋는 것은 매우 적절한 태도일 수 있다.

이는 불친절하거나 무례하게 굴거나 자기주장만 입증하려는 게 아니라 모든 사람을 진심으로 아끼는 마음을 담을 것이기 때문이다. 이제 상황을 역전시켜 우리가 다른 사람이 그은 경계선을 받아들여야 한다고 가정해 보자. 바로 이 지점에서 나는 주제를 전환해 우리가 정말로 취약할 정도로 현실을 직시하는 부분을 건너뛰고 싶다. 나는 누구보다 먼저 손을 들고 내가 이 문제로 얼마나 많이 고심했는지 말하고 싶다. 강렬한 감정들과 나의 방어적인 소인격체들은 다른 사람의 경계선을 받아들이는 일을 내 인생에서 가장 커다란 도전 중 하나로 만들었다. 나 역시 완전하지 않으며 여전히 노력하는 중이다. 함께 앞으로 나아가기 위해서 가장 오래된 지침 중 하나에 기대어보자. '남에게 대접받고자 하는 대로 남을 대접하라.' 만약 당신에게 형편없이 느껴지는 부분이 있을 때 다른 사람이 당신의 말에 귀 기울이고 당신을 존중해 주기를 원한다면 당신 역시 다른 사람들에게 기꺼이 똑같은 행동을 해주어야 한다.

우리가 내면을 들여다보고 무엇이 바람직하지 않다고 느끼는지 분명히 한 다음, 용기를 그러모아 그것에 대해 이야기한다면 사람들이 결국 이해하고 우리에게 동의하는 일이 희망 사항에 불과한 것은 아니다. 이렇게 되면 정말 근사할 듯하다. 하지만 우리가 개인적인 경계선을 가지고 소리 높여 말해야 하는 순간에 실제로 이런 상황은 거의 일어나지 않는다. 오히려 우리는 그들이 우리의 관점을 고려하고, 우리의 애정 어린 의도를 믿고, 우리가 최선을 다하고 있음을 신뢰하며 그들이 우리의 관점을 이해하거나 동의 여부와 관계없이 우리가 주고받는 경계선을 존중하려고 노력하기를 바란다. 혹은 최악의 경우 그들이 우리의 경계선을 이해하지도 동의하지도 않는다면, 우리는 그들이 우리의 의도가 선하다고 믿고 차이를 존중하며 그 상황이나 관계에서 물러서 주기를 바란다.

우리는 스스로 책임지지 못하는 일을 다른 사람에게 기대해서는 안 된다. 이것이 전부다. 몇 년 전 나는 가장 친한 친구를 통해 이 힘겨운 교훈을 배우면서 마치 코를 세게 한 방 얻어맞은 듯 얼얼함을 느꼈다. 루니는 나와 다른 여자 친구 한 사람을 데리고 콜로라도로 사흘간의 주말 캠핑을 떠날 계획을 세웠다. 이 시기에 여행을 떠나는 데에는 특별한 목적이 있었다. 우리 세 사람은 모두 인생의 과도기와 소란, 대혼란에서 잠시 벗어나고픈 마음이 간절했다. 이 짧은 주말여행은 우리 세 사람을 치유하고 원래대로 되돌려놓을 예정이었다. 우리는 자연을 탐험하고, 등산하고, 웃고, 천 개의 스모어 쿠키를 먹으며 즐겁게 지낼 계획이었다. 이 여행은 우리에게 활기를 되찾게 해줄 휴식이 되어야 했다.

당시는 내가 지금의 남편과 장거리 연애를 하던 시절이었다. 매트와 나는 한 달 이상 서로 보지 못했지만, 그는 친구들과 떠나는 내 캠핑 계획을 알고 격려해 주었다. 여행을 떠나기 일주일 전쯤, 나는 간신히 생계를 유지하려고 발버둥 치면서 유난히 힘겨운 나날을 보내고 있었다. 대학원 과정을 끝마치려고 애쓰는 한편으로 인턴으로 전 시간 근무를 하고, 운동 강사로 시간제 근무를 했다. 싱글맘 노릇을 하느라 혼쭐이 나기도 했다. 게다가 아버지의 건강은 급속도로 나빠지고 있었고, 이건 엄마에게 내 지원과 도움이 필요할 때가 많다는 뜻이었다. 나는 머리가 멍해졌고, 완전히 지쳤으며 감정이 소진된 상태였다. 그리고 여자 친구들을 정말로 보고 싶었고, 산 공기를 맡으면 기분이 좋아질 것도 알고 있었지만, 내가 원하는 것은 아무런 책임감도 느끼지 않은 채 남자친구의 품에 포근하게 안겨서 원하는 만큼 펑펑 울고 자는 것이었다. 나는 누군가가 나를 돌봐주기를 간절히 열망하고 있었다.

나는 루니에게 전화를 걸어서 마음이 바뀌었다고 말했다. 캠핑 여행을 가기로 한 약속을 어기고 그 대신 매트를 만나기 위해 캔자스행 비행기 표를 예매했다. 루니는 정말 그녀다운 태도로 "알았어"라고 말했을 뿐 아무 실랑이도 벌이지 않았다.

2주 뒤, 루니가 내게 문자메시지로 대화를 나눌 수 있느냐고 물었다. 그동안 그녀는 자신의 내면으로 유턴해서 자신이 어떤 기분을 느끼는지 그리고 왜 그런 기분이 드는지에 대해 몹시 호기심을 느꼈다. 그녀는 내가 캠핑 계획을 갑자기 취소해 실망스러웠고 화가 났다고 설명했다. 그녀는 내가 어떤 기분이었는지 이해했고 내게 최선이라고 여겨지는 일을 하겠다는 내 결정을 존중했지만, 결과적으로 상처도 받았고 분노도 느꼈다고 이야기했다. 그녀와 나머지 한 친구는 우리의 캠핑 여행을 성사시키기 위해 자신들의 일정과 약속을 변경했던 것이었다. 루니는 내 결정을 듣고 자신이 무시 받았다는 느낌이 들었다고 설명했다. 그녀는 나와 그런 여행 약속을 잡기가 이제는 꺼려진다고 털어놓았다. 그리고 루니는 자기반성적인 호기심을 발휘해 자신이 장차 무엇을 해야 할지 명확히 확인했기 때문에 새롭게 형성된 개인적인 경계선을 나와 공유할 수 있었다. 그녀는 장차 자신이 멀리 이동하거나 아이들을 맡길 사람들을 정하거나 일을 쉬거나 가족들과 떨어져 지내지거나 돈을 지출해야 하는 계획을 세우게 된다면, 적어도 내가 지금보다 더 안정감을 느끼기 전까지는 "좋아"라고 대답하지 않고 "싫어" 혹은 "글쎄"라고 대답해 달라고 말했다.

나의 방어적이고 설명을 좋아하는 소인격체들은 이 팽팽한 신경전을 말로 모면하고 내가 캠핑 계획을 취소한 이유를 친구에게 이해시키고 싶어 했다. 자기주장을 입증하길 좋아하는 소인격체는 그녀가 내 고통에 연민을 느끼도록 만들고 싶어 안달이 났다. 문제는, 나는 그녀가 친구들을 바람맞히는 내 결정에 좋아서 방방 뛰지 않을 것임을 알고 있었으면서도 그녀가 내 감정을 자기감정보다 중요하게 인식해 주기를 내심 바랐다. 나는 이기적으로 행동했다. 내 선택으로 내 친구들이 어떤 불쾌한 상황을 감당해야 하는지 이해하려고 하거나 그 친구들을 배제하지 않는 다른 대안을 찾으려 노력하지도 않은 채, 나는 다른 사람들에게 엄청난 영향을 주는 결정을 내려버렸다. 루니의 설명에 따르면, 그녀가 새로 알려준 개인적 경계선은 그녀의 마음이 장차 실망하고 상처받지 않도록 보호하는 한편 그녀가 나를 원망할 위험도 최소화할 터였다. 이 제한은 그녀 자신, 나 그리고 우리의 우정을 위해 그녀가 취할 수 있는 가장 애정 어린 조치였다.

루니가 무척이나 용감하게 자기감정을 내게 털어놓은 덕분에 우리는 서로를 더 깊이 알고 이해할 수 있었다. 그리고 그녀가 불쾌하게 느끼는 부분과 앞으로 더 좋게 느낄 법한 부분을 명확히 확인하고자 의식적으로 노력했기 때문에 우리는 앞으로 더 공정하고 적절한 일이 일어날 만한 발판을 마련할 수 있었다. 내 역할은 나만의 방어적인 갈망을 한쪽으로 치우고 마음과 귀를 활짝 열어두며 그녀를 완전히 이해하려고 의도적으로 노력하는 것이다. 내가 원하는 공감을 얻기 위해서는 나의 자아를 내려놓아야 한다. 이와 더불어, 루니와 나는 이 상황을 스크린 도어, 즉 서로를 치유하고 더 강하게 연결될 기회로 다뤘다. 경계선을 용감하게 형성하고 정중하게 알려주려 했던 그녀의 열의는 그것을 받아들이고 존중하려는 나의 열의와 합쳐져 한층 끈끈한 우정의 토대를 마련해 주었다. 이것은 우리 모두에게 무시무시하고 상처 입기 쉬운 경험이었지만 결과적으로 엄청난 도움이 되었다. 그날 이후로, 우리는 갈등의 교착 상태에 빠진 적이 단 한 번도 없다. 이제 우리는 견고한 개인적인 경계선을 세우고 공유하는 것의 가치를 이해하며, 이처럼 한계를 설정하는 대화를 적절히 받아들일 줄 아는 사람이 되었다.

둘 이상이든 대규모 집단이든, 개인적인 경계선은 연결과 치유에 필수적이다. 이는 애정을 나누는 관계, 직장, 정당, 공동체, 가족 그리고 우정에 똑같이 적용된다. 우리 자신의 경계선을 타인에게 알려주기란 쉽지 않다. 만일 우리가 우선 멈춰 서서 호기심 어린 유턴으로 우리 내면에 들어가지 않는다면, 이는 틀림없이 **불가능하다**. 일단 우리의 감정, 우리의 생각 그리고 우리가 달라지고 우리의 감정과 행동이 자동 조절된다고 느끼기 위한 필수 요소가 무엇인지 한층 더 명확하게 확인하고 나면, **비로소** 우리는 다른 사람이나 다른 집단에 다가가서 어떻게 하면 상황이 개선될 수 있는지를 용감하게 공유할 수 있다.

흥미롭게도 자아성찰과 호기심은 다른 사람이 알려주는 개인적 경계선을 받아들여야 하는 처지에 놓일 때, 당신이 가장 먼저 해야 하는 일이기도 하다. 누군가가 경계선을 그은 채 당신에게 다가오거든 겸손한 태도로 움직임을 잠시 멈추고 반응을 자제하라. 자신의 내면으로 방향을 돌리고, 보호적인 소인격체 중 누가 강렬한 감정을 발산하는지 알아내라. 반응을 보이기 전에 그 소인격체에 주의를 기울여라. 용기를 그러모으고 온전함을 유지하며 무언가를 배우려는 마음을 가져라. 당신이 **옳다**는 것보다 결국은 명확성, 공감 그리고 연결성을 더 우선시해야 한다는 사실을 믿어라. 어쨌든 경계선은 이기고 지는 문제가 아니다. 경계선에서 중요한 점은 당신 자신을 지지하고 연결성을 추구하는 것이다.

인내의 창

당신은 어떤 사람이 감당하는 고통의 양을 보면 그 사람이 얼마나 많은 혼란을 겪어왔는지 알 수 있다. 시련을 견디고 나면 회복탄력성이 생긴다. 삶의 투쟁은 확장기와 같은 역할을 해서, 한 사람이 시련을 견뎌낼 수 있는 능력, 즉 **인내의 창**을 키워준다.

고통이 현재 인내의 창을 둘러싼 경계를 밀어붙이면, 당신은 선택의 순간을 맞이한다. 그냥 무너져 내려서 절망적인 사고방식에 굴복할 수도 있다. 다른 사람을 탓하거나 비난하는 반응을 보이기도 한다. 아니면, 용기와 호기심을 그러모아서 내면을 들여다보고, 불안의 터널을 서서히 나아가며 당신이 감당할 수 있다고 생각하는 것의 한계를 넓혀야 한다.

나는 내가 속한 단체의 청소년들을 통해 이 역학을 직접 관찰했다. 심리치료사로 활동하다 보면 10대 청소년을 상담할 때가 많아서, 나는 고등학생의 자살 경향성을 가장 가까운 곳에서 지켜보게 되었다. 국립 정신건강연구소에 따르면, 미국의 자살률은 2000년대 초반 이래로 꾸준히 증가하는 추세이다. 바로 이곳 콜로라도주 덴버 지역의 경우, 평균 가계 소득이 비교적 낮은 지역의 학생들이 다니는 도심 지역의 학교와 평균 가계 소득이 비교적 높은 지역의 학교를 비교할 때, 청소년의 자살 경향성은 주목할 만한 차이를 보인다.

몇 년 전, 나는 지역 비영리 단체에서 집단 촉진자(치료 집단, 교육 집단 등에서 참여자들을 격려하고 집단 상호작용을 촉진하는 역할을 하는 사람-옮긴이)로 일하면서 여러 가지 어려움에 허덕이는 지역 청소년들을 지지하고 돕는 일에 관심이 있는 청소년 팀을 인도했다. 내가 맡은 팀은 정신건강 문제를 활동 목표로 정했다. 아이들과 나는 함께 일하면서 이 주제에 관해 연구하고, 사람들을 인터뷰했다. 우리가 알아낸 바에 따르면, 인터뷰에 응한 청소년 가운데 지속적인 혼란과 어려움을 겪어온 아이들은 새로운 어려움에 대처하는 능력이 평균적으로 훨씬 뛰어났다. 달리 말하면, 그들은 비교적 큰 인내의 창을 가지고 있었다. 이와 반대로, 인터뷰에 응한 청소년 가운데 더 낮은 수준의 경제적 어려움과 일반적인 삶의 고난을 경험한 아이들은 더 낮은 수준의 고통 감내력을 보이는 경향이 있었다.

혜택을 받지 못하는 학교에 다니는 아이들은 예컨대 자신들이 싱글맘 손에서 어떻게 자랐으며 손아래 형제자매에게 꼬박꼬박 밥을 먹이고 잠을 재운 이야기를 들려주곤 했다. 그들은 한밤에 집 밖에서 울려 퍼진 총소리를 들었다거나 전기를 사용할 돈이 없다거나 운동화 앞코가 터져서 발가락이 빼꼼 나오고 나서야 신발을 새로 장만한 시절에 대해 말하기도 했다. 우리가 이 고등학생들에게 사교 행사나 모임에 참석하지 못하거나 또래 집단으로부터 거부당했을 때 얼마나 고통스러웠는지 물었을 때, 그들은 대체로 별일 아니라는 듯 어깨를 으쓱해 보이고는 그보다 훨씬 힘든 일을 겪었노라고 말했다. 그들은 나쁜 일이 일어났을 때 그것을 잘 넘길 수 있는 능력이 자신에게 있다는 사실에 자신감을 느낀다고 얘기했다.

회복탄력성의 스키마schema(특정 외부 환경에 적응하기 위해 마음속에서 형성한 지식 체계 - 옮긴이)와는 반대로, 우리가 주목한 바에 따르면 평균적으로 경제적인 고난과 기본적인 안전에 관련된 어려움을 현저히 적게 경험한, 즉 소득 수준이 높은 교외의 가정에서 자란 청소년들은 자신들의 고통 감내력이 꽤 커서 어려운 일을 감당할 수 있다고 믿으려고 애썼다. 그들이 상상할 수 있는 가장 힘든 일 중 하나를 생각해 보라는 요청했을 때, 상당수가 훈육의 한 방법으로 아이폰을 빼앗기는 것이야말로 그들이 경험한 손꼽히게 힘든 일이었다고 답했다. 그들은 사귀던 친구와 헤어지거나 친하게 지내던 무리에서 소외되거나 또래 친구들에게 거부당한 경험을 자세히 이야기했다. 그런 경험은 자신들이 상상할 수 있는 최악의 상황이고 어쩌면 자살을 고민할 일인 것처럼 말이다.

인생을 살면서 (특히 건강이나 안전, 재정에 관련된) 어려움을 별로 경험하지 않은 청소년들에게는 자신이 어려운 상황과 사건, 감정을 헤쳐나갈 준비가 실제로 얼마나 되어 있는지 실감할 진지한 기회가 대체로 없었다. 실제로 한 청소년은 다른 청소년보다 어려움을 견뎌내는 능력이 더 적었다. 오히려 자신이 얼마만큼의 어려움을 감당할 수 있는가에 대한 **인식**은 아이마다 다르다. 다소 이상한 과정이기는 하지만 (자기 자신이나 사랑하는 사람들의) 건강과 안정, 안전을 위협받은 경험이 많은 아이는 참을성 있게 견디는 능력에 대한 교훈을 배웠다. 이에 비해 생계와 안전, 어려움을 이겨내는 능력에 대한 실제적 위험이나 인지된 위험을 겪어본 적이 없는 아이들은 자신들이 힘겨운 경험과 감정을 감당할 수 있다고 **믿지** 않았다.

인내의 창이라는 개념을 이해하기 위해서는, 자신을 팩맨(일본 회사에서 만든 비디오게임 – 옮긴이)이라고 생각해야 한다. 그리고 작은 파워 쿠키를 인생의 어려운 순간이나 상황이라고 가정해보자. 아마도 맛이 끔찍하고 삼키기도 어렵겠지만, 모든 파워 쿠키는 팩맨에게 인내의 창을 길러주고 중요한 것을 가르쳐준다. 팩맨은 파워 쿠키를 먹을 때마다 몸이 커진다. 당신이 알아차리기도 전에, 팩맨은 강하게 성장해서 파워 쿠키는 훨씬 덜 위협적인 존재가 된다. 파워 쿠키는 맛이 정말 끔찍해서 팩맨은 그것을 먹는 걸 여전히 좋아하지 않는다. 하지만 그는 파워 쿠키를 더는 두려워하지 않는다. 팩맨은 자신이 지나는 길에 파워 쿠키가 있어도 기겁하지 않는다. 그는 과거에 파워 쿠키를 먹으면서 얻은 회복탄력성과 지혜를 모두 소환할 수 있고, 필요하다면 파워 쿠키를 꿀꺽 삼켜버릴 수 있음을 알고 있다. 팩맨은 자기가 가진 고통에 대한 인내의 창이 역동적이고 신축성이 있으며 확장 가능성이 있다는 것을 이해하고 있다.

인내한다는 말은 우리가 반드시 좋아하거나 동의할 필요가 없는 대상의 존재, 발생 혹은 실행을 허용한다는 뜻이다. 이것은 수용하거나 견디겠다는 뜻이다. 나쁜 일은 일어나기 마련이다. 때로는 나쁜 일을 피할 수도 있다. 때때로 나쁜 일은 뜻밖에 우연히 일어난다. 어느 쪽이든 중요하지 않다. 중요한 것은 우리가 스트레스를 받는 사건에 부여하는 의미와 거기서 배우는 교훈이다. 우리가 기꺼이 받으려는 마음만 있다면 모든 어려움은 우리에게 선물을 준다. 당신이 인생에서 경험한 모든 힘든 일은 당신 자신, 다른 사람 혹은 주변 세상에 관한 교훈을 가르쳐준다. 우리가 느끼는 모든 고통에는 뒷면이 존재한다. 모든 실패에는 배워야 할 중요한 교훈이 있다.

우리는 스스로 인정하는 것보다 엄청나게 많은 고통을 감당할 수 있다. 나는 심리치료소의 진료 의자에 앉아서 내담자가 믿기 어려울 정도의 고난을 극복했다거나 너무도 참혹한 트라우마를 이겨냈다는 이야기를 들을 때마다 인간의 영혼이 얼마나 말도 안 되게 회복력이 강한지 새삼 깨닫곤 한다. 하지만 불운한 인생이 주는 교훈과 경험은 무거운 짐이 없었다면 얻어지지 않는다. 새로운 상처를 입을 때마다 우리는 새로운 흉터가 생긴다.

즉, 자연스레 흘러가는 우리의 호기심 앞에 돌이 떨어진다. 우리는 고통을 두려워하는 법을 배운다. 믿는다는 게 위험할 수도 있다는 사실을 알게 된다. 사랑이 얼마나 불안정한지 깨닫는다. 그리고 위험 요소가 없으면 결코 취약성이 존재하지 않는다는 사실을 알게 된다.

꿈의 세계에서 호기심은 아무 방해를 받지 않고 흘러갈 것이다. 우리는 정보를 교환할 때마다 끊임없이 흘러가는 호기심을 주고받을 것이다. 하지만 우리가 살아가는 날이 길어지고 더 많은 인생을 경험할수록, 관성과 저항력은 우리의 안팎에서 점차 커져서 호기심의 자연스러운 흐름을 방해한다. 물이 어디로 흐르든 중력은 물살을 높은 고도에서 낮은 고도로 떨어뜨린다. 하지만 돌과 작은 바위, 반들반들한 큰 바위가 물길에 잔뜩 쌓여있다면, 봄에 눈이 녹아 세차게 쏟아져 내리는 콜로라도 강물이라도 뒤로 주춤 밀려날 수 있다. 만약 우리가 그대로 내버려둔다면 힘겨운 인생 경험들은 호기심을 단단히 옥죌 수 있다.

오직 우리의 개인적인 시련과 고통스러운 인생 경험만이 호기심의 흐름을 뒤로 물러나게 하는 것은 아니다. 태어난 날부터 우리는 불편이란 안 좋은 것이라고 배운다. 우리를 설득하려 애쓰는 미디어에 따르면, 인간의 경험 중 어느 한 부분은 도저히 피할 수 없다. 코카콜라는 당신이 콜라병 뚜껑을 여는 순간 '행복을 여는' 것이라고 말했다(언뜻 보기에 슬픔은 지독하게 매력 없는 감정이기 때문이다). '지구에서 가장 행복한 장소'를 방문하라는 문구는 단조로움이나 지루함에서 벗어나고 싶어 하는 관광객들을 디즈니로 끌어당긴다. 항정신제 광고는 하나같이 자사의 약이 우리의 불안감, 우울감 혹은 극심한 감정 기복을 마법처럼 해결해 줄 것이라고 우리를 설득한다. 대부분 당신에게 무언가를 팔려고 애쓰는 사람은 당신이 부정적인 감정을 아주 싫어하리라는 추정에 의존한다.

만약 우리가 불편한 감정을 더는 미워하지 않는다면 어떤 일이 일어날까? 만약 우리가 언짢은 감정에 나쁘다는 라벨을 붙이지 않는다면 어떻게 될까? 우리의 **모든** 감정이 들어갈 자리를 마련해 둔다면 어떤 기분이 들까? 우리의 회복탄력성이 이 불편한 행위에서 커질 수 있을까? 당연하다. 사실, 감히 단언하건대 성장의 가능성은 **오직** 불편이 자리한 곳에서만 존재하며, 이는 고통을 환영하는 것이 사실 개인의 발전을 유도한다는 의미이다.

내 의붓딸인 브레칸은 열 살이었을 때, 치아가 가지런히 자랄 수 있도록 치열 교정 전문의에게 치료를 받기 시작했다. 아이에게는 아직 자리를 잡지 못한 영구치가 몇 개 있었다. 총생(이가 날 자리가 부족해 부정교합이 생기는 현상-옮긴이)으로 인해 치아가 자리를 잡지 못했기 때문에 치료의 첫 단계는 확대 장치를 부착하는 것이었다. 이 도구는 윗니의 악궁이 완만한 곡선을 그리도록 고정하기 위해 아이의 입천장에 끼워 넣어졌다. 첫 한 달 동안 우리는 그 장치를 조정했는데, 그 장치는 아이의 치아를 거의 감지하지 못할 정도로 천천히 밀어 넣어 자리를 만들어주었고, 덕분에 남아있는 영구치가 제자리에 들어갈 공간이 생겼다. 취침 전 매일 밤, 우리는 그 확장기의 중앙에 난 구멍으로 딱 맞는 금속

키를 집어넣었다. 우리는 그 키를 한 번씩 돌려주었는데, 아이의 치아 안쪽에서 부드럽게 압력을 가해 치열궁의 넓이를 조금씩 넓히는 방식으로 움직였다. 그런 다음 통증이 시작되기 전에 아이를 재웠다. 브레칸에게는 침을 질질 흘려야 하는 고통스러운 한 달이었지만, 효과는 환상적으로 좋았다! 호기심을 그 확장기라고 생각해 보자. 우리가 확장기를 사용한다고 가정하면, 불편은 우리가 새로운 관점과 경험을 위한 공간을 마련하고, 어려움을 견뎌낼 인내의 창을 키우기 위해 치르는 값이다.

나는 통제광에서 회복하고 있다. 날마다 이 증상이 꽤 자주 재발하지만, 강박증에 가까운 과거의 중독에 비하면 어마어마하게 발전한 셈이다. 내가 집착하는 대상 중 하나는 일일 계획을 종이로 된 플래너에 적는 습관이다. 그 일정표에 맞춰 나는 생활하고 잠자며 숨을 쉬었다. 플래너는 최대한 잘 정리되었고 그 내용은 색깔별로 분류되었다. 나는 종이에 모든 약속, 기억할 사항, 근무 교대 그리고 커피 약속을 꼬박꼬박 써넣었다. 친구와 영화를 보러 가게 되면 영화명, 상영시간, 극장 위치 그리고 누구와 함께 갔는지 적었다. 그런 다음 그 약속은 나의 '즐거운 사교 활동' 항목이어서 진한 분홍색 형광펜으로 표기되었다. 이 플래너에 내 일상의 모든 사항을 기록하는 일은 만족스러운데다 안전한 느낌을 주었다.

대학에 다니는 동안, 나는 모든 과제와 할 일을 플래너에 적곤 했다. 적어둔 일정 목록 위에 가느다란 펜촉의 검은색 네임펜으로 엑스 표를 쳐서 내가 그 일을 끝마쳤다고 표시할 때면 엄청난 성취감이 느껴졌다. 컴퓨터와 휴대폰에서 동기화되는 디지털 캘린더를 포함해 온갖 근사한 아이클라우드 동기화 기능을 탑재한 아이폰이 출시되었을 때, 나는 이 첨단 기술을 아주 늦게 접했다. 캘린더의 약속을 색깔별로 분류할 수 있다는 걸 알고 나서 이렇게 생각했던 기억이 난다. "일일 플래너 기능도 되는 것 봐. 너무 귀엽잖아." 하지만 나는 그 기능을 사용하지 않았다. 나에게는 맞지 않았다. 나는 전자기기가 정보를 안전하게 보존한다거나 내가 종이에 쓴 글씨나 형형색색의 형광펜과 똑같이 효율적으로 내 요구에 부응한다는 사실을 믿지 않았다.

어느 시점엔가, 나는 직업상 필요해서 디지털 캘린더를 어쩔 수 없이 사용하기 시작했다. 그래서 한동안은 두 가지를 모두 사용했다. 일일 플래너에 모든 것을 손으로 기록한 다음, 동료들이 내 일정과 소재를 파악할 수 있도록 컴퓨터에도 정보를 기재했다. 이중으로 일정을 기록하다 보니 힘들기는 했다. 하지만 내가 디지털 캘린더로 완전히 전환하는 것을 고려할 때마다 내면에서 느껴지는 아픔은 진짜 고통이었다. 만약 당신이 이런 면에서 같은 처지가 아니라면 이 예시는 그다지 공감되지 않을 것이다. 하지만 아는 사람은 다 안다! 동료 통제광들이여, 내 말에 공감하고 있지 않은가!

마침내 엄청난 호기심과 용기를 그러모아서 일일 플래너를 집에 두고 나온 첫날, 나는 울었다. 농담이 아니다. 나는 스트레스를 심하게 느꼈고 몹시 불편했으며 기분이 나빴다. 논리적으로는 내가 죽지 않는다는 것을 알고 있었다. 하지만 나는 그날 계획되어 있던 모든 약속과 할 일을 잊어버릴 것이라고 확신했다. 그런데 디지털 체계는 내 예상보다 잘 작동했고, 나는 마침내 적응해서 종이 플래너를 내다 버렸다. 결국, 전환은 놀라울 만큼 유용했고 (패배감이 들긴 했지만, 진심으로 하는 말이다) 나의 일일 종이 플래너보다 **훨씬** 효율적이고 효과적이었다. 불편은 전환 과정에서 불가피하게 겪는 한 부분이다.

내가 일일 플래너 사례를 소개하면서 호들갑을 떨기는 했다. 그 불편은 정당했다. 하지만 이것은 인내의 창을 확장하는 예시 중 상당히 느긋하고 일상적인 편이다. 그러다가 호기심이 우리를 정말 무시무시한 상황으로 끌고 갈 때가 있는데, 이것은 내 일일 플래너에서 완전히 벗어나는 고통보다 훨씬 무섭다. 바로 이런 순간 당신의 머릿속에서 형광등이 탁 켜지고 당신은 명쾌하게 깨닫는다. "그래, **이게** 올바른 방법이야. 이게 딱 나한테 맞는 방법이야." 그러다가 바로 다음과 같은 생각이 머릿속을 파고든다. "이런, 젠장!"

이것은 갈림길이다. 우리는 누구나 살면서 수없이 많은 갈림길 앞에 선다. 이 순간은 우리가 한 방향을 보고 있다가 회피, 정당화, 축소, 편향, 변명, 비난, 쓸데없이 토 달기 혹은 노골적인 부정을 하고 싶은 유혹을 느끼는 때이다. 이것은 친숙함과 편안함으로 가는 길이다.

그러면 우리는 새로운 방향을 ("이런, 젠장"이라는 반응을 불러일으키는 방향을) 흘끗 쳐다보고는 공포, 불확실성, 불편 그리고 최악의 경우 노골적인 고통을 격렬하게 느낀다. 이것은 인내의 창을 확장할 아주 좋은 기회이다. 나아가 우리가 용기를 낸다면 감당할 수 있다고 생각한 부분의 한계를 넓히는 고통스러운 경험으로 그만한 가치가 있다고 말하는 대체 불가능한 순간이다. 내첫 번째 이혼이 바로 이 순간에 해당했다.

나와 션의 결혼은 금이 가고 갈라진 토대 위에서 이루어졌다. 우리는 20대 중반에 만나서 함께 먹고 마시고 놀았으며, 젊음과 고집을 실컷 누렸다. 그는 우리가 만난 지 11개월 뒤에 나에게 청혼했다. 그로부터 5개월 뒤, 우리는 결혼했다. 마치 폭풍처럼 진행된 일이었다. 우리는 자기 자신에 대해 거의 알지 못했다. 션도 나도 개인적인 자기 탐구를 해본 적이 없었다. 돌이켜 보면 우리 중 누구도 **자아성찰**이라는 단어가 무엇을 뜻하는지 설명할 수 없었을 것이다. 우리는 둘 다 고집이 세고 순진했는데, 이 성격은 파괴적인 조합이었다. 인간관계에서 비롯된 트라우마가 우리 두 사람의 삶에 영향을 미쳤다. 하지만 우리는 그 이전의 경험이 우리에게 얼마나 큰 영향을 미치는지 알지 못했다. 서로를 깊이 사랑하는 마음과 더불어 근사한 삶을 꾸리고 싶다는 진실한 바람 그리고 아직 한 번도 서로를 비판적으로 보지 않았던 우리의 관계는 각자가 저지르는 기능장애의 악순환에 갇힌 채 줄다리기를 벌였다. 마치 색색의 실로 우정 팔찌를 엮으면서도 한쪽 끝을 어디에도 묶어두지 않는 것 같았다. 우리가 생활을 꾸리고 결혼을 유지하려고 애쓰는 동안 이 관계는 흐트러지고 있었다.

결혼 생활 겨우 1년 차에 접어들자마자 우리는 2개월간 별거에 들어갔고, 이후 바로 임신했다. 몇 년 뒤 둘째 아이도 태어났지만, 우리 관계를 지탱하는 기반은 우리가 처음 만났을 때보다 더 단단해지지 않았다. 우리는 이 피상적인 결혼 생활을 통한 공존이 정상적이고 건강하다고 확신하기 위해 노력했다. 나는 이 결혼 생활이 더 나아지고 깊어질 수 있다고 믿었다. 결혼 7년 차에 접어들자, 나는 우리가 가식적으로 꾸민 아름다운 동화 같은 삶을 제외하면 내가 누구인지조차 완전히 잊어버렸다. 이것은 진실한 존재에서 가장 동떨어진 모습이었다. 몇 년 동안 나는 침실 옷장 뒤편에 홀로 앉아 울면서 내가 왜 이렇게 불행한지 생각했다. 나는 선에게 편지를 써서 내 생각과 마음을 쏟아냈고, 대화도 나누었다. 하지만 그는 우리의 문제를 부인하거나 축소하고 싶어 하는 소인격체들과 힘겨운 투쟁을 벌였다. 그는 만사가 잘 되어가고 있다고 믿고 싶어 했다. 내가 나의 망가진 부분을 들여다보고 싶어 하지 않는 것처럼, 그도 자신의 망가진 부분을 들춰보고 싶어 하지 않았다.

2012년 6월, 우리가 결혼한 지 거의 7년이 될 무렵, 나는 심층 심리치료를 몇 개월째 받고 있었다. 생전 처음으로 나는 나의 가장 진실한 자아를 진심으로 알기 위해서 호기심을 발휘하고 있었다. 한 주 한 주 지나면서, 나는 나에게 편안함과 친숙함의 한계를 넓힐 능력이 있다는 믿음이 생기기 시작했다. 나는 인내의 창을 확장할 필요가 있다고 예리하게 인식했고, 그것이 자유와 평화를 찾을 유일한 방법이라고 진심으로 이해했다. 같은 달에, 나는 선을 네 살배기 딸과 한 살배기 아들과 함께 콜로라도의 집에 남겨두고 친구의 결혼식에 참석하기 위해 고향인 캔자스주로 향했다. 그러고 나서 며칠 동안 열리는 회사의 연례 회의에 참석하기 위해 텍사스로 곧장 날아갔다. 그 시간은 나에게 내가 호기심을 품을 수 있는 혼자만의 시간과 고요함을 선사했다. 호텔 방에서 나는 션 없이 지냈고, 혼자 잠들었다. 나 자신의 능력에 의지하며 자율적으로 행동하는 것이 어떤 기분인지 깨닫게 되었다.

낯설고 불편했지만, 내가 훨씬 나답다고 느껴졌다. 그 일을 계기로 나는 호기심이 더욱 왕성해졌고, 나의 결혼 생활이 다른 사람들의 눈에 어떻게 **보였으면** 하는지가 아니라 내가 어떻게 **느꼈으면** 하는지를 생각하게 되었다. 나는 건강한 결혼 생활이라고 할 만한 본보기를 본 적이 없었기에, **성공적인** 결혼 생활은 고사하고 **괜찮은** 결혼 생활인지 측정하기 위해 참고할 만한 자료가 없었다. 하지만 내 영혼이 갈망하는 것이 **이런 결혼은 아니라**는 것만큼은 명확히 느꼈다. 나는 더 깊이 있는 관계를 원한다는 걸 직감적으로 깨달았다. 고무적이고 서로 연결되어 있으며, 원초적이고 진정한 관계 말이다.

1년 이상 이 생각을 붙잡고 씨름한 끝에, 내 머릿속에 전등이 환히 켜졌고 진실이 아주 분명해졌다. 다시 나답다는 느낌을 받으려면 나는 이 결혼을 유지할 수 없음을 깨달았다. 내 결혼은 지속될 수 없는 상태였다. 내 결혼은 나의 진정성을 방해하고 인정하지 않았으며, 그로 인해 결국 나는 억울해하고 분노하며 불행한 아내이자 엄마로 변해버릴 터였다. 나는 션, 우리 아이들 그리로 나 자신에게 그런 짓을 하고 싶지 않았다. 나는 호텔 방

마음 정렬

의 침대 끝에 걸터앉은 채 손으로 머리를 짚으며 "젠장. 젠장, 젠장, 젠장, 젠장, 젠장"이라고 말했던 일이 기억난다. 나는 일어날 수밖에 없었던 거부할 수 없는 진실을 밝혀냈다. 하지만 이 말은 나 자신, 션, 우리 가족 그리고 아이들을 위해 내가 어마어마하게 많은 장기적 불안, 불편 그리고 굉장한 고통을 향해 돌진했다는 뜻이었다.

출장을 마친 후 비행기를 타고 덴버의 집으로 돌아갈 때, 나는 비행기 안에서 소리 없이 울었다. 집에 도착했을 때 아이들은 탁아소에 있었고 션은 재택용 사무실에 앉아서 컴퓨터로 업무를 보는 중이었다. 나는 여행 가방을 침실로 가지고 들어가지도 않았다. 재택용 사무실로 걸어 들어가서 그에게 이야기를 나눌 수 있는지 물었다.

나는 그의 눈을 바라보고 최대한 부드럽게 이야기하려고 했다. "이혼하고 싶어. 그리고 미안해." 그 상황 전체는 이보다 훨씬 더 복잡했다. 그 무렵 즈음에 다른 이야기는 이미 셀 수 없이 나눴지만 아무 소용 없었다. 이혼이라는 단어는 아직 유일하게 내뱉지 않은 말이었다.

그는 "좋아"라고 대답하고는 위층으로 올라갔다. 몇 분 뒤, 나는 그를 뒤따라 올라갔고 션이 높다란 검은색 헤드보드에 등을 기댄 채 침대에 조용히 앉아 있는 것을 발견했다. 나는 심장이 난도질되어 몸에서 잘려 나가는 기분이었다. 구토가 치미는 것을 억지로 참았다. 우리 둘 다 아무 말도 하지 않았다. 우리 모두 그것이 끝임을 알고 있었다.

나는 온 마음을 다해 션을 사랑했다. 그가 내 평생의 동반자가 되어주기를 간절히 바랐다. 그를 만난 이후 8년 동안 나 자신을 사랑하는 것보다 그를 더 사랑했다. 건강한 경계선과 나만의 진정성 안에 단단히 서 있기보다는 우리 관계에서 발생하는 온갖 문제를 합리화하기에 바빴다. 나는 남편이나 아이들에게 상처를 주고 싶지 않았고, 혼자가 되는 것도 두려웠다. 과거의 상처로 인한 나만의 고통과 괴로움이 사랑하는 남자의 온몸을 뒤덮고 번져나갔다. 나는 깊이 이해받고 사랑받고 싶다는 내 끝없는 욕망을 그런 것을 나눠줄 능력도 건강한 정신도 없는 사람에게 투영하고 있었다. 내 고통을 치유할 책임을 그에게 떠넘겼고, 이는 정당한 일이 아니었다. 설상가상으로, 나는 션의 반복적인 기능장애에 상처받은 뒤 나의 기능장애로 대응해 최대한 빨리 '정상'으로 돌아갈 수 있도록 그 문제를 덮어버리는 패턴에 갇혀있었다. 그런 다음 우리는 순진하게도 행운을 빌고 기도를 하면서 나쁜 일이 벌어지는 건 이번이 마지막이 되기를 희망했다.

그러는 사이, 나의 자아정체성은 조금씩 깎여나가고 있었다. 나는 내 원래 모습을 알아보지 못할 지경에 이르렀다. 고개를 푹 숙인 채 걸었고 불안정한 목소리로 말했다. 끊임없이 나를 의심했고 창의성은 사라지고 없었다. 이상하게도, 내 눈은 예전과 같은 밝은 푸른색으로 보이지도 않았다. 나는 원래의 자신보다 한참 약해진 것처럼 느껴졌다. 만일 그 상태를 유지했다면, 결국 언젠가는 내 진정성이 영원히 회복되지도 못하고 아주 깊이 묻혀버리는 시기가 왔을 것이다. 호기심 어린 자아성찰은 **참다운 내**

가 여전히 존재하며 지지받을 자격이 충분하다는 사실을 깨우쳐 주었다. 내 직관을 향해 기꺼이 내면으로 유턴하려는 마음, 희망의 정신 그리고 우리보다 더 중요한 어떤 것이 있다는 믿음은 바로 이 중추적인 결정을 하고 내 인생 궤적을 제자리로 돌려놓고 정렬을 맞추는 데 필요한 자아성찰 에너지였다. 익숙함, 편안함 그리고 (내가 그렇다고 인식한) 확실성은 아마도 남은 삶 동안 나를 정체시키고 슬프게 했을 것이다. 호기심이 나를 살렸다. 하지만 그 여정은 인내의 창을 고통스러울 정도로 확장하면서 시작되었다. 결혼 생활을 그만두겠다는 내 결정은 우리 모두를 인생 최악의 하루와 최악의 한 해로 직행하게 했다.

나는 여전히 션을 사랑한다. 하지만 이제 나 자신 역시 사랑한다. 호기심은 그 모든 고통이 시작되는 지점으로 나를 데려가기도 했지만, 그 여정은 예전에는 불가능하다고 생각했던 행복과 자유가 충만한 존재로 나를 이끌었다. 원상태로 돌리는 작업은 불가피했다. 나는 내 결혼의 기반이 서로 나누는 관계가 **아니라**는 (호기심이 유발한) 깨달음에 매료되었다. 유대감을 형성하고 성장하고 뿌리를 내리며 다시 일어설 수 있는 동반자 관계의 비옥한 기반은 내면 작업을 비롯해 건강하고 안전한 (참다운 나라는) 자아감을 확립하고 유지하겠다는 **모두**의 신념에서 생겨난다. 서로에 대한 헌신은 부차적이다. **반드시** 그래야 한다. 나는 결혼 생활을 유지하는 유일한 방법이 동반자 관계를 위해 참다운 나를 희생하는 것이라고 배우며 자랐다. 나는 길을 잃고 잘못된 정보로 인도되었다. 성공적인 결혼 생활이란 각각의 안전하고 건강한 자아감이 나란히 발맞춰 살아가겠다는 결심과 더불어 서로의 진정성을 북돋우고 거기에 자율권을 부여하는 결합이다. 이것은 참다운 내가 죽어야만 한다는 믿음과 정반대 개념이다.

기쁨이 충만한 진정성 있는 존재는 내가 갈망하는 결과였으므로 해체 과정은 불가피했다. 고통에서 빠져나오는 유일한 방법은 고통으로 곧장 걸어 들어가서 그것을 온전히 통과하는 것이다. 나는 그런 경험을 통해서 내가 얼마나 강해질 수 있는지 그리고 내가 얼마나 많은 불편을 견딜 수 있는지 배웠다. 이제 나는 **정말로** 힘든 일들을 해낼 수 있음을 알고 있다. 아무 탈 없이 지내기 위해 문제를 일으킬 위험이 있는 행동을 피해야 한다고 다시는 믿지 않을 것이다. 그 쓰나미 같은 폭풍은 내가 왜 그렇게밖에 행동할 수 없었는지, 내가 왜 절대 성공하지 못할지에 대해 천 가지 이유를 대며 나를 조롱했다. 그에 대한 대답으로 나는 폭풍의 눈을 똑바로 바라보며 "두고 봐"라고 말했다.

혹시 불편과 고통에 대한 인내의 창이 아주 작다고 믿는다면 우리는 친숙한 길을 택할 것이다. 부족한 상태를 유지하고 변명하고 불쌍한 척하고 다른 사람들을 비난하며 우리가 안전하다는 거짓말을 믿을 것이다. 호기심이 우리 집 현관문을 두드릴 때 우리가 밖으로 걸어 나가서 우리 앞에 놓인, 난해한 지형과 예측할 수 없는 날씨로 둘러싸인 2만 피트 높이의 산을 본다면 그대로 몸을 돌려 집으로 들어가 문을 닫아버리고는 호기심에게 이렇게 말할 것이다. "고맙지만 난 괜찮아. 오늘은 날이 아니야." 하지만 그 낯설고 어려운 등반을 위해 필요한 모든 준비를 했다는 사실을 기억하고 마음속 깊이 간직하고 있던 용기에 다가간다면, 우리는 첫 번째 발걸음을 내딛고 나서 그다음 발걸음을 차례로 내딛게 될 것이다. 부딪히고 멍이 들 때마다 우리는 성장한다. 우리는 배운다. 인내의 창이 커지면서 우리의 회복탄력성도 커진다. 그렇게 생긴 흉터는 우리 여행의 이정표이자 진정성이라는 이름으로 치른 선한 싸움의 기록이 된다.

이 모든 과정에서 가장 의미 있는 부분은 미래를 두려워할 필요가 없다는 사실을 우리가 이해한다는 점이다. 고통이 우리를 성장시킬 때마다 우리는 앞으로 다가올 미래의 투쟁을 더 잘 준비하고 대비할 수 있다. 우리의 회복탄력성이 성장하면서 불안과 두려움은 눈에 띄지 않는 속삭임으로 움츠러든다. 그리고 우리는 폭풍을 예상해야 하는 필요성을 더는 느끼지 못한다. 우리는 이 세상에 첫발을 내딛는 순간부터 투쟁할 자질을 타고났다. 실수와 고통, 실패는 보장되어 있다. 이런 미래의 투쟁을 두려워하며 사는 대신, 마음을 놓고 호기심의 흐름에 몸을 맡긴 채 태풍이 불어닥쳐도 무엇이든 해결할 수 있다는 걸 우리는 알고 있다. 우리는 고통을 견디는 인내의 창을 확장하기 위해 기꺼이 노력할 수 있으며, 목표를 향해 전진하며 인생의 가장 힘든 영역을 헤쳐나갈 때 비로소 그것이 우리에게 도움이 된다는 것을 알고 있다.

2

타인과의 연결

1부에서는 당신이 내면을 들여다보고 자신을 완전히 이해하며 생각과 행동을 고쳐 정렬하도록 강력한 자아성찰과 호기심이란 근육을 만들어주었다. 한마디로, 1부의 목적은 당신이 더 진정한 자기를 깨닫도록 돕는 것이었다. 이것 자체로 1부의 내용은 상당히 보람찼다고 느꼈을 것이다. 하지만 우리는 여기서 멈추지 않는다. 자기 자신과의 연결성을 개선하는 일은 시작에 불과하다. 이제, 우리는 다른 사람들과 건강하고 의미 있는 관계를 추구할 것이다. 2부의 핵심은 **타인과의 연결성, 즉 대인관계**이다.

우리가 (새 친구, 연인, 직장 동료 혹은 이웃 등의) 다른 사람과 관계를 맺을 때는 외부로 노출되어 주목받을 상황에 기꺼이 뛰어들겠다는 암묵적인 합의를 하는 셈이다. 양쪽 모두 마음을 터놓고 자신의 취약한 에너지를 상대에게 기꺼이 보일 생각이 있다는 것이다.

IFS 소인격체의 관점에서 보면, 다른 사람과 관계를 맺는 일은 대가족 모임에 참석하는 것과 같다. 당신은 당신의 내면 체계 속 소인격체들을 비롯해 (당신이 주관한 파티에서) 다른 사람들의 시끌벅적한 소인격체들과 소통하는 데 동의한다. '가족 구성원'인 소인격체들은 다른 사람들의 소인격체와 만날 때마다 어쩔 수 없이 탱고를 추게 된다. 각각의 새로운 등장인물(소인격체)에게는 고유한 성격, 다양한 관점, 의도와 숨은 계획, 두려움, 동기 그리고 인생 경험이 있다. 서로 마주칠 때, 처세술이 뛰어난 소인격체는 서로 기분 좋게 자이브를 출 것이다. 그렇지 않은 소인격체는 그리 많지 않다. 다른 사람의 여러 소인격체가 당신의 여러 소인격체로부터 부정적인 반응을 끌어낼 수도 있고, 그 반대일 수도 있다. 자신을 상처 입히거나 불쾌하게 만들 요인을 꾸준히 경계하는 수백 개의 보호적인 소인격체가 있다는 사실을 생각할 때, 다른 사람과 관계를 맺으려는 시도는 결국 어마어마한 소인격체들의 파티로 변할 가능성도 있다.

이런 종류의 혼란과 복잡한 문제가 생기는데도 어째서 다른 사람과 관계를 맺고 싶어 하는 걸까? (나의 내성적인 소인격체들은 긍정의 표시로 고개를 끄덕이고는 완전히 〈인투 더 와일드(대학을 갓 졸업한 주인공이 모든 인간관계를 끊고 자연 속에서 정처 없이 표류하는 내용의 영화 − 옮긴이)〉 같은 상태가 되어 산속의 외딴 오두막으로 달아나고 싶어

한다.) 답은 매우 단순하다. 우리는 서로 연결되려는 본능을 가지고 있다. 사람들은 함께 생활하게끔 되어 있다. 생물학적으로, 신경학적으로 그리고 심리학적으로 유대감을 나누고 짝을 짓고 웃음을 터뜨리고 무언가를 창조하고 슬픔에 젖고 사랑에 빠지고 일을 하고 아이를 기르며 **함께** 공동체 생활을 하게 되어 있다. 우리는 혼자가 아니다. 그리고 (나의 내성적인 소인격체들은 크게 실망하겠지만) 다른 사람과 맺은 관계는 **정말 근사할**지도 모른다. 인생 최고의 순간은 대부분 그 순간을 타인과 나누기에 더 멋지게 느껴진다.

사람들이 서로 연결되고 싶다는 진실한 의도를 가진다면 관계가 근사해질 가능성은 기하급수적으로 커진다. 만일 양쪽이 경청, 진정 어린 질문, 관점 전환 그리고 공감과 같은 기술을 기꺼이 활용한다면 대인관계는 더 유연해지고, 결속력 또한 단단해질 것이다. 고통과 불확실성에 대한 우리의 가장 깊은 공포와 보호적인 반응은 소인격체들에게 칼과 방패를 높이 들고 활발히 활동하게 만든다. 하지만 호기심은 우리에게 무기를 내려놓고 서로에게 더 가까이 다가갈 힘을 준다. 호기심은 우리에게 우정과 협동, 사랑이 찾아올 가능성을 안겨주는 대신 고통과 실망으로 끝나버릴 위험을 무릅쓰는 용기를 심어준다.

호기심과 공감을 통해, 깊이 있고 의미 있는 관계가 형성된다. 공동체는 단합하고 중요한 변화가 일어나며 국가는 치유된다. 인정하건대, 이런 말이 전혀 실현성 없는 관점처럼 들릴 수 있다. 그래도 괜찮다. 어쩌면 실제로 그럴지도 모른다. 하지만 나는 이것이 이루어지는 장면을 두 눈으로 똑똑히 보았으므로, 이 관점을 믿을 수밖에 없다. 직장 생활과 개인 생활 모두에서 나는 이런 식으로 이루어진 대인관계가 주는 이점을 체험했다. 이것은 인생을 바꾸고 생명을 주는 행위나 다름없었다.

나는 이런 목표를 추구해도 불편하지 않거나 심지어 당신의 용감하고 상처 입기 쉬운 노력이 매번 상냥하게 받아들여질 것이라고 보장할 수는 없다. 하지만 온 마음을 다해 말하자면, 당신은 자기 내면에서 그리고 당신 못지않게 의미 있는 대인관계에 노력하는 사람들과 맺은 관계에서 완전히 긍정적인 변화를 경험할 것이다.

물론 쉬운 일은 아니지만, 그렇다고 해서 도저히 이해 못 할 일도 아니다. 우리가 저마다의 인간성을 가지고 있다는 사실을 기억하고, 다른 사람들도 마찬가지일 거라고 생각한다면 우리의 기분은 나아진다. 우리는 더 **나답게** 느끼는 방법에 대해 이미 살펴보았다. 2부에서는 호기심을 발휘할 시간을 마련하고 다른 사람들이 더 **그들답게** 느끼고 활동하도록 허용하는 법을 배울 것이다. 그렇게 한다면, 고통스러운 상처가 치유되기 시작하고 무엇보다 멋진 관계의 마법이 일어나기 시작한다.

대인 간의 연결은 기쁨을 주는 가장 놀라운 약이자 매개체가 될 수 있다. 또한 심리적인 롤러코스터가 될 수도 있다. 안전띠를 단단히 매고 있어라.

벽돌 그리고
배낭

보이지 않는 배낭을 항상 등에 메고 다닌다고 상상해 보자. 실제로 누군가 그렇게 하고 있다. 이 배낭에는 벽돌이, 그것도 엄청나게 많은 벽돌이 들어 있다. 벽돌들의 크기와 무게는 제각각이다. 벽돌의 표면에는 하나하나 어떤 짐을 나타내는지 새겨져 있다. 어떤 사람은 벽돌 하나를 짊어지고 "열 살 때 성적 학대를 당했어요"라고 말할 수 있다. 또 어떤 사람은 벽돌이 잔뜩 담긴 카트를 밀면서 "전 동성애자인데 부모님께 말씀드리기가 겁나요"라고 말할지 모른다. 어쩌면 당신 혹은 당신의 지인은 "유산을 세 번 했어요", "5년 전에 이혼했어요", "아버지는 제가 자랑스럽다고 말씀하신 적이 한 번도 없어요", "열아홉 살 때 중절 수술을 받았어요", "불안에 시달리고 있어요", "학습 장애가 있어요" 혹은 "방금 알게 되었는데 제가 암이래요" 같은 벽돌을 힘겹게 짊어지고 있을지 모른다. 이 벽돌은 하나같이 끔찍하게 무겁다.

가장 거대하고 무거운 벽돌 중에는 그보다 작은 벽돌들이 주렁주렁 달린 것도 있다. 예를 들어, "어젯밤에 잠을 못 잤어요"는 내가 가끔 지고 다니는 벽돌이다. "이번 주에 집중해서 일해야 하는 시간이 100시간인데 실제로는 그 절반밖에 하지 못했어요"는 당신의 벽돌 중 하나일 수도 있다. "코가 막혀서 숨쉬기가 어렵고 몸이 평소 같지 않아요", "날씨가 춥고 흐려요", "휴가를 마치고 내일 직장에 복귀하는 날인데 출근하기 싫어요"는 인생을 바꿀 정도로 심각하지 않은 벽돌의 사례이지만, 이런 벽돌이 차곡차곡 쌓이게 되면 분명히 우리를 무겁게 짓누를 것이다.

짊어진 벽돌의 무거운 무게에 내성이 생기거나 그것을 면제받을 수 있는 사람은 없다. 얼마나 운 좋은 인생을 살아가든 상관없이, 벽돌은 존재하고 배낭은 무거울 수 있다. 호기심을 품고, 당신이 배낭에 짊어지고 다니는 벽돌의 목록을 기꺼이 들여다보고 탐구하는 일은 무척 중요하다. **자신의 벽돌에 대해 알아두어라.** 심지어 작은 벽돌도 마찬가지다. 그리고 배낭 가장 깊숙한 주머니에 당신이 미처 확인하지 못한 벽돌들이 있을 가능성 또한 기꺼이 고려하라.

자신의 무거운 배낭과 그 내용물을 인식하고 나서, 당신이 이해하고 고려해야 할 중요한 개념은 사람들끼리 벽돌을 **교환**하는 것이다. 바로 여기서 상황이 매우 흥미로워진다.

몇 년 전, 한 친구가 칵테일 드레스를 입고 찍은 셀카를 페이스북에 올린 적이 있었다. 사진 아래에 그녀는 다음과 같은 글을 덧붙였다. "오늘 쇼핑했는데, 새로 산 내 작고 귀여운 검은색 드레스가 너무너무 맘에 들어… 근데, 지금 몸무게에서 딱 4~5킬로그램만 더 빼고 입으면 더 예뻐 보일 것 같아!"

어마어마한 천재가 아니어도 여기서 무슨 일이 벌어지는지 알아차릴 것이다. 이 친구는 낚시질하는 중이었다. 요컨대 그녀는 자기 배낭에 손을 뻗어서 "외모 자신감 부족"이라고 쓰여 있는 벽돌을 잡아채 자신이 신경 쓰는 페이스북에 내놓은 것이다.

그녀가 댓글 창에서 어떤 식의 반응을 받았는지는 짐작하기 쉽다. "어머, 너무 예쁘다!" "살 뺄 필요 없어. 정말 근사해 보여!" "그런 몸매를 가질 수만 있다면 뭐라도 할 것 같은데. 드레스 정말 죽여준다!" 이런 식의 댓글이 달리면서, 이 페이스북 친구들은 "맙소사, 저 몸매 벽돌은 무거워 보여. 내가 가져다가 대신 고쳐줄게"라는 의미를 전달하고 있었다.

명확히 말하면, 너무 무거운 벽돌에 혹사당하는 사람들을 도와야 할 시간과 장소가 있다. 이 부분에 대해서는 잠시 뒤에 설명하겠다. 하지만 다른 사람들이 그들의 벽돌을 당신이 **대신** 짊어지거나 고쳐줄 것이라는 전반적인 기대를 품고 행동하는 것은 **잘못된** 일이다. 당신이 이와 똑같은 가정을 하고 당신의 벽돌을 다른 사람들에게 떠넘기는 것 역시 잘못된 일이다.

예를 들어, 당신이 아버지와의 관계에서 문제가 있다면 나와 같은 신세라는 것부터 이야기하고 싶다. 당신의 연인이 그 상처를 대신 고쳐주리라 기대하면서 그 불쾌한 상황을 그에게 떠넘기지 마라. 그건 정말 별로다. 진심인데, 나도 그런 경험이 있다. 그것은 지독하게 건강하지 못하고 지속 가능한 해결책이 아니다. 과거의 상처가 남긴 구멍을 메우기 위해 다른 사람이나 집단, 상황, 성취, 특정한 결과에 기대를 걸면 우리는 그 고통에 대한 (기껏해야) 인위적이고 일시적인 해결책을 얻을 뿐이다. 반창고를 잠시 붙인 것과 같다. 설상가상으로, 이런 접근법은 결국 우리가 내면의 투쟁을 치르고 진정 어린 치유를 추구하는 일을 늦출 뿐이다. 이것은 고통을 덜어줄 외부의 구세주에게 의존하도록 우리를 훈련시킨다.

당신은 다른 사람에게 앙심을 품거나 그 사람을 험담하거나 부정적으로 평가할 때 "나는 불안이라는 벽돌을 지고 있어요"라고 외치는 셈이다. 이런 행동은 자아존중감 문제로 생긴 고통과 불편을 해소하려는 자기중심적인 방어 기제의 사례이다. 나 아닌 다른 사람이 실패하거나 기분이 나빠지기를 바라는 건 끔찍한 일이다. 불안이라는 벽돌을 제대로 배치하지 못하면 당신은 초라해진다. 당신의 빛이 흐려지고 당신의 에너지는 망가진다. 이는 누구에게도 좋지 않지만, 특히 **당신**에게 좋지 않다.

다른 사람의 벽돌을 떠맡는 건 엄청나게 해롭고 건강하지 않은 일일 수 있다. 당신은 자기 몫의 벽돌을 이미 충분히 짊어지고 있다. 만약 다른 사람의 무거운 벽돌을 당신의 배낭에 올리기 시작한다면 그 무게는 당신을 점점 쇠약하게 한다. 사람들을 돌보고 비위 맞추기를 좋아하는 내 소인격체들의 기능이 과잉인 덕분에, 나는 다른 사람들의 벽돌을 만성적으로 떠맡으며 생긴 중압감을 직접 경험했다. 이게 바로 공의존이다! 이런 종류의 행동은 벽돌 떠넘기기 선수에게 기능장애를 불러오는 동시에 바로 당신의 마음과 신체, 정신으로부터 한정된 에너지 자원을 마구 빨아들인다. 그러다 보면 번아웃이 오고 심신이 지친다. 타인을 안전하고 행복하고 편안하게 지키는 것이 자신에게 달려 있다고 믿는 공의존적인 소인격체를 가진 사람들은 자신이 멈추는 지점과 타인이 시작하는 지점을 잊은 채 에너지 소진 상태로 겨우 움직이는 게 어떤 기분인지 잘 알고 있다. 이것은 연료 공급을 위해 멈추지 않는 자동차와 역학적으로 비슷하다. 결국 자동차는 고장 나서 구동을 멈춘다.

그럼 이제부터는 상황을 의식하며 지내자. 물론 살다 보면 다른 사람들과 나란히 걷다가 그들의 배낭이 유독 무거워졌을 때 벽돌 짊어지기를 돕는 일이 고결하고 다정하게 여겨지는 시기는 있다. 가령, 한 이웃 여성이 강아지 두 마리를 기르고 예쁜 화단을 가꾸며 요리를 몹시 싫어한다고 해보자. 어느 날 아침, 당신은 잠에서 깨어 이 여성의 남편이 지난밤 잠든 사이에 사망했다는 문자를 받았다. 그녀가 애도를 마치고 그 비극을 뒤로하며 일상에 적응하는 몇 주 동안 당신이 그녀의 강아지를 돌봐주고 화단에 물을 주며 음식을 몇 번 가져다주겠다고 제안하는 것은 상당히 적절한 일이다. 그녀의 배낭이 너무 무거워져서 그녀 스스로 묵직한 벽돌을 제대로 돌볼 겨를이 없을 때, 그녀가 그 고통을 헤쳐 나가도록 당신이 도울 수 있다고 느끼는 어떤 방식으로든 그녀를 지지하고 돕는 일은 훌륭하고 친절하다.

하지만 그 이웃 여성이 1년 뒤에도 여전히 당신에게 전화를 걸어서 왜 자기 집에 와서 강아지 산책을 시키거나 화단의 잡초를 뽑아주지 않느냐고 묻는다면, 이건 전혀 다른 문제이다. 만약 그녀가 아직 기운을 차리지도 슬픔을 치유하지도 못해서 혼자 먹을 음식을 요리하지 못하겠다며 매주 음식을 가져다 달라고 애원한다면, 당신에게는 건강하지 못한 벽돌 교환이라는 형태로 문제가 생긴 것이다.

각자의 벽돌을 돌보는 일은 각자의 책임이다. 아주 단순한 문제이다. 때때로 도움을 청하는 것은 괜찮다. 하지만 온몸을 강타한 상처를, 특히 어린 시절에 받은 상처를 다른 사람이 치유해 줘야 한다거나 치유해 주리라고 기대하는 것은 위험하고 해로울 뿐아니라 순식간에 눈덩이처럼 불어나 학대 패턴을 만들 수 있다.

우리가 자신의 벽돌에 기꺼이 호기심을 품고, 다른 사람들의 벽돌을 떠맡지 않겠다고 거절할 수 있는 정도의 용기를 갖는다면 타인 간의 아름다운 연결이 생길 수 있다. 이 과정은 불편 없이 이루어질 수 없다. 하지만 잘못 배분된 벽돌에 대해 소리 높여 말하고, 이런 종류의 공의존 패턴을 깨뜨리는 이른 기적을 만들 수 있다.

나와 남편 매트는 모두 이번이 두 번째 결혼이었다. 우리가 데이트를 시작한 지 얼마 지나지 않아서 나는 그가 신뢰와 정절에 대한 상처와 불안을 가지고 있다는 것을 알았다. 상황이 더 꼬이려다 보니, 우리는 처음 몇 년 동안 장거리 데이트를 했다.

나는 콜로라도에 살았고 그는 캔자스에 살았다. 우리는 먼 거리를 이동해서 함께 지낼 시간을 내기 위해 힘껏 노력했다. 그리고 전화와 이메일, 문자, 영상통화로 꾸준히 연결되어 있었다. 그리고 서로 만나는 동안 나는 남자 사람 친구들과의 소중한 우정을 비롯해 평소처럼 사회생활을 계속했다. 모든 일이 술술 잘 풀렸고 나는 모든 친구에게 새로 찾은 사랑에 대해 신나게 이야기했다. 하지만 성별이 남자인 친구가 있다는 단순한 사실이 매트에게 트리거로 작용했다.

매트의 첫 번째 결혼은 배우자의 외도로 깨졌다. 상당히 오랜 시간 동안 그는 자신도 모르는 사이에 깨진 서약, 왜곡된 진실, 생략된 정보 그리고 노골적인 거짓말의 희생자가 되어 있었다. 이 모든 경험으로 인해, 매트가 나와 데이트를 시작했을 때 그에게는 새로운 멍과 전투의 상흔이 실제로 나타나기 시작했다. 내가 처음 보인 반응은 그의 고통을 과도하게 책임지려 한 것이었다. 나는 남자 사람 친구들을 멀리했다. 그들 중 몇 명에게는, 우리가 잘못해서 그런 게 아니라 우리 관계가 나의 새 남자친구에게 트리거로 작용하기 때문에 우리는 더는 친구로 지낼 수 없다고 대담하게 말하기도 했다. 결과적으로, 나는 몹시 아꼈던 좋은 사람들에게 상처를 주었고 그들과의 인연은 끊어지게 되었다. 남자친구를 잃게 되거나 남자친구에게 상처를 줄까 봐 두려워하는 나의 공의존적 소인격체가 위험을 줄이려고 지나치게 노력한 것이다.

얼마 뒤, 불륜에 대한 매트의 트라우마가 작동되었고, 나는 내가 맺은 인간관계 속에서 나답게 행동할 수 없다는 사실에 화가 나기 시작했다. 좋은 사람들을 외면하고 그들에게 상처를 줬다는 게 창피하게 느껴졌다. 마침내 나는 더는 그렇게 행동하지 않기로 했다. 관계를 단절하고 싶지 않은 몇몇 남자 사람 친구와는 여전히 굳건하고 소중한 우정을 나누었다.

이 민감한 주제에 관해 이야기를 나눌 적절한 때가 되었을 때, 나는 벽돌과 배낭이라는 개념과 언어에 의지했다. "당신이 불륜에 대한 상처가 있다는 건 알고 있고 그 부분은 존중해"라고 매트에게 말했다. "그런 일이 일어나서 너무 유감스럽고, 당신이 얼마나 고통스러웠을지 상상도 안 가. 그렇지만 내가 당신의 트라우마 벽돌에 신경 쓰느라 내 값진 우정에 대한 헌신을 포기하는 건 옳지 않아. 난 더는 그렇게 하지 않을 거야"라고 내가 부드럽게 덧붙였다. 나는 매트의 고통을 존중하는 동시에 나만의 경계선과 온전함도 존중하고 싶었다. "나는 당신의 전처가 아니고, 이건 내가 짊어져야 할 벽돌이 아니야"라고 그에게 말했다.

나는 이런 말들을 소리 내어 말하고 난 뒤 기대감에 차서 숨을 죽이고 있었다. 만약 매트가 자신감과 침착함, 용기가 필요한 자신의 참다운 나 에너지를 활용하기 위해 싸우는 법을 몰랐더라면, 그는 엄청나게 화를 냈을 것이다. 혹시 그가 나에게 화를 냈다고 해도 내가 무언가를 잘못했기 때문은 아니었을 것이다. 그런 반응은 그가 첫 번째 결혼에서 겪은 끔찍한 고통과 트라우마를 너무도 생생하게 기억하는 보호적인 소인격체가 활성화되면서 나타난 결과이다. 우리 두 사람에게 다행스럽게도, 그는 매주 한 번씩 심리치료를 열심히 받았고 조금씩 치유되기 시작했으며, 이와 더불어 자신의 고통을 치유할 책임이 내게 없다는 사실을 명확히 인지했다.

매트와 나는 이 대화를 나누면서 많은 것을 배웠다. 우리는 상대방의 벽돌로 버거움을 느낄 때 속을 터놓고 이야기하는 것이 얼마나 중요한지 알게 되었다. 서로의 말을 귀 기울여 듣고 상대를 공격하지 않은 채 자기만의 싸움으로 인정하면서 따뜻하게 공감했다. 무엇보다 우리는 힘겨운 문제에 대해 진지하게 대화하면서 서로의 이야기를 조금도 기분 나쁘지 않게 받아들일 수 있다는 깨달음을 얻으며 **더욱 가까워졌고, 많은 유대감을 느끼게** 되었다. 이런 종류의 내밀한 친밀함과 목적의식, 의미 있는 연결감은 사랑의 에너지를 전달하는 안전한 매개체 역할을 하면서, 우리 둘 사이에 건강한 공간을 확보하는 한편 그의 몸과 정신을 이루는 체계가 불륜으로 생긴 참혹한 트라우마로부터 치유되도록 작용했다.

요즘 매트와 나는 벽돌과 배낭이라는 은유법을 정기적으로 활용한다. 우리는 서로에게 자신의 벽돌에 신경 써주기를 부당하게 기대한다고 인식할 때마다 툭 터놓고 이야기하려고 노력한다. 그리고 오랜 시간 동안 우리는 그런 기대감이 생긴다고 느낄 때 서로에게 솔직하게 말할 수 있는 능력을 길러왔다. 이제 우리는 벽돌과 배낭이라는 말과 개념을 우리 아이들에게, 우리 직장 동료들에게 그리고 우리의 친구들에게도 사용한다.

'벽돌과 배낭'이라는 은유법은 명확성을 위한 자아성찰 방법이기도 하지만 타인 간의 건강한 의사소통을 위한 수단이기도 하다. 우선 유턴을 통해 자기 내면을 들여다보고, 자신의 가장 진실한 호기심을 소환하며, 자기가 가지고 있는 벽돌 무더기에 익숙해지는 것부터 시작하자. 만일 아직 시작하지 않았다면, 당신이 짊어진 부담이 엉뚱하게 다른 사람들에게 전달되지 않도록 자신의 벽돌을 돌보고 치유하는 중요한 작업에 착수하자. 당신이 다른 사람으로부터 부당하게 넘겨받은 벽돌을 고치리란 기대를 받고 있다면 그 상황을 더 빨리 인식하라. 진정성 있는 태도를 과감히 유지하며 더욱 당신답게 행동하는 것뿐 아니라 당신답다고 느낄 줄 아는 능력은 바로 이런 종류의 명확성과 과감한 의사소통에 달렸다.

공감

아침마다 엄마는 남동생을 보육 시설에 맡기고 나를 초등학교에 데려다주기 전에, 잠시 텔레비전을 볼 수 있도록 허락해 주셨다. 당시 〈애니〉는 내가 가장 좋아했던 영화 중 하나였다. 어느 평일, 나는 학교에 가려고 옷을 갈아입고 아침을 먹은 뒤, 빨간색 스머프 배낭을 멘 채로 거실의 텔레비전 앞에 앉아서 〈애니〉의 마지막 장면을 보고 있었다. 본 적이 있었으므로, 아버지가 되어 주고 싶어 하는 어떤 부유한 대머리 아저씨에게 어느 고아가 입양된다는 줄거리를 속속들이 꿰고 있었다. 가난뱅이가 부자가 되는 해피엔딩 이야기였다. 하지만 그날 아침은 그 영화의 마지막 장면이 내게 다르게 다가왔다. 애니는 그 유명한 빨간색 짧은 원

피스를 입고 하얀 대리석 계단을 구르듯 달려 내려왔다. 그다음 장면으로 아버지인 워벅스가 그녀를 축제의 한복판으로 끌어당겨, 서커스 곡예와 음악, 불꽃놀이가 벌어진다. 이 장면은 애니가 자신의 몫이 될 거라고 한 번도 생각한 적 없는 사랑과 기쁨이 가득한 인생을 워벅스에게 선물 받을 것이라고 우리에게 확신시킨다.

그날 아침, 나는 텔레비전을 끄고 현관으로 달려 나가면서 (가슴이 아릴 정도로 부끄러웠지만) 당혹스러운 감정을 느꼈다. 내 뺨 위로 눈물이 흘러내린 것이다. 애니가 가난하고 매정한 삶에서 영원히 구원받은 모습을 보여주는 마지막 해피엔딩 장면은 겨우 일곱 살이 된 내 작은 가슴을 힘껏 쥐어짜며 눈물이 나게 했다. 그 무렵, 나는 눈물을 항상 슬픔이나 고통에 연결 짓곤 했다. 그 순간 내가 느끼는 감정을 제대로 이해하지 못했다.

나는 애니를 위해 무척 행복해하며 기쁨의 눈물을 흘렸다. 그런데 이로 인해 내가 불편해졌다. 정말 이상한 일이었다. 나는 애니가 텔레비전에 등장하는 가상의 인물이라는 사실을 머리로는 알고 있었다. 그런데 나는 어째서 그녀의 감정을 함께 느꼈을까?

나는 그 혼란스러운 사건을 수십 년 동안 기억 속에 저장했다. 일곱 살은 어떤 일이 일어나든 그것을 설명할 어휘력이나 이해력을 갖추지 못한 시절이기 때문에 나 자신조차 납득시키지 못했다. 브레네 브라운의 연구를 공부하면서 비로소 나는 초등학교 1학년짜리 어린 소녀였던 내가 소위 **공감**이라고 불리는 감정을 경험했다는 사실을 확인할 수 있었다.

브레네의 목소리로 더빙된 유튜브 영상에서, 그녀는 공감과 동정의 중요한 차이를 설명한다. 이 짧은 영상을 보기 전까지, 나는 두 가지 개념이 별개라거나 서로 다르다는 사실을 고려해 본 적이 없다. 알고 보니, 공감과 동정은 서로 완전히 구분되는 개념으로 대인관계에서 사용될 때 확연히 다른 결과를 만들어냈다.

브레네의 설명에 따르면, "동정은 다른 사람을 **위해서** 느끼는 감정이고, 공감은 다른 사람과 **함께** 느끼는 감정이다". 다른 사람이 거센 감정에 휩싸일 때 그와 함께하려면 우리는 그가 현재 경험하는 감정과 유사한 우리의 감정을 활용해야 한다.

일곱 살 때 나는 나를 위해 감정적으로 힘이 되어 주거나 열성적으로 몸을 움직여줄 아버지가 없다는 것이 어떤 영향을 주는지 명확하게 알아차리고 느끼기 시작했다. 나의 내면에 자리한 무언가가 애니의 처지에 공감할 수 있었던 것은 내가 고아였기 때문이 아니라 내가 아버지의 무한한 애정과 사랑을 절실히 갈구하는 어린 소녀였기 때문이다. 아버지인 워벅스가 애니의 앞에 딸을 맹목적으로 사랑하는 아버지의 모습으로 나타나기 위해 자신의 재산과 권력에 대한 애착을 제쳐두었을 때, 나는 애니가 느끼는 행복을 함께 느꼈다. 나는 그녀의 기쁨을 함께 느꼈다. 무엇보다 나는 그녀의 안도감을 함께 느꼈다.

나는 첫아이의 임신 사실을 알게 되는 것이 얼마나 큰 기쁨인지 알고 있다. 사람을 녹초로 만드는 면접과 오디션을 통과한 끝에 좋은 일자리를 얻는 것이 얼마나 흥분되는 일인지 알고 있다. 나는 사랑에 빠질 때 북받치는 감정을 느껴본 적이 있다. 내가 이런 놀라운 감정을 떠올리며 나와 비슷한 경험을 하는 누군가와 연결되면 필연적으로 공감이 생기고, 그때 나는 얼굴 가득 미소를 짓고 생기가 흐른다. 이것은 정말 즐거운 일이다! 하지만 불편한 감정들이 개입할 때 공감을 활용하는 것은 전혀 다른 문제이다.

그룹 심리치료, 알코올중독 금주 모임 그리고 다른 유사한 지지 모임이 효과를 보이는 이유는 바로 공감 덕분이다. 나는 20대 후반에 알아넌Al-Anon 모임에 처음 참여했던 일을 기억한다. 알아넌은 알코올중독에서 벗어나려 애쓰는 가족이나 친구를 둔 사람들이 서로 돕고 공동체를 만들기 위해 고안되었다. 첫 모임에서 만난 사람들은 나를 전혀 알지 못했다. 그들은 내 가족사에 대해서도 모르고 있었다. 그렇다면 그들은 어떻게 내 감정을 이해하고 심지어 나에게 공감할 수 있었을까? 나는 모임에 걸어 들어가서 자리에 앉아 주변을 찬찬히 살펴보았을 때, 오직 단절과 불편만 커졌다. 우리 집 근처에 자리한 교회 지하실에서 나는 동그랗게 배치된 의자에 앉은 열 명의 사람들을 유심히 쳐다보았다. 첫 번째 알아넌 모임에서 나는 한마디도 하지 않았다. 묵묵히 듣기만 했다. 나는 너무 망가져 있었고 길을 잃었으며 외로웠기에 커다란 고통에 깊이 잠겨 있는 손을 내밀 수 있으리라고 믿지 않았다. 하지만 나는 다른 참여자들의 이야기를 들으면서 어째서인지 그들이 나의 절친한 친구들보다 나를 더 잘 이해한다고 느꼈다.

다른 사람들이 각자의 상황과 경험을 털어놓을 때 나는 겹겹이 쌓인 그들의 고통을 감지할 수 있었다. 내가 그들과 엄청난 연결감을 느낀 이유는 그들이 무언가에 중독된 가족이나 연인, 친구를 두지 않은 사람이라면 도저히 불가능한 방식으로 내 감정을 이해해 주었기 때문이다. 그들이 얘기하는 중에 눈물을 흘리는 모습을 볼 때마다, 나는 그들이 자기 내면의 상처와 무력함에 다가가고 있음을 알았다. 그런 감정이라면 나 역시 아버지를 겪어내면서 경험했다.

고통스러운 문제를 다룰 때 공감은 편안하게 느껴지지 않는다. 공감은 우리가 피하고 싶은 문제 속으로 깊이 파고들라고 요구한다. 그리고 우리에게 그동안 지나치거나 밀어내기 위해 힘들게 노력해 온 감정을, 유턴해서 다시 느끼라고 요청한다.

고통에 관한 유튜브 영상에서 들려오는 브레네의 목소리는 우리가 고통받고 있을 때 누군가가 우리에게 해결책을 거침없이 말할 때 얼마나 큰 단절감이 느껴지는지를 새삼 떠올리게 한다. 우리가 힘겨운 감정에 시달릴 때 누군가가 "적어…"라고 포문을 열고서는 "긍정적으로 생각해 봐"라고 말한다면 상당히 무시받는 기분이 든다. 이런 말은 공감이 아니라 동정의 역할을 한다. 브레네는 우리가 다른 사람들과 속을 터놓고 협력할 수 있도록 용기를 내어 자신의 어두운 면으로 곧장 걸어 들어가라고 권한다. 바로 그때, 진실하고 깊은 연결이 이루어진다. 바로 그 순간, 힘겨운 싸움을 하던 한 사람이 짙은 외로움을 더는 느끼지 않게 된다. 공감은 강력하다. 이것은 "나는 당신을 이해하고 인정해요"라고 말하는 것이다.

그렇다면 우리와 마주 앉은 사람이 힘겹게 고군분투하고 있는데도 우리가 그와 똑같은 상황에 놓여본 적이 없다는 이유로 공감하지 못한다면 어떤 일이 벌어질까? 이런 일은 내가 내담자들과 심리치료를 할 때마다 늘 일어난다. 한 여성이 끔찍한 성폭력 경험에 대해 용감하게 털어놓는다고 해보자. (이런 순간마다 때때로 나는 놀라서 입을 떡 벌리고서 "세상에, 뭐라고요?"와 같은 멍청한 말을 내뱉지 않도록 완전히 몰입하여 주의를 기울여야 한다는 점을 상기한다. 그러니까 이건 다른 사람들이 겪은 이야기란 말이다.) 내가 성폭행을 겪은 경험이 없어서 얼마나 행운인지 잘 알고 있다. 그렇다면 도대체 어떻게 내가 그런 종류의 경험에 공감할 수 있겠는가?

내가 성폭행의 피해자가 되어본 적이 없다는 이유만으로 무력하고 겁에 질리는 게 어떤 기분인지 모른다는 뜻은 성립하지 않는다. 물론 내가 **이런** 유형 혹은 이런 종류의 고통을 알고 있다고 주장할 방법은 결단코 없다. 그런 순간이 닥치면 심리치료사로서 나는 스스로 알고 있는 가장 격렬한 형태의 공포를 떠올려야 한다. 나는 아드레날린을 솟구치게 하는 신체적 감정을 잘 알고 있다. 허를 찔리고 내가 어쩌면 위험한 상태일 수도 있다고 감지하는 게 어떤 기분인지도 잘 안다. 그런 수준을 넘어서, 나는 상상력을 최대한으로 끌어내서 그 내담자가 겪었을 법한 감정이 어떤 것인지 알아내려고 노력해야 한다. 우리는 상대방의 입장이 되어 생각할 수 있을 정도로 아주 용감해져야 한다.

내가 동원할 수 있는 수단이 동나면 호기심이 작동하기 시작한다. 모르는 것이 생기면 나는 질문을 던진다. "당신이 그런 순간에 놓는다면 어떤 기분이 들 것 같나요?"와 같은 질문에는 어마어마한 힘이 담겨 있다. 당신이 이처럼 대담한 질문에 대답해야 할 운명이라면, 그 질문을 가볍게 받아들여서도 **안 되고** 어떤 의도나 계획을 떠올려서도 **안 된다.** 순수한 호기심의 발로에서 대답을 시작해야 한다. 그 사람의 말이 얼마나 이성적으로 들리든 그렇지 않든 간에, 그 경험이야말로 그 사람이 처한 진짜 현실임을 이해하는 건 매우 중요하다. 우리가 그들의 고통을 그들이 설명하는 그대로 인정할 때, 둘 사이의 연결이 마법처럼 일어난다. 이것은 그들의 말이 우리에게 타당하게 들리지 않거나 우리의 이해를 넘어설 때 **특히** 그렇다.

우리 가족에게는 생일을 맞은 사람의 얼굴에 케이크를 던지는 아주 오래된 전통이 있다. 우리는 첫 돌 때부터 아이들의 얼굴을 케이크에 힘껏 밀었다. (너무 놀라지 마라. 들리는 것처럼 그렇게 폭력적인 행위는 아니다.) 우리 엄마는 생일을 맞은 아이가 그날 밤이 저물기 전에 반드시 케이크에 코를 박을 수 있도록 기습 공격을 주동하는 인물이 되었다. 손주 중 한 아이의 생일날이 되면 아이들은 우리 엄마를 밤새도록 지켜본다. 대개 이 일은 꽤 재미있다. 아이들 대부분은 이 일을 신나는 놀이라고 생각한다. 하지만 유독 내 아들 베컴만은 이 장난을 한 번도 즐겁게 받아들이지 않았다. 아주 어린 시절부터 베컴은 창피함에 관한 강력한 트리거로 고심했다.

오랫동안 나는 베컴이 이 골치 아픈 생일 기습 장난을 피할 수 있도록 도와주었다. (누구든 이해할 수 있겠지만) 나는 이런 종류의 일이 그에게 얼마나 불쾌할지 알고 있기 때문이다. 지난밤, 우리 엄마는 가족 저녁 모임에 와서는 그동안 베컴과 보내지 못한 시간을 만회하기로 결심했다. 우리가 저녁을 먹으려고 식탁에 둘러앉아 있는 사이에 엄마는 초콜릿케이크를 손에 들고 아이의 뒤로 살금살금 다가가서 아이 얼굴에 케이크를 문질러댔다. 크림치즈 프로스팅(케이크나 쿠키 위에 장식용으로 바르는 크림이나 딱딱한 설탕 코팅 – 옮긴이)이 아이의 귓속으로, 목 아래로, 눈 속으로 그리고 틀림없이 콧속으로 흘러 들어갔다. 베컴을 제외한 모두가 크게 웃음을 터뜨리면서 진작 이랬어야 했다고 생각했다. 하지만 나는 속 편하게 웃을 수 없었다. 열한 살인 베컴은 우리 집의 막내이다. 그는 무슨 수를 써서라도 창피함을 느낄 일을 피하려고 한다. 창피함은 그의 가장 취약한 추방자 중 하나이다. 설상가상으로, 최근에 그는 열네 살짜리 누나의 귀여운 친구들을 의식하게 되었는데 어쩌다 보니 그중 한 명이 어젯밤 우리 가족과 함께 저녁을 먹고 있었다. 그 사건이 벌어지자마자 나는 우리가 하나의 문제로 인해 발생한 감정적 열차 사고로 쩔쩔매게 생겼음을 알 수 있었다.

베컴은 곧장 화장실로 달려가서 문을 걸어 잠갔다. 나는 그에게 잠시 시간을 주고 나서 화장실 문을 두드리며 안으로 들어가도 되겠냐고 물었다. 아이는 잔뜩 화나 있었다. 내게 소리를 지르면서 저리 가버리라고 말했다. 20분 뒤, 아이는 마침내 나를 화장실 안으로 들어갈 수 있게 해주었다. 나는 바닥에 앉아서 아이에게 이야기를 나누고 싶은지 물어보았다. 나는 어떻게든 이야기를 이어가려고 노력하면서 아이에게 어떤 기분을 느끼는지 이야기해 줄 수 있느냐고 물었다. "창피하고 화가 나요. 할머니는 그런 일을 하지 말았어야 했어요"라고 아이는 이를 악물고 말했다.

그의 격렬한 반응은 전혀 이성적이지 않았다. 트리거 반응은 대부분 이성적이지 않다. 만약 누군가가 내 얼굴에 케이크를 던졌다면 내가 유난히 흥분하며 좋아했을지 잘 모르겠다. 하지만 단언컨대 너무 화가 나서 주먹을 꽉 쥐고 울면서 화장실에 들어가 문을 걸어 닫지는 않았을 성싶었다. 나의 감정 반응이 아이의 반응과 같지 않았을 것 같기 때문에 나는 아이와 동질감을 느끼기 위해 내가 겪은 극도로 창피한 경험을 떠올려야 했다. 확실히 그처럼 격렬한 짜증과 굴욕감을 떠올리게 하는 기억이 한두 가지 있었다. 심지어 그 기억을 떠올리기만 해도 나는 이불 밑으로 기어들어 가서 온 세상으로부터 몸을 숨기고 싶은 욕구가 치솟았다. 베컴이 용감하게도 자기감정을 털어놓았을 때 나는 그런 굴욕감이 어떻게 느껴지는지를 자의적으로 기억해 냈다. 내가 할 수 있는 말은 그저 "이해해"라는 것뿐이었다.

이 말은 그의 힘든 감정을 아주 조금이라도 움직이기에 충분했다. 이 말이 그 경험이나 그의 엄청난 감정을 사라지게 하진 못했지만, 베컴이 누군가 자신의 감정을 알아주고 자기 말을 들어주고 있다고 느끼는 데 도움이 되기는 했다. 그 순간, 아이는 내 무릎으로 꾸물꾸물 올라와서 내 목을 팔로 안았다.

나는 말하자면 공감하는 대가로 돈을 받는 직업을 가지고 있어서 내담자들에게는 꽤 적절히 공감한다. 그리고 당연히 나의 아이들과 조카들도 부드럽게 대한다. 하지만 내 인생에서 만나는 다른 사람들, 특히 성인들에게 공감을 확대하는 문제는 단연코 내 능력을 시험대에 오르게 한다. 내 아집 때문인지, 나는 성인들도 연민을 받아야 할 필요가 있다는 사실을 간혹 잊어버린다. 공감을 발휘하기 위해서는 취약할 수 있는 상황에 반드시 참여해야 한다. 이것은 불화와 적대감이 드는 순간에 특히 소름 끼치게 한다. 나와 비슷한 구석이 없는 사람이라면 갈등의 상황에서 취약해지는 것을 좋아하지 않을 것이다. 상황을 뒤흔들고 당신은 물론이고 당신이 맺은 인간관계를 발전시키겠다고 마음먹을 때, 이 불편함이야말로 우리가 출발해야 할 지점이다.

사실대로 말하자면, 이 부분은 정말 형편없다. 둘 이상의 사람이나 집단 사이에 긴장감이 돌면, 우리가 기본적으로 할 일은 보호적인 소인격체들과 바로 섞이는 것이다. 우리는 자기주장이 옳다는 것을 증명하길 좋아하고 돌려 말하기를 좋아하며 방어적인 소인격체를 불러낸다. 혹은 회피적이고 축소하기를 좋아하고 자기 자신을 부끄러워하며 공의존적인 소인격체에게 의존한다. 만약 궁지에 몰렸다고 느낀다면 우리는 상대방에게 상처를 주고 싶어 하는 공격적인 소인격체와 섞일지도 모른다. 호기심이나 취약성을 확장하는 것은 우리가 자연스럽게 느끼는 감정에서 가장 동떨어진 것이다. 트라우마와 신경계의 관점에서 생각하면 이 주장은 꽤 타당할 것이다. 뱀과 정원용 호스의 일화를 기억하는가?

우리가 갈등을 빚게 되면, 편도체는 당장이라도 행동에 착수하고 싶어서 안달한다. 편도체는 논리적으로 사고할 줄 아는 전전두엽의 능력을 작동시키고 싶어서 초조해한다. 이것은 우리가 감정을 조절하기를 바라지 않는다. 편도체가 생각하기에 어떤 종류의 취약성도 적이라는 점을 기억하라. 편도체가 신경 쓰는 부분이라고는 당신을 방어하고 보호하는 일뿐이다. 타인 간의 의미 있는 연결은 편도체의 레이다에 존재하지 않는다. 편도체는 갈등의 해결, 타인과의 연결 혹은 침착함과 엇비슷한 어떤 상태도 고려하지 않는다. 편도체의 유일한 관심사는 당신의 안전과 생존이다. 공감력을 제대로 이해하고 올바르게 활용한다면 감정이 격렬해지거나 말다툼이 벌어지는 순간에 기적 같은 효과가 나타날 것이다.

공감력을 갈고닦을 좋은 방법은 "좀 더 말해 봐요"라고 말하는 훈련을 하는 것이다. 이는 인간관계에 갈등이 생기든 아니든 모두 해당한다. "좀 더 말해 봐요"라는 표현은 당신이 상대의 관점을 더 정확하기 이해하기 위해 기꺼이 호기심을 발휘하고 있다고 상대에게 알리는 것이다. "좀 더 말해 봐요"라는 말은 방어, 회피 혹은 비난과 공격의 정반대이다. 성심성의껏 말할 때 이런 표현은 당신이 상대를 중요하게 여긴다는 사실을 상대에게 알려 준다. 다투고 있어서 이를 악물고 이 말을 하더라도, 입 밖으로 꺼낼 때는 진심을 담아 말하려고 노력하라. 열린 마음으로 상대의 반응을 받아들여라. 상대의 반응을 기분 나쁘게 받아들이고 싶은 유혹을 멀리하고, 당신의 온전함을 확고히 유지하며 공감을 실천하는 데 집중하라. 당신이 싸우는 방식을 이렇게 바꾼다면 싸움의 결과 역시 좋은 방향으로 달라질 것이다. 또한 다투는 동안 격앙된 기분을 가라앉히는 데에도 도움이 될 것이다.

공감은 내면에서 일어나는 일이므로 마음챙김이 중요하다. 다행스럽게도 (특히 공감이란 언제나 자연스럽게 생겨나는 것이 아니기 때문에) 우리는 이런 기술을 습득하고 배우며 연습할 수 있다. 그러면 공감하는 능력이 더 발전할 것이다. 현실 속의 대인관계를 통해 공감력을 연마하는 것이 무섭게 느껴진다면, 가상의 등장인물로 연습하는 것부터 시작하라. 2017년에 셀레스트 응Celeste Ng이 발표한 소설 《작은 불씨는 어디에나》는 리즈 위더스푼 주연의 텔레비전 미니시리즈 드라마로 제작되었다. 위더스푼이 연기한 인물인 엘레나 리처드슨은 누구나 동의하다시피 몇 개의 기능과잉 소인격체를 지니고 있다. 엘레나는 커다란 집을 아주 깨끗하게 관리하고, 옷 또한 완벽하게 세탁하고 다림질하며 해마다 한 치의 오차도 없이 크리스마스카드를 보내는 주부이다. 그녀는 가족 구성원의 일정을 색깔별로 분류해 표시한 달력을 부엌 벽에 걸어둔다. 그녀는 심술궂게 말하고 험담하기를 즐긴다. 흠잡을 데 없이 완벽하고 천편일률적인 생활에 반항하는 아이를 심하게 비난하기도 한다. 엘레나의 비판적이고 통제광적인 소인격체들은 대부분 그녀의 에너지와 행동을 좌지우지하며, 특히 그녀가 스트레스를 받을 때는 더욱 그렇다. 여러모로 그녀는 좋아하기 힘든 인물이다. 하지만 작가와 드라마 제작자들은 엘레나의 어린 시절을 보여주기 위해 자연스레 과거로 되돌아감으로써 독자와 시청자가 엘레나에게 공감할 수 있도록 유도하는 작업을 훌륭하게 해냈다. 그 덕분에 우리는 그녀가 어째서 그런 태도로 행동하는지 엿볼 수 있다.

이 인물이 과거에 경험한 고통을 글로 읽고 화면으로 보면, 현재 그녀의 비판적이고 통제광적인 소인격체들이 이해되기 시작한다. 이 관점이 그녀의 기능장애 행동을 정당화하지는 않는다. 하지만 그녀의 선택과 감정적인 반응을 마치 퍼즐 조각처럼 잘 맞물리게 만들어서 우리가 더 큰 그림을 이해하도록 돕는다. 《작은 불씨는 어디에나》의 독자와 시청자에게 공감의 에너지가 없다면 이런 이해력을 갖추지 못한다. 엘레나가 과거에 겪은 힘겨운 투쟁을 보여줌으로써 이 작품은 우리가 그녀의 **편에서** 느끼도록 만든다. 그녀가 어린 시절에 겪은 고통을 보고 있으면 공감대가 형성된다. 이 부분은 우리가 인생의 특정 시기에 겪은 힘든 일들을 상기시킨다. 이것은 우리의 머리를 강타해 각자의 인간성을 기억나게 한다. 이 등장인물의 행동은 훌륭하지 못할 때가 많다. 때때로 그녀의 행동은 명백히 불쾌하고 폭력적이다. 하지만 그녀의 과거사를 알고 나면 우리가 마음을 열고 어쩌면 이 여성이 자신이 아는 선에서 최선을 다하고 있을지도 모른다는 가능성을 고려하게 된다.

공감대를 확장한다고 해서 우리가 사람들의 기능장애에 면죄부를 준다는 의미는 아니다. 경계선과 책임지기는 여전히 몹시 중요하다. 하지만 이 두 한가지 가지의 핵심은 좀 다르다. 공감과 결합되어 있는 경계선은 단절감이라는 단단한 철문과 우리는 모두 인간이라는 애정 어린 상호 존중을 관통시키는 투명한 스크린 도어를 구분 짓는다. 공감에서 중요한 점은 연결이다. 여기서 핵심은 우리 모두 인간이고 우리 모두 힘겹게 투쟁한다는 점을 기억하는 것이다.

그러므로 다음번에 당신의 10대 딸이 자기가 좋아하는 청바지를 못 찾는다는 이유로 비이성적으로 굴고 감정적으로 무너진다거나, 당신의 소셜 미디어 친구가 음모 이론으로 꽉 찬 것 같은 정치 기사들을 정신없이 게시하거든, 그들이 그런 식으로 생각하고 느끼는 데는 이유가 있다는 사실을 기억하라. 그들은 각자의 내면에서 조절하기 위해 몸부림치는 커다란 감정적 문제를 안고 있다. 이성적으로 보면 전혀 말이 되지 않을 수도 있다. 하지만 서로 연결된다는 측면에서 보면, 이것은 가장 중요한 부분이 아니다. 연결에 도움이 되는 것은 그 고통이 그들에게 **실재한다**고 당신이 인정하는 것이다.

다른 사람들이 내면으로 느끼는 감정을 고려해 보자. 마음을 열고 그들이 할 수 있는 한 최선을 다하고 있을 가능성을 받아들이자. 호기심을 발휘하고 "좀 더 말해 봐요"라는 초대장을 건네면서 상대의 중요한 감정을 환대하자. 다른 사람의 입장에서 생각해 보라고 말할 때, 단순히 그들처럼 되는 것이 무엇인지만 **생각해서는** 안 된다. 그 대신, 그들처럼 되는 것이 무엇인지 스스로 **느껴보아라.** 당신의 내면에 그런 감정을 불러내고 당신만의 언어로 이해하는 건 최소화하라. 만일 당신이 결정적 발언을 해야 한다면, 최종적인 주장을 입증하려고 하기보다는 감사를 전하는 것을 고려하자. 누군가가 고통, 혼란, 분노 혹은 공포에 빠진 채 당신에게 다가오거든 "당신의 관점을 저에게 공유해 줘서 고마워요"라는 말도 건네지 않고 지나치지는 마라.

내가 틀릴 수도
있다

타인과 좋은 관계를 유지하는 것은 언제나 깔끔하고 편리하기 때문에 좋은 게 아니다. 가장 훌륭하고 영향력 있는 인간관계는 취약성, 관점 수용 그리고 (갈등 상황이라면) **당신**이 틀릴 수도 있음을 기꺼이 고려하는 마음을 수반할 때가 많다.

어렸을 때 나는 페퍼라는 이름의 검은 고양이를 키웠다. 페퍼는 우리 집 뒤쪽의 숲을 이리저리 뛰어다니면서 생쥐를 쫓고 주머니쥐와 싸워댔다. 이 고양이는 나와 (그녀가 인정하는 사람들과) 있을 때는 다정하기 그지없지만, 자신을 보호해야 하는 순간에는 무자비하기 이를 데 없었다. 페퍼가 화가 나거나 겁에 질리면 목덜미의 털이 바짝 곤두서곤 했다. 심지어 위협이 사라지고 나

마음 정렬

서도 페퍼는 작은 일에도 흠칫할 만큼 계속 초조해했다. 예상치 않은 작은 소음이나 움직임에도 페퍼의 뒷머리는 곧장 곤두서곤 했다. 때로는 뾰족하게 솟아오른 털이 가라앉을 정도로 페퍼가 충분히 진정되기까지 한 시간이 걸리기도 했다.

나는 30세에서 40세로 가는 10년 동안 대부분 시간을 내 인생을 점검하며 보냈다. 그 세월 동안, 내 보호적인 소인격체는 더 시끄러워졌고 더 넓은 자리를 차지하며 헛소리를 참지 않는 법을 배웠다. 페퍼의 털처럼 내 과민한 목덜미의 털은 오랫동안 곤두서 있었다. 그 털을 가라앉히는 데 꽤 긴 시간이 걸렸다. 30대를 지나 40대로 접어들면서 나는 수정된 인생과 인간관계가 이제는 내가 지내기에 안전한 곳이라는 사실을 서서히 배웠다. 내 날카로운 발톱이 다소 무뎌지고 움츠러드는 것도 괜찮아졌다. 그렇지만 다른 사람(너무 오랜 시간 나를 만성적인 공의존적인 상태로 만든 추방자)들이 내 말을 들어주지 않거나 나를 무시하거나 내 가치를 깎아내리거나 나를 이용한다고 느끼는 잠재적 위험을 감지하면, 내 목덜미의 털들은 바짝 곤두선다. 이 보호적인 반응은 특히 누군가와 갈등을 빚는 순간에 내가 틀릴 수도 있다는 사실을 고려하기 어렵게 만든다.

관점 수용을 하기 위해 우리는 자신의 생각과 개념에 대한 확신과 애착을 충분히 오랫동안 중단함으로써 다른 사람의 의견과 개념을 진심으로 고려해야 한다. 우리의 마음은 항복을 패배와 연결한다. 그리고 우리의 신경계는 취약성을 위험으로 연결한다. 우리가 틀릴 수도 있다는 가능성에 마음을 열어두면 우리 신체의 나머지 부분에 위험 신호가 간다. 우리가 자신의 올바름에 의지하는 것은 단순히 더 편하기 때문이 아니라 우리에게 안전한 전략으로 굳어져 있기 때문이다. 그래도 우리는 이런 식으로 마음을 열어두고 자신이 틀릴 수도 있다고 기꺼이 인정하는 것이 의미 있는 인간관계의 핵심 요소라는 것을 알고 있다. 이것은 정말 어려운 문제이다.

이처럼 자기를 보호하려는 현상을 주의 깊게 인식하는 능력은 인간과 지구상의 다른 생명체를 구분하는 특징이다. 자극을 받으면 자동으로 반응하는 특성과 씨름하고 차분한 반응을 선택하는 것은 정서지능이 높다는 숨길 수 없는 표시이다. 생각 없이 반응하기보다 깊이 생각해서 대응할 줄 아는 사람을 내게 보여주어라. 그러면 나는 그 일을 이미 성공한 사람을 당신에게 보여줄 것이다!

나는 관점 수용을 실행하는 것을 내가 별로 좋아하지 않는 일인 옷 입어보기와 비슷하다고 생각하게 되었다. 내 옷차림은 단순하다. 운동복 바지, 진한 색 청바지, 하얀 브이넥 티셔츠 그리고 모자 달린 티셔츠가 내 옷장의 80%를 차지한다. 옷을 사는 일은 내게 고문과 같이 느껴진다. 나는 내가 무엇을 좋아하는지 알고 있고, 친숙한 것에서 편안함을 느낀다. 게다가 내 한정적인 에너지와 시간은 삶의 다른 영역을 이미 책임지고 있다. 그러므로 가게에 걸어 들어가서 옷을 입어보며 새로운 옷차림을 구상하느라 시간을 보내는 일은 내가 썩 좋아하는 일이 아니다.

무척 억울하기는 하지만 너무 낡았거나 더는 내게 맞지 않는 옷을 바꿔야 할 때가 되면 나는 기분이 좋아진다. 작년 가을, 나는 몇 년 동안 즐겨 입던 청바지를 버렸다. 그 대신 들여온 새 청바지는 내 취향에 비해 다소 뻣뻣하고 아직 물이 덜 빠져서 내가 좋아하는 색이 아니었다. 그래도 긍정적으로 생각해 보면, 이제 내가 몸을 수그릴 때 종이처럼 얇아진 청바지 천 밑으로 속옷이 비쳐 보이는 일은 없다. 친숙한 것으로부터 한 걸음 걸어 나와 적응의 단계에 접어드는 일은 대체로 (아니면 영원히?) 편안하게 느껴지지 않는다. 하지만 오래되고 낡은 것이 당신을 나아가지 못하게 한다면, 이런 조치는 때때로 필요하다.

장담하건대 우리는 성장하기 위해 자신이 옳다고 믿는 것에 도전해야 했던 일을 떠올릴 수 있다. 다음은 내가 경험한 한 사례이다. 나는 루터파 교회를 믿는 동네에서 자랐다. 나는 오래되고 전통적인 찬송가, 스테인드글라스로 장식된 창문, 그리도 핸드벨 찬양대를 숭배했다. 그 이후 20대와 30대 초반에는 종파를 초월한 기독교 세계에 깊이 빠져들었다. 교회는 내게 가족과 같았다. 이런 환경에서 서른다섯 살까지 살아오면서, 나는 LGBTQ+(레즈비언, 게이, 양성애자, 트랜스, 성소수자 등의 성적 정체성을 가지고 있는 사람들 – 옮긴이)를 ‘선택’하고 그런 ‘생활방식’으로 사는 것이 죄라고 배웠다. 메시지는 명확했다. 이분법적인 성구분과 일부일처제의 이성애를 제외한 그 어떤 것도 잘못되고 나쁜 것이었다. 나는 캔자스의 티컴세Tecumseh라는 보수적인 지역에서 학교에 다니며 자랐다. 그 당시, 이성애자들과 소위 반항하며 비참하게 살아도 괜찮다고 믿는 ‘다른’ 사람들 사이에는 넘어서는 안 되는 분명한 선이 그어져 있었다.

　나중에 어른이 되었을 때, 내가 살면서 만난 다양한 사람들은 '우리 대 그들'이라는 사고방식과 동성애가 잘못된 것이라는 기독교 기반의 개념에 이의를 제기했다. 아주 오랫동안 나는 그 이야기를 듣지 않으려고 거부했다. 나는 어쩌면 **내가** 틀렸을지도 모른다거나 내 관점을 수정해야 한다는 생각에 대해 마음을 닫아버렸다. 나는 LGBTQ+ 공동체를 받아들이고 나서 자신이 원래 속해 있던 교회 공동체를 잃은 사람들을 알고 있었다. 나는 그렇게 될까 두려웠다. 내가 다른 관점을 고려하지 않으려고 저항한 것은 내가 사랑하는 공동체에서 배척될 가능성을 피하고, 친숙하고 편안한 것을 고수하고 싶은 욕망에서 비롯되었다.

　이것이 더는 편안하게 느껴지지 않을 때까지는 그렇게 했다. 내 마음 깊은 곳에 자리한 무언가가 이 주제 주변에서 끓어오르기 시작했다. 당시에 공인된 기독교인으로서 나는 **모든** 것을 포용하고 사랑하라고 배웠다. 나는 **개인적인 판단을 내리지 말았어야** 했다. 그런데도 성 정체성과 성적 취향에 관한 규칙들은 교회 관점의 지지를 받는 타자화라는 요소를 내 마음속에서 만들어내고 있었다. 이것은 바람직하지 않게 느껴졌다.

　몇 년 동안 나는 다른 관점에 귀와 마음을 활짝 열어두었다. 곧고 좁은 시스젠더cisgender(생물학적 성과 성 정체성이 일치하는 사람-옮긴이)의 길과 이성애자의 길을 벗어난 곳에 있는 친구들, 가족들 그리고 내담자들과 이야기를 나눴다. 나는 나만의 이야기나 경험과 전혀 다르며 교회와 보수적인 공동체의 사고방식을 통해 배웠던 것에서 확실히 벗어난 이야기와 정서적 경험에 귀를 기울였다.

그러던 어느 날, 나는 예전에 페이스북의 어떤 게시물에 올린 댓글 때문에 논란의 중심에 서게 되었다. 나는 성적 취향이나 성적 인식의 다양성이 잘못되고 나쁜 것이라고 내 입으로 주장했다. 평소에 나는 다른 사람을 사랑하는 에너지를 가지고 무조건 긍정적으로 존중하라고 주장했지만, 이 댓글은 그것과 완전히 동떨어져 있었다. 어떤 사람은 나를 위선자라고 불렀다.

나는 욕먹는 것을 좋아하지 않을뿐더러 내가 틀렸다는 말을 듣는 것을 정말로 싫어했기 때문에 자연히 방어적인 말들을 쏟아냈다. 내 목덜미의 털들이 바짝 곤두섰고 내 주장이 옳다고 주장하기 좋아하는 소인격체들이 우위를 차지했다. 나는 성서를 인용해 반박했고 내 관점을 정당화하기 위해 흑백논리에 의존했다. 내가 살아오는 내내 주입받은 이야기를 쏟아냈다. 나는 옳았고 그들은 틀렸으며 이 사실을 그들이 알아야 했다.

하지만 그러고 나서도 나는 여전히 기분이 엉망진창이었다. 마치 빨래를 하다가 청바지가 줄어들어서 이제 맞지 않는다는 사실을 인정하지 않고 어떻게든 옷에 몸을 끼워 넣으려고 용을 쓰는 기분이었다. 그러나 이 느낌은 웬만큼 참을 수 있었고 어쩌면 눈가리개를 다시 쓰고 내 인생을 살아감으로써 주의를 다른 곳으로 돌릴 수도 있었다. 하지만 마음 한구석에서는 내가 정면으로 부딪칠 때까지 이 문제가 그저 보이지 않는 곳에서 부글부글 끓고 있으리라는 것을 알고 있었다.

그 무렵, 나는 나를 발전시키는 일에 더는 맞지 않거나 도움이 되지 않는 일의 목록을 작성해 처분하려고 하고 있었다. 이 10년간의 인생 해체 작업에는 인간관계, 특정한 음식, 낡은 신발, 나쁜 습관 그리고 (봄맞이 대청소의 가장 힘든 부분인) 특정한 신념의 패턴을 떨쳐버리는 것도 포함되어 있었다. 성적 취향과 성 정체성에 관한 내 오랜 믿음이 나를 불편하게 만들고 다른 사람에게 상처를 주고 있었다는 점은 분명했다. 그래서 나는 유턴하고 진정한 호기심을 발휘해 그 대대적인 싸움에 등판하기로 마음먹었다.

나는 대화를 나눴던 사람들의 경험에 대해 깊이 생각해 보았다. 그리고 LGBTQ+ 공동체에 속한 사람들의 이야기와 예술 작품을 더 적극적으로 접하기 시작했다. 나아가 나와 다른 방식으로 자신을 확인한 더 많은 사람에게 질문을 던졌다. 내가 건네는 질문이 많아질수록 내가 느끼는 호기심은 깊어졌다. 나의 온전함을 확인하게 되었을 때 나는 과거에 타자화를 아무 문제 없이 받아들였던 것이 아님을 확실히 알게 되었다. 비판단nonjudgment과 철저한 수용은 내 온전함의 원 안쪽에 존재하는 '당연한' 두 가지 요소가 되어 있었다. 이것들은 이 세상에서 내가 살고 싶은 생활방식을 유지하고 내가 되고 싶은 사람이 될 수 있는 토대가 되었다. 성적 취향과 성 정체성에 대한 나의 낡은 믿음은 점차 발전하는 내 온전함과 일치하지 않았다. 페이스북에서 내게 이의를 제기한 사람이 옳은 것이다. 나는 **그때** 위선자였다!

이것은 내가 "이런, 젠장"이라고 말하며 깨닫는 순간이었다.

나는 이 변화가 내가 사랑하고 존경한 수많은 기독교도 친구들과 가족들에게 정면으로 대항하는 것임을 알고 있었다. 그 당시에 나는 덴버의 교회 가족들과 완전히 통합되어 있었다. 이 단체는 나에게 내담자들을 소개해 주면서 나의 진료소 운영에 큰 도움을 주었다. 온전함으로 한 발을 내딛고, 성적 취향과 성 정체성에 관한 낡은 편견으로부터 한 걸음 물러서면서 나는 내담자 소개가 끊어질까 봐 내가 그토록 사랑하던 교회로부터 타자화될까 봐 몹시 두려웠다. 안타깝게도 이런 공포는 결국 현실이 되었다. 교회의 대리인으로부터, 내가 LGBTQ+의 '행동과 생활방식'을 반대하는 입장을 철회했기 때문에 그들의 정신 건강관리 의료인 명단에서 제명되었다는 소식을 들었다. 나는 교회 공동체에서 이렇게 빨리 밖으로 밀려났다는 사실을 믿을 수 없었다. 이것은 가슴 아픈 일이었다. 하지만 이렇게 고통을 겪고 거부를 당하는 와중에도 나는 그 긴 세월 동안 내가 틀렸었다는 사실을 받아들이기로 한 선택이 나만의 궁극적인 안녕을 회복하는 유일한 방법임을 깨달았다.

내가 고집해 오던 낡은 편견은 내 온전함을 더는 뒷받침하지 못했다. 나는 미안하다는 사과를 건네며 내 생각과 행동을 포용성, 철저한 수용 그리고 모두를 사랑하는 일에 관한 신념에 맞춰 정렬시키기 시작했다. 나의 무지와 편견, 경로 변경의 필요성을 인정하면서 나는 스스로 거부했던 깨닫지도 못한 자유를 얻을 수 있었다. 이제 내 온전함은 손상되지 않고 유지되고 있으므로 교회 식구들을 잃은 고통보다 훨씬 큰 보상을 받았다. 이 주제가 제기될 때마다 나는 내 온전함과 정렬을 이룬 채 활동하고 있다고 명확하고 자신 있게 말한다. 고통을 느끼지 않고 엄청난 겸양을 배우지 못했다면 이렇게 될 수 없었을 것이다. 그래도 나는 그럴 만한 충분한 가치가 있었다고 진심으로 말할 수 있다.

때때로 백화점 판매원들은 당신이 매대에서 스스로 고르지 않을 법한 옷을 가져다줄 것이다. 이것은 낯설고 비이성적이며 때로는 노골적으로 불쾌하게 느껴지는 사람들의 개념과 의견, 선택이라는 형태로 등장한다. 단지 어떤 관점이 당신의 행동 방식과 맞지 않다는 이유로 틀렸다는 의미는 아니라고 인정하는 것은 무척 중요하다. 분명히, 관점을 달리하는 것이 고려할 가치가 없는 일이라는 뜻은 아니다.

새로운 기회나 관점을 소개받으면 우리는 그것을 촉진한 원인을 알아내기 위해 우리의 정신과 신체, 마음을 통해 즉시 확인하려고 한다. 1,000분의 1초 뒤에, 우리를 보호하고 우리에게 정보를 주고 싶어 하는 소인격체들이 "이봐, 이걸 보니까 이러저러한 것이 떠오르는데", "정말 오래전이야" 혹은 "여차여차해"라고 우리에게 말한다. 이 소인격체들은 우리가 과거에 들었거나 배웠거나 겪었던 무언가를 기억해 내고 그것을 참고로 활용하기를 바란다. 바로 이 순간, 만약 알아차리고 의식한다면 당신에게는 성장할 기회가 생긴다. 당신은 트리거에 관해 호기심을 가지고, 분쟁 상황이 발생할 때 보호적인 소인격체에게 옆으로 물러서라고 권하며, 자신의 개념을 확장하겠다는 용감한 선택을 할 수 있다. 이런 순간이야말로 백화점 판매원이 당신에게 가져다준 이

질적이고 기이한 셔츠를 유심히 바라보고 "좋아요, 뭐 어때요. 한번 입어볼까요?"라고 말할 수 있는 때이다.

대개 입어보기 위해 옷걸이에 걸린 옷을 집어 드는 것은 위험하지 않다. 기억할 점은, 그 옷을 구매해 집으로 가져와서 매일 입을 필요는 없다는 것이다. 그냥 입어보기만 하고 구매하지 않는 편이 낫다고 결정해도 괜찮다. 목적의식을 가지고 당신의 안전지대를 과감히 벗어나는 과정 그 자체만으로도 당신을 성장시킬 것이다. 결국 당신에게 진실하게 느껴지는 것이 무엇인지는 관계없다. 사람과 사람 사이를 연결하겠다는 마음으로 당신이 다른 관점을 기꺼이 수용한다면 당신과 다른 사람들 사이에서 유의미한 시너지 효과가 증진할 것이다. 최악의 경우에 당신은 자신에게 적합하지 않은 새로운 관점을 택했을 뿐이지만, 적어도 한 번 시도해 봤다고 말할 수는 있다. 당신이 다양성을 이해하는 수준은 향상될 것이고, 당신 목덜미에 난 털은 대체로 계속 가지런히 눕혀져 있을 것이다.

기껏해야, 새롭게 시도하지 않았더라면 절대 고려하지 않았을 셔츠가 당신이 가장 즐겨 입는 옷 중 하나가 되었음을 이따금 깨닫게 될 뿐이다. 궁극적으로 도달하게 되는 지점이 어디든, 당신에게 자기만의 개념이나 의견, 판단, 신념이 틀리거나 낡았거나 해롭거나 남에게 상처를 줄지도 모른다는 사실을 기꺼이 고려할 줄 아는 성향이 생길 것이다. 이런 종류의 열린 마음은 사람들을 당신에게로 끌어당긴다. 당신은 더 많은 신뢰를 얻고 점점 더 많은 존경과 친절을 받게 될 것이다. 당신이 진심으로, 신체적으로나 심리적으로 상처 입기 쉬운 태도로 관점을 변경하려 한다면, 다른 사람에게 "당신은 중요한 사람이에요. 저는 당신을 이해하고 걱정하고 있어요"라고 말하는 셈이다. 결론적으로 나는 **이것이** 편안한 상태를 유지하거나 자기가 옳다고 주장하는 것보다 어쩌면 더 중요할지도 모른다고 생각한다.

더 많은
물음표를 던져라

당신이 다른 사람들과 관계를 맺을 때, 마음을 닫는 것과 호기심을 갖는 것 중 어떤 태도로 할지 결정하는 간단한 방법이 있다. 물음표의 개수를 세어 보는 것이다. 만약 진실로 연결되는 것이 당신의 솔직한 동기라면, 당신 내면의 대화와 외면의 대화는 물음표로 가득할 것이다. 순수한 호기심과 의도를 숨긴 채 질문을 던지는 것은 크게 다르다는 사실을 기억하라. 은밀히 숨긴다고 해도, 우리는 숨은 의도를 **느낄** 수 있다. 또한 우리는 열린 마음과 진실함도 **느낄** 수 있다. 둘 사이의 차이는 뚜렷이 감지할 수 있다. 그러므로 어떤 물음표라도 상관없는 것은 아니다. 이 물음표는 누군가를 더 잘 이해하고 싶다는 진정성 있는 욕망 외에는 어떤 것도 뒷받침되지 않은 진심 어린 물음표가 되어야 한다.

이런 탐구를 시작하기에 가장 확실한 수단은 아마도 문자로 하는 의사소통일 것이다. 서로 스트레스를 주고받는 순간에 당신이 썼거나 받은 문자, 편지 혹은 이메일을 꺼내 보자. 어떤 구두점을 사용했는지 살펴보자. 물음표보다 마침표가 훨씬 더 많은가?

의도적으로 진지한 질문을 자주 던지는 사람과 함께 있으면 기분이 좋아진다. 어떤 사람이 우리의 생각과 의견, 가정, 경험을 듣는 데 관심을 보이는 것 같으면 마음이 흡족하다. 그럴 때 우리는 자기 자신이 누군가가 지켜보고 알고 싶어 할 가치가 있는 사람이라고 느낀다. 최고의 멘토, 상사, 코치 그리고 부모님은 마침표보다 물음표를 더 많이 사용한다. 당신이 살아온 인생을 돌아보라. 당신이 시간을 함께 보낼 때 기분이 가장 좋아지는 사람은 누구인가? 그 사람들은 자기 의견을 당신에게 강요하는가? 아니면 물음표를 아낌없이 사용하는 편인가?

조언하거나 지도하기에 적절한 시간과 장소는 분명히 있다. 당신이 지도나 의견을 요청받았는지 확인함으로써 그런 시기에 의식적으로 주의를 기울여라. 예컨대 내 딸은 수학 과외를 받고 있다. 아이를 도와줄 여성을 고용하면서 우리는 "당신의 전문 지식과 지도력을 신뢰하고 있어요. 우리를 도와주시겠어요?"라고 넌지시 말했다. 마찬가지로, 한 친구가 당신에게 다가와서 자기와 같은 입장이라면 어떻게 하겠느냐고 묻는다면, 그 친구는 끝에 마침표가 붙은 일종의 주장을 기대하는 것이다. 그들은 도움과 의견, 안내를 요청하는 중이다.

사람들이 우리에게 다가와서 자기 생각이나 감정, 경험을 공유하면, 우리가 호기심을 표출하지 않고 그들을 **향해** 대답을 들려줄 때를 생각해 보라. 비록 요청받은 적은 없지만 우리는 해결책과 조언을 제시한다. 우리는 그들의 입장에서 생각해 달라고 요청받지 않고도 우리의 경험과 해결책이야말로 그들이 들어야 할 이야기라고 가정하면서 우리가 비슷한 상황에 놓였을 때 어떤 일이 있었는지 이야기한다. 우리는 예상한다. 우리는 이것이 그 사람에게 공감하는 가장 좋은 방법이라고 믿는다. 정말 흥미롭지 않은가? 우리는 다른 사람의 기분이 나아지도록 그렇게 하는 것일까? 아니면 우리의 기분이 좋아지기 때문에 다른 사람도 그럴 것이라고 예상하는 것일까?

사람들과 의사소통하고 연결되는 동안에는, 다른 사람에게 무엇이 필요한지 혹은 그 사람이 무엇을 기대하는지 속단하지 말고 그냥 **질문을 던지는** 편이 현명하다. 예를 들어, 한 직원이 내 사무실에 들어와서 자신이 내담자와 나눈 특정한 경험에 대해 가벼운 농담을 던진다면 그 사람이 나에게 조언을 구하고 있다고 생각하고 싶어진다. 때때로 나는 10대 딸아이가 하교 후 집으로 돌아와서 친구들과 나눈 복잡한 사회적 상호작용에 대해 20분 동안 종알거리거나 남편이 동료들과 겪은 사업상의 까다로운 역학 관계에 관해 이야기할 때면 그와 똑같이 추정하기도 한다. 선불리 조언을 건네기보다는 질문을 던진 뒤에 그것을 반영한 의견을 제시하는 것이 훨씬 더 유용하다는 사실을 깨달았다. "세상에, 너무 힘든 상황처럼 들리네. 내가 당신을 도울 만한 일이 있을까?"

물음표를 이런 식으로 사용한다면 중요한 두 가지 성취를 이룰 수 있다. 우선 상대방에게 "내가 당신을 이해하고 지금 당신이 느끼는 기분을 존중해요"라고 말하는 셈이다. 타인 간의 의미 있는 연결이라는 측면에서 볼 때 이것만으로도 **대단한** 성취이다! 두 번째로 중요한 성취는 그들의 요구를 당신에게 알리는 권한을 되돌려준다는 것이다. 이렇게 하면 당신은 성급하게 추정하지 않게 된다. 상대는 "조언이 정말로 필요해요", "좀 안아주면 고마울 것 같아요" 혹은 "당신에게 원하는 건 아무것도 없어요. 당신이 기꺼이 내 말을 들어줘서 그저 고마울 뿐이에요"라고 대답할 수 있다.

이런 순간, 그들이 "내가 필요한 게 뭔지 모르겠어요"라고 대답한다면 그때야말로 당신이 더 많은 물음표를 사용할 멋진 기회이다. 그들 스스로 마음챙김을 할 수 있도록 북돋아 주어라. 그들이 자율적으로 각자의 내면적 경험을 탐구할 수 있게 하라. 그들에게 당신의 믿음에 맞춰 이렇게 느껴라, 이렇게 생각하라, 이렇게 행동하라고 말하기보다는 호기심을 키우도록 돕는다면 그들은 "잘 모르겠어요"라고 말하는 태도에서 벗어나 자기 자신을 탐구하고 옹호하는 방향으로 변화할 것이다. 상대방에게 단정적인 진술을 던진다면 그들에게 위로가 되는 무언가를 스스로 실행할 기회를 뺏는 것과 마찬가지다. 물음표는 그들에게 "저는 이 상황을 헤쳐 나갈 수 있는 당신의 능력을 믿어요"라고 이야기하는 것이다.

심리치료사에 대한 고정관념은 우리가 "그래서 기분이 어떠신가요?"라고 끊임없이 물어본다는 것이다. 이런 행동에는 정당한 이유가 있다. 우리는 유턴을 유도해서 당신이 내면의 경험을 주의 깊게 관찰하도록 인도하려고 노력한다. 심리치료사들은 조언을 건네는 사람이 아니다. 만약 당신이 마땅히 해야 한다고 생각하는 것을 이야기한다면 우리는 우리만의 편견 어린 의도와 계획을 당신의 인생 경험에 밀어 넣는 셈이다. 이것은 바람직하지 않다. 게다가 그렇게 한다면 좋든 나쁘든 결과와 성과의 주인이 누구인지 혼란스러워진다. 만약 내담자가 심리치료사의 조언을 받아들이고 행동에 옮겼는데 결과가 신통치 않다면, 그 심리치료사는 이에 대해 어느 정도 비난을 받아야 한다. 마찬가지로, 만일 심리치료사가 해결책을 제시했는데 그것이 내담자에게 좋은 결과를 안겨준다면, 그 성공에 대한 약간의 지분이 심리치료사에게도 있는 것이다. 이럴 경우, 내담자들은 스스로 좋은 선택을 할 줄 안다고 생각하지 못한다. 이것은 내담자의 자율성과 주체성을 일부분 앗아간다.

정말이지 호기심은 타인과의 연결을 위한 가장 놀라운 매개물이다. 만약 모두가 마침표보다 물음표를 더 많이 사용한다면 우리나라와 세계의 사회적 풍토가 어떻게 달라질지 상상할 수 있겠는가? 당신 주변에 호기심이 가득한 구두점을 듬뿍 사용하는 사람들을 포진하고, 그들이 언제 어떻게 입을 닫고 귀를 여는지 알아둔 다음, 그들이 당신에게 자기만의 해결책을 만들어가도록 권한을 주는 데 중점을 두어라. 이와 동시에, 세상으로 나가서 이러한 에너지가 다른 사람들에게 향하도록 하라. 그러면 기분이 달라질 것이다. 어쩌면 처음에는 불편하게 느껴질 수도 있다. 하지만 결국에는 당신이 경험하게 될 유대관계의 결실을 차츰 좋아하게 되리라고 나는 진심으로 믿는다.

모든 사람의
마음에 들 수 없다

나는 사람들이 나를 좋아하지 않는다는 사실이 무척이나 싫다. 자, 조금 창피하긴 하지만 말해버렸다. 나는 내 애착 트라우마와 관련된 심리학적 원인이 있어서, 이 문제가 내게 왜 이렇게 뜨거운 쟁점인지 정확히 설명할 수 있다. 여기에, 내가 태어난 이후로 30년 동안 무용수로 살다가 연단에 올라 대중에게 연설하는 일로 직업을 바꾸었다는 점도 보탤 수 있다. 나는 사람들 앞에서 일종의 공연을 하는 데 타고난 소질이 있다. 이것은 나라는 사람의 성격에서 평생토록 강화되어온 부분이다. 이상적으로 말하면, 관객을 위한 공연의 핵심은 다른 사람들에게 의미 있는 경험을 만들어주는 것이다. 만약 관객이 공연을 비평하고 싫어하는 사람들로 구성되어 있다면 공연은 좋은 성과를 거두지 못한다.

누군가 이 글을 읽으면서 "다른 사람들이 뭐라고 생각하든 난 상관없어요"라고 말한다면, 나는 그건 거짓말이라고 말하겠다. 당신에 대한 다른 사람들의 의견을 구획화하거나 제쳐두고 신경 쓰지 않는 데 탁월한 능력이 있는 강력한 보호적인 소인격체들이 어쩌면 당신에게 있을지도 모른다. 만약 당신이 진짜로 반사회적 인격 장애자가 아니라면 당신에게는 다른 사람들의 생각을 **정말** 신경 쓰는 소인격체가 분명 있을 것이다. 혹시 무슨 이야기를 들었는지 전혀 모르면서도 미소를 짓고 고개를 끄덕여본 경험이 있는가? 화장실을 나가기 전에 지퍼가 확실히 잠겼는지 두 번씩 확인하는가? 누군가 '좋아요'를 표시하거나 댓글을 남겼는지 알아보려고 당신의 소셜 미디어 계정을 확인하는가?

다른 사람들이 당신을 어떻게 인식하는지 어느 정도 의식하는 일은 건강하고 완전히 정상적인 행동이다. 하지만 여기에 너무 많은 신경을 쓴다면 우리는 진정한 자아와 멀어질 위험에 있다. 자아실현을 과감히 추구해 본 적이 있는 사람이라면 누구나 절대 변심하지 않는 팬이란 존재하지 않는다고 당신에게 말해줄 것이다. 당신이 자신에게 충실해질수록 비판하는 사람이 더 많이 생겨나는 것은 이미 정해진 사실이다. 이것은 당신이 추구하는 진실성이 문화 규범이나 다른 사람들의 강력한 신념에 어긋날 때 특히 그렇다.

10년에 걸친 내 개인적인 회복 과정 중에, 나는 시인 알렉산드라 엘르Alexandra Elle가 쓴 글귀를 우연히 접했다. 나는 그 구절을 포스트잇 메모지에 적어두고 매일 보고 읽을 수 있는 자리에 그것을 몇 년 동안 붙여 놓았다. 이것은 내 좌우명이 되었고 티 커 테이프처럼 내 마음속에서 꾸준히 흘렀다.

나는 더는 나의 진실을 두려워하지 않으며, 당신을 편안하게 하기 위해 나 자신을 드러내지 않을 것이다.

엘르의 글은 내게 당당히 나다워져도 괜찮다고 말하는 허락 과 같았다. 이것은 진정성이야말로 나에게 나아갈 방향을 알려 주는 북극성임을 상기시킨다. 이 인용문은 내게 힘과 영감을 주 는 한편, 공의존적 성향을 바탕으로 한 내 소인격체에게 부드럽 지만 명확한 도전을 제기한다.

요즘, 나는 순응하려고 노력하는 데 전처럼 많은 에너지를 쏟 지 않는다. 다른 사람들이 즐거워하지 않는 무언가를 내가 좋아 한다고 해도 나는 멈칫하거나 흔들리지 않는다. 그린 데이Green Day(미국의 3인조 록 밴드-옮긴이)의 음악을 여전히 좋아하고 찾아 듣는다. 껍질 콩 위에 케첩을 뿌려 먹고 40번째 생일날 머리를 싹 밀어버렸다. 나는 문신과 피어싱을 공공연하게 드러낸다. 비 록 내 다리가 젊은 시절과는 모양새가 다르지만 더운 날이면 짧 은 반바지를 입는다. 그리고 눈살을 찌푸리지 않는 법을 어느 정 도 배운 것도 같다. 지금은 나에 대한 사람들의 평가를 그들이 가진 불안정함의 반영이자 열린 마음의 부족이라고 인식한다.

지금 나는 세상에 내가 어떻게 보이는지를 다양한 이유로 의식하고 있다. 다른 사람들의 기대를 충족하기 위해서라기보다는 나 자신의 온전함, 가치관 그리고 개인적 목적과 정렬을 맞추기 위해서이다. 나쁜 의도가 전혀 없다는 사실을 이해하기 때문에 나에 대한 사람들의 판단에 대해서는 대체로 내 시간과 생각을 아주 잠시밖에 할애하지 않는다. 그보다는 그 에너지의 경로를 바꿔서 해결책, 창의력, 혁신, 나 자신을 더 명확하게 알기 그리고 참을성과 용서 및 예의를 실행하기와 같이 아름다운 일들에 에너지를 쏟는다.

나는 진심 어린 말을 하고 내가 하는 말에 특별한 의미를 담는 데 전념한다. 무언가가 형편없게 느껴질 때면 소리를 높여 이야기한다. 나는 겉치레뿐인 상냥함, 진정성 없는 과도한 열정 혹은 거짓된 친절을 잘 참지 못하는데, 남의 비위 맞추기를 좋아하는 소인격체가 그런 방향으로 내 성격을 조종하겠다고 협박할 때는 특히 그렇다.

만약 자신의 진정한 모습이 가장 최적화된 모습이라고 진심으로 믿는다면, 사람들로부터 애정을 받고 싶다는 욕구에 지나치게 매달릴 필요는 없다. 가장 진짜이고 진실한 **당신**이 세상에 가장 도움이 된다는 사실을 믿어라. 당신의 진정성은 당신이 사람들을 화나지 않게 하는 능력보다 훨씬 중요하다.

무언가가 마뜩잖다면 괜찮은 척하지 마라. 속으로는 아니라고 생각하면서 겉으로 괜찮다고 말하지 마라. 나는 필사적으로 과잉 기능하는 공의존적인 소인격체에게 내 인생을 서른 살까지 저당 잡혀 살았다. 지금 이 나이가 되어서는 다른 사람들의 기대에 부흥하려 노력하는 일에는 아무 흥미를 느끼지 못한다. 내가 소중하게 여기는 관계는 상대방의 어떤 말이나 행동이 형편없다고 느껴질 때 마음 놓고 소리 내어 말할 수 있는 관계이다. 나는 즉각적으로 좋지 않은 반응을 보이지 않고도 상대에게 기꺼이 귀 기울일 줄 아는 사람들과 깊은 우정을 나누고 있다. 나의 한정된 시간이나 자금, 상황을 개인적인 것으로 만들거나 그렇게 받아들이는 사람들과는 관계를 이루지 않는다. 이런 역학 관계에서 당신답게 존재할 수 있는 자유는 거의 없다.

진정성에 전념하기 위해서는 거짓을 뿌리 뽑아야 한다. 나는 무언가가 마음에 들지 않는데도 입을 꾹 다물고 있는 사람들을 너무 많이 알고 지냈다. 그들은 평지풍파를 일으키거나 다른 사람을 혹여나 불편하게 만들까 봐 두려워한다. 당신은 정서적으로 건강하고 자기 조절법을 알고 있으며 즉각적인 반응을 보이지 않을 줄 아는 사람들과 힘든 대화를 하지 않으려고 피할 필요가 없다. 그런 사람들과 있으면 당신은 진짜가 될 수 있다. 당신다워질 수 있다. 그러므로 **그런** 사람들을 당신 주변에 두고 그들과 협력하며 그들과 함께 살아가라.

꾸미지 않은 진짜 모습으로 당당하게 지내다 보면 반드시 결과가 뒤따른다. 안타깝게도, 즉각적인 반응을 보이는 것은 우리의 문화 규범이다. 어린 시절, 우리는 자신에게 영향을 미치는 건강한 인물로부터 자기감정 조절에 대한 가르침을 받은 경험이 거의 없다. 그러다 보니 지금 우리는 진정성 있는 사람이 되고 싶은 마음과 다른 사람들에게 사랑을 받고 싶은 마음 사이에서 벌어지는 주도권 다툼을 파악하려고 애쓰는 성인으로 자랐다.

한 가지 예를 들어보자. 2020년 늦봄, 코로나19 사태에 접어든 지 약 두 달 만에 나는 한 여자 친구로부터 혹시 어딘가 잘못된 부분이 있냐는 문자를 받았다. 이 친구와는 몇 년 전에 본 후로 계속 만나지 못하고 있었다. 어릴 때는 가족들끼리 가까이 지내면서 꽤 많은 시간을 함께 보냈다. 그러다 2020년에 그 불쾌한 광풍이 불어닥치면서 우리가 어떤 문제에 대해 의견이 다르다는 사실이 (예전에는 알아볼 수 없었던 방식으로) 분명해졌다.

일반적으로 말해서 그리고 겉으로 보기에 이 여성은 친절하다. 그녀는 동정심이 풍부하고 영리한 사람이다. 우리가 인생의 몇 가지 부분에서 이견이 있다는 사실은 크게 신경 쓰이지 않았지만, 어느 날 그녀의 인스타그램에 무례한 게시글이 올라온 게 발단이 되었다. 그 게시물은 무신경했으며 코로나19 바이러스를 퇴치하는 방법에 관해 나와 같은 견해를 가진 사람들에게 불친절한 말을 담고 있었다.

돌이켜 생각해 보면, 우리 사이에는 그 외에도 여섯 가지 정도의 사소하게 맞지 않는 부분이 있었지만, 그녀가 무슨 문제가 있냐고 묻기 전까지 나는 그 문제들을 보고도 모른 척했을 뿐이었다. 만약 내가 "아니야, 아무 문제 없어"라고 답했다면 그것은 뻔뻔한 거짓말이었을 터였다. 나는 우리 우정에서 불편하게 느껴온 원인을 그 시점에 완전히 다 밝히지는 않았고, 다만 상처를 준 소셜 미디어 게시물에 관해서만 이야기했다. 나는 그녀의 질문에 다음과 같이 답장을 보냈다.

맞아, 지독히 불쾌하게 느낀 일이 있었어. 네가 올린 인스타그램 게시물은 타인에게 상처를 주고 무례하며 남을 무시하는 느낌을 줬어. 우리 사이에 감정적인 갈등이 있다는 것도 알아차렸지만, 정확히 무슨 문제 때문인지는 확실히 지적하지 못하겠어. 2020년의 사건이 거의 모든 사람에게 격렬한 감정을 불러일으켰기 때문에, 우리의 신념 체계가 다르다는 사실이 그냥 수면 위로 떠오른 것 같아. 나는 네가 하는 모든 말과 행동에 의견이 달라. 하지만 네 의견을 존중하고 너를 한 사람으로서 소중하게 생각해. 우리 둘 다 주목하고 있는 불안감은 그저 이 정신 나간 시기의 자연스러운 부산물에 불과하고, 그로 인해 분명히 드러나는 차이인 것 같아. 난 우리 우정에 관해서는 걱정하지 않아. 나는 너를 사랑하고 너에게 마음이 쓰여. 하지만 우리가 이 아주 괴상한 경험을 바로잡고, 이 시기를 헤쳐 나가는 동안 약간의 거리를 두는 게 현명한 일일 것 같아.

이런, 젠장. 내 답장이 친구의 반려견을 납치해 새 조던 운동화를 살 푼돈을 벌려고 가장 높은 액수를 부르는 입찰자에게 강아지를 팔아넘긴 것처럼 생각될 수도 있겠다. 그녀의 질문에 대한 내 대답은 그녀에게 긍정적으로 받아들여지지 않았다. 갑자기 그녀는 나 때문에 밤에 잠들기 힘들어졌고 마음이 너무 아프다고 근거 없이 주장했다.

당연히 나는 그녀의 반응으로 혼란스러웠다. 나로서는 명쾌하고 진정성 있으며 친절한 태도로 의사를 전달했다고 생각했다. 나는 사랑과 용기를 전면에 내세웠고, 그녀의 질문에 명확하고 진실하게 대답하려고 최선을 다했다. 그녀의 반응은 이 상황과 분명히 맞지 않는 것처럼 보였다. 나는 어떤 사람이 혹시 어디 잘못된 부분이 있는지 묻는다면 그건 긍정적인 답을 기대하고 물은 게 아니라고 생각한다. 그런 질문을 던질 작정이라면 그 사람은 불화가 존재하는지에 대해 진심으로 궁금해하고 있다는 게 논리적인 설명으로 보이지 않는가?

나는 온전함에 관한 체크리스트를 확인하면서 이리저리 생각을 굴려보았다. 내가 정직했는가? 그렇다. 내가 침착함을 유지했는가? 그렇다. 내가 그녀를 아끼고 그녀의 다른 의견을 존중한다는 사실을 명확히 알렸는가? 그렇다. 나에게 자신의 의견을 이해시키고 싶어 하는 그녀의 바람에 공감해 주었는가? (그녀의 관점을 이해하려고 노력하면서 그녀가 내게 보내준 모든 다큐멘터리를 시청하고 모든 논문을 읽는 데 많은 시간을 할애할 정도로) 그렇다. 내가 혼란스럽게 느끼는 부분을 명확히 밝히기 위해 질문을 던졌는가? 그렇다. 그녀의 게시물을 개인적으로 받아들이거나 나의 성격을 공격하는 행위로 이해하고 싶은 유혹을 물리쳤는가? 그렇다.

나는 내 창과 방패를 땅에 내려둔 채로 그녀에게 정직한 대답을 들려주었다. 우리가 앞으로 나아갈 가능성이 있는 방법과 공간 또한 제공했다. 하지만 결국 그녀는 나, 내 가족 그리고 나를 통해 알게 된 모든 친구와 완전히 단절하기로 마음먹었다. 대화로 해결책을 찾는다거나 새롭고 유용한 경계선을 알리려는 시도도 전혀 하지 않았다. 지난 시간 쌓아온 우정에 아무런 가치도

두지 않은 것이다. 그로부터 몇 년 뒤, 나는 ("안녕", "네 생각이 나" 혹은 "생일 축하해"와 같은 말을 건네면서) 몇 차례 친근하게 연락했지만 모두 무시당했다. 그녀는 수신확인도 하지 않았고 답장도 보내지 않았다. 그저 회피성 침묵으로 일관했다. 유령처럼 사라져버렸다.

나는 그녀가 우리 우정에 마침표를 찍기로 한 이유에 대해 정확히 알지 못한다. 어쩌면 그녀는 자기와 생각이 다른 사람들과 시간을 보내고 싶지 않았는지도 모른다. 어쩌면 그녀는 누군가에게 상처 주는 말이나 행동을 할 때 소리 내어 의견을 말하는 사람과 관계를 이어가고 싶지 않을 수도 있다. 아니, 어쩌면 두 가지 모두 아닐 수도 있다. 아마도 그녀는 단지 내가 싫은 것일 수도 있다. 그렇게 단순한 이유일 가능성도 있다.

이런 상황이 벌어진 것이 처음은 아니었다. 나는 진실을 밝힐 때마다 결과적으로 서로를 더 잘 이해하고 더 돈독하게 연결된 것이라고 말하고 싶다. 하지만 어떤 사람들은 이런 종류의 투명성을 어떻게 다뤄야 할지 알지 못한다. 당신이 자기 자신에 대해 더 많이 알게 되고 아무것도 모르던 어둠 속에서 벗어날수록, 자신이 무엇을 용납하지 못하는지 더 명확히 알게 된다. 진정성 있는 삶에 전념할수록 당신은 거부되고 판단되며 무언가를 잃을 가능성이 커진다. 상황이 그렇지 않으면 좋겠지만, 우리의 인간성이 부서진 상황에서 이런 위험은 피할 수 없다.

내가 어떤 사람인지 그리고 내게 중요한 것은 무엇인지를 명확히 밝혀 가면서, 나는 사람들이 내 옷차림, 내 양육 방식, 내 머리 모양, 내 사업 운영 방식 그리고 그 밖의 수없이 많은 것들에 대해 비판적으로 반응하게 했다. 당신의 진정성은 **앞으로 일부** 사람들에게 좋게 받아들여지지 않을 것이다. 사실, 이것은 어떤 사람들에게는 영감을 주고 자기만의 인생을 진실하고 정직하게 살아가도 좋다는 의미로 여겨진다. 어떤 사람들은 자신의 두려움과 불안에 휩싸여 극도의 분노를 터뜨릴 수도 있다. 이 진정성이라는 게 정말이지 혼란스럽다.

만일 가장 진정한 의미의 참다운 나와 정렬을 맞춰 살아가고 싶다면, 당신이 모든 사람의 마음에 들 수 없다는 사실을 조금만 더 편안하게 받아들이라고 말하고 싶다. 다른 사람과 생각이 다르다면, 당신은 그 사람의 확실성을 위협하는 존재로 인식된다. 당신이 세상에 드러내는 모습 중 어떤 부분이 옳다거나 진실하다거나 선하다는 그들의 믿음과 다르면, 그 의견 충돌로 인해 그들은 당신의 행동 방식과 그들 자신의 행동 방식을 비교하게 된다. 우리 문화에서는 **다른 것**이 **틀린 것**과 매우 자주 동일시된다. 내가 생각하기에, 대부분 사람은 자신과 다른 의견과 맞서는 데 필요한 방식으로 불확실성이나 불안감과 씨름할 준비가 되어 있지 않다.

이제 우리는 당신이 가장 진정성 있는 모습을 보일 때 보편적으로 많은 사람에게 환호받지 못한다는 사실을 인정했다. 그렇다면 당신이 맞춰주지 못하는 사람들과 교감해야 하는 인생의 부분들은 어떻게 하면 좋을까?

대다수 부모는 자녀에게 모든 사람과 친하게 지내라고 가르친다. 이런 가르침에 숨겨진 의도는 사랑하고 포용하라는 것이다. 이는 비록 모든 사람을 좋아하지 않더라도 그런 척을 할 필요가 있다는 메시지를 전달한다. 이것은 진정성 있는 모습이 아니다. 꼭 좋아하지 않더라도 함께 시간을 보내고 싶지 않더라도 상대를 소중히 여기며 그들에게 존중과 친절을 보일 수는 있다. 어떤 사람들은 여러 가지 이유로 그냥 죽이 잘 맞지 않는다. 그렇다고 해서 잘못된 건 아니다. 당신의 온전함 안에서 생각과 행동을 지켜가면 된다. 그리고 다른 사람의 좋은 점을 찾아내는 동시에 당신의 경계선을 유지하면 된다. 그러고 나면 인도적인 관점에서 모든 사람을 **사랑**하는 한편 그들을 사실 **좋아하지** 않을 수도 있다는 현실을 받아들이게 된다. 당신은 여전히 다정하고 미소 지으며 인사를 건네면서도 그들과 어울려 다니는 계획은 세우지 않아도 된다. 다른 사람에게 재수 없게 행동하지 않으면서도 그 사람을 싫어할 수 있다. 스스로 이렇게 해도 된다고 허락하면, 부담감이 사라지면서 자신의 핵심적인 정체성에 진실하고 충실해지는 데 몰두할 수 있다. 궁극적으로, 이것은 관련된 모든 사람에게 가장 애정 어린 행위이다.

나는 전 남자친구들, 전 동료들 혹은 전 상사들이 모두 나를 높이 평가한다고 확신하고 싶다. 망상의 세계라면, 모든 과거의 친구와 룸메이트, 이웃, 동창, 동료가 나를 무조건 존중하며 내가 훌륭한 사람이라고 믿을 것이다. 유감스럽게도, 나는 그런 환상이 실현되기를 기대할 만큼 어리석지는 않다.

그 우정이 무너지는 시기를 지나자마자, 나는 테리 천으로 만들어진 귀여운 회색 운동복 광고를 우연히 보게 되었다. 팔꿈치에는 빨간색 하트모양 패치가 붙어 있었고, 옷 앞면에는 "내가 모든 사람의 마음에 들 수는 없다"라는 검은색 글씨가 인쇄되어 있었다. 나는 옷이 맞는지 한번 입어보았는데 정확히 무엇 때문인지는 몰라도 그 글로 인해 마음이 평온해졌다. 아무리 간절히 원하더라도 내가 바꿀 수 없는 어떤 것을 받아들인 기분이었다. 모든 사람이 나를 좋아하면 **좋겠다**는 기대를 놓아준 느낌이었다. 그 문구는 내게 숨을 크게 들이쉬고, 그 친구나 다른 사람이 내게 진실해지기 위해 어떤 태도를 보일지는 그만 걱정해도 괜찮다고 허락해 주었다.

잠자리에 들기 위해 머리를 베개에 눌 때 나는 내 의도가 선했으며 내 온전함과 정렬이 잘 맞는 선택을 했다고 대체로 말할 수 있다. 나는 완벽하지 않고 늘 일을 망친다. 하지만 필요할 때면 그것을 인정하고 사과할 것이다. 내게는 항상 깨어있고 의식하며 다른 사람들에게 주의를 기울이는 동시에 평생 개인적인 성장을 고집스럽게 추구하는 일이 다른 사람들의 의견보다 더 중요하다. **이것**이 내가 할 수 있는 최선이다. 만약 이 정도로는 다른 사람에게 충분하지 않더라도, 상관없다.

오랜 세월 심리치료와 자기 작업(자기 발전을 위해 적극적으로 시도하는 모든 노력-옮긴이)을 시행하며 유턴과 호기심을 활용한 뒤에, 마침내 나는 제자리로 돌아와 **내가 모든 사람의 마음에 들 수는 없다**는 사실을 받아들이게 되었다. 당신도 마찬가지다. 당신이 자기 자신을 잘 알고, 자신의 온전함 안에서 활동하고, 사랑이라는 뿌리에 바탕하고 있으며 당신을 비판하는 사람이 여전히 주위에 있다면, 당신이 잘 해내고 있다는 신호로 받아들여라.

3

더 큰 그림과
연결하기

지금까지 당신은 자기 자신과 더 잘 연결되기 위해 자아성찰과 호기심을 활용함으로써 작은 부분을 줌인해 들여다보는 방법을 한두 가지 배웠다. 또한 다른 사람들과 연결되는 문제도 새로운 시각으로 이해하게 되었다. 그렇다면 마지막 3부에서는 줌아웃해 멀리 보고 생각하기로 하자. 그런데, 왜, 누가 상관한다고 이렇게까지 해야 하는가?

바지에 오줌을 쌀 정도로 실컷 웃거나 속 시원하게 울거나 무언가에 진심으로 매혹되거나 사랑에 빠지거나 너무 깊은 슬픔에 빠져서 다시는 기운을 차리지 못할 것 같은 적이 있었는가? 이런 경험을 해본 사람이라면 안다. 당신은 이런 순간들을 그리고 이런 경험으로 무엇을 하는지가 얼마나 중요한지 이해한다. 인생을 천천히 신중하게 **만끽**하는 것은 온전히 인간답다는, 온전히 살아있다는 기분을 느끼는 것이다. 게다가 당신은 발자국을 남긴다. 당신의 선택과 행동은 당신이 닿는 모든 사람과 장소, 사물에 영향을 미친다. 당신이 세상을 살아가는 방식은 좋든 싫든 파급 효과를 일으켜 주위에 영향을 준다.

3부에서 우리는 개인의 존재와 그 개인이 살아가는 우주를 연결하는 결합조직을 찾아볼 것이다. 우리가 하는 모든 행동은 모든 곳에서 힘을 만든다. 이 개념은 범위가 너무 넓고 추상적이어서 제대로 파악하기가 가장 힘들 것이다. 이런 종류의 연결은 대단히 영적이다. 그렇기에 인생의 목적, 정렬, 무소유, 희망, 의미 부여 그리고 기쁨에 끊임없이 연결되는 삶에 대해 의도적으로 깊이 생각하게 된다. 실존적 탐구는 궁극적인 물음표를 요구하고 불러일으킨다. 그 목적은 모든 질문에 대한 분명한 답을 찾는 것이다. 더 정확히 말하면, 우리는 오로지 호기심 넘치는 사람이 되기 위해 우리의 타고난 호기심을 발휘하겠다는 목적을 가지고 3부를 함께할 것이다. 왜냐하면 호기심은 그 자체로 우리에게 개인의 삶을 뛰어넘게 하고 더 큰 그림에 연결되도록 하기 때문이다. 다시 한번 말하지만, 호기심의 정신을 잘 활용하기에 자연보다 더 좋은 곳이 어디 있겠는가?

언컴파그레피크Uncompahgre Peak는 산후안 산맥에 자리한다. 내가 지금까지 등반에 성공한 포티너14er(높이가 해발 14,000피트 이상의 산을 일컫는 말-옮긴이)를 통틀어 가장 마음에 드는 곳이 언컴파그레이다. 등반을 떠나기 전 오후에, 매트와 나는 배낭을 챙기고 숲 외곽에 텐트를 쳤다. 대부분의 포티너와 달리, 언컴파그레의 정상은 일단 수목한계선(위도나 고도가 높은 지역에서 나무가 자랄 수 있는 경계선-옮긴이)을 지나서 등반 코스에 들어서기만 하면 거의 모든 곳에서 보인다. 우리는 저녁 8시에 잠자리에 들었고, 해가 지면서 우리의 등반 목적지인 언컴파그레피크 봉우리의 윤곽이 우리의 시야 위로 어렴풋이 보였다.

　새벽 2시에 알람이 울렸다. 우리의 목표는 해가 산꼭대기에 걸리는 모습을 볼 수 있도록 시간 맞춰 정상에 오르는 것이었으므로 시간이 촉박했다. 우리는 등산복을 입은 채 잠들었고 배낭에 물과 자외선차단제, 간식을 넉넉히 챙겨 넣었다. 매트와 나는 등산화를 신고 옷을 겹겹이 껴입은 다음에 새까만 하늘에 수백만 개의 별이 총총히 박혀 있을 때 텐트를 나섰다. 도시의 불빛에서 완전히 멀어져서 문명의 이기를 전혀 이용하지 않는 곳에 들어서면 별들의 미로를 보고 입을 떡 벌리게 된다. 우리는 몇 번이고 반복해서 등반을 멈추고 헤드랜턴을 끈 채 밤의 칠흑 같은 어둠 속에 서서 하늘을 올려다보았다. 그 기분은 이루 말로 형용할 수 없다. 아마도 내가 그 장관을 묘사하기 위해 떠올릴 수 있는 가장 정확한 표현은 경이로움일 것이다. 잠시, 그 순간은 당신이 깃들어 있던 육체를 떠나서 인생의 모든 것을 잊어버리게 한다. 그것은 우리가 우주의 무한한 광활함과 동떨어지지 않았다는 사실을 새삼 떠올리게 한다. 이 경험은 나만의 개인적인 존재에 반쯤 맹목적이고 근시안적으로 집중하는 것과는 완전히 대조된다. 이런 우연한 만남에 푹 빠져들어서 자연이 우리에게 완전히 스며들게 하는 것은 정말 기분이 좋다.

우리가 등산할 때 헤드랜턴에서 나오는 불빛은 우리의 유일한 안내자로 우리가 어디로 발을 디뎌야 할지 알려주었다. 헤드랜턴의 불빛은 상당히 밝아서 우리 앞길을 1.5미터 정도 밝혀주지만, 그 이상의 역할은 하지 못했다. 칠흑 같은 밤은 모든 시야를 가려 우리 발밑 바로 아래에 보이는 땅 너머에 무엇이 있는지 도통 분간할 수 없게 했다. 때로는 평지가 끝나는 길 가장자리에서 3미터도 못 되는 거리에 우리의 등반 코스가 있다는 것이 감지되기도 했다. 우리의 오른쪽이나 왼쪽으로 휑하게 느껴지는 공간은 아래쪽 들판으로 이어지는 구부러진 언덕이었는지도 모른다. 물론 우리가 가파르고 바위가 많은 몇백 미터 높이의 낭떠러지에서 멀찌감치 떨어져 걷는 것도 가능했다. 우리는 등반 코스에서 벗어나지 않는 법을 알고 있었다.

야간 등반을 할 때마다 나는 헤드랜턴의 불빛이 만들어주는 제한된 공간 밖에 무엇이 도사리고 있는지 궁금해한다. 나무는 얼마나 큰지, 근처에 잠들어 있던 산양 가족이 스쳐 지나가는 우리를 보려고 고개를 빼꼼 들지는 않는지 그리고 수백만 송이의 야생화가 꽃잎을 활짝 열고 자기 색깔을 뽐낼 수 있도록 해가 뜨기만을 기다리고 있진 않은지 상상한다. 우리가 자연을 누비고 등반하는 동안 고작 몇 미터 앞에 어떤 지형이 펼쳐지는지 혹은 어떤 야생 동물이 도사리고 있는지 모르는 기분은 아주 즐겁고 도저히 잊히지 않는다.

그날 아침, 내가 언컴파그레피크를 등반하면서 관점에 관해 나 자신과 나눈 내면의 대화가 생각난다. 인생을 살다 보면 가끔 바로 코앞에 무엇이 있는지조차 모를 때가 있다. 그리고 시간이 흘러가기를, 무언가가 나타나기를, 태양이 떠오르기를 기다리는 것 말고는 그 어떤 통찰도 얻을 방법이 없다. 어둠 속에서, 원하기만 한다면 우리는 계속 움직일 수 있다. 그저 작은 랜턴 하나만 있으면 우리는 한 발 한 발 계속 내딛도록 충분한 안내를 받을 수 있다. 특히 어둡거나 불확실한 시기에, 하루에 한 걸음씩 더듬더듬 길을 찾아 나가는 느낌은 몹시 힘겹다. 힘들게도, 나는 한 번에 한 **시간**을 무사히 넘기는 데 집중하면서 하루를 무사히 버틸 수 있게 해달라고 미친 듯이 기도하던 시기를 거쳤다. 좋든 나쁘든, 세상이 온통 당신을 중심으로 여전히 돌아가고 있다는 믿음에 굴복하는 것은 꽤 유혹적이다. 당신이 이 거대한 세상에서 이해하고 통제할 수 있는 범위가 극히 작다는 사실은 몹시 위협적으로 느껴진다.

우리가 정상에 다가갈수록 지평선 위의 산봉우리들은 천천히 밝아오는 하늘을 배경으로 어슴푸레한 윤곽을 서서히 드러냈다. 지구는 충분히 자전하고 나서 그날의 첫 번째 햇살을 맞이했다. 지평선 위의 봉우리들은 어두운 기운을 아주 조금씩 덜어낸 하늘을 배경으로 여전히 검게 보였다. 손발을 다 짚고 엉금엉금 기어 올라가야 하는 일부 구간에서는 한 번에 한 걸음씩 움직이며 우리는 정상에 오르는 데 성공했다. 회색과 푸른색을 뒤따라 분홍색과 주황색이 구름에 반사되기 시작했다. 우리가 아는 모든 사람이 포근한 자기 집 침대에 잠들어 있을 때, 매트와 나는 해발 14,308미터 위에 앉아서 아침을 먹었다. 콜로라도주에서 여섯 번째로 높은 산꼭대기에서 우리는 태양이 로키산맥 위로 떠오르는 모습을 지켜보았다.

햇빛이 우리 주변의 땅을 모두 환하게 밝혔으므로 우리는 언컴파그레피크의 사방에 솟아오른 거대한 계곡들을 볼 수 있었다. 우리가 그날 등반한 지형은 더는 신비에 싸인 존재가 아니었다. 등반 코스가 거의 한눈에 들어왔고 우리가 지난 몇 시간 동안 얼마나 멀리 걸어왔는지 알 수 있었다. 우리는 텐트와 침낭을 수목한계선에 숨겨 두고 왔는데, 그곳에 늘어선 관목들이 만들어 낸 거대한 장벽은 말도 안 될 정도로 멀게 보였다. 환한 햇살 아래, 털이 복슬복슬한 산양 무리가 탁 트인 계곡에서 풀을 뜯어 먹는 모습이 보였다. 아무래도 우리가 어둠 속에서 저 산양 무리를 지나쳐온 모양이었다.

우리가 지나쳐온 모든 것을 볼 수 있는 때는 등산이 끝난 뒤인 이 순간뿐이었다. 이 뒤늦은 깨달음은 몹시 매혹적이었다. 우리는 지형이 어떻게 달라지는지를 감각에 의지해 탐지했고 그 생각은 옳았다. 때때로 우리는 거대한 낭떠러지를 아슬아슬하게 비켜 걷기도 했다. 등반 코스를 따라, 사방이 탁 트인 공간으로 나오니 야생화가 만개해 있는 광활한 들판이 이어졌다.

일출을 감상하기 좋은 명당에서 보니, 그제야 우리는 어둠 속을 얼마나 많이 헤치고 나아갔는지 완전히 이해할 수 있었다. 사실, 햇빛 덕분에 우리는 줌아웃해서 전체 그림을 볼 수 있었다.

하산은 등산만큼이나 즐거웠지만, 완전히 다른 느낌이었다. 이제, 줌아웃하는 관점이 생겼으므로 우리의 초점도 달라졌다. 별이 총총히 박힌 숨이 멎을 듯 아름다운 하늘의 장막은 폭신폭신해 보이는 하얀 구름과 햇빛이 가득한 푸른 하늘로 변해있었다. 우리는 저 멀리까지 내다볼 수 있었다. 이전에는 우리와 아주 가까운 곳에 있는 대상에 한정되어 있던 우리의 지식이 이제는 사방으로 무한정 멀리 뻗어나갔다. 우리는 산후안의 아름다움이 뻗어나간 지역을 모두 볼 수 있었다.

귀중한 경험들은 두 가지 관점을 통해 얻을 수 있었다. 바로, 어둠 속 걷기와 빛 속에서 지난 발자취를 되짚어보기이다. 만약 해가 뜨기를 기다렸다가 등반을 시작했더라면 별 아래에서 등반하고 우리를 둘러싼 어둠 속에 과연 무엇이 도사리는지 몰라 흥미진진한 경험을 하지 못했을 것이다. 만약 어둠 속에 머물며 헤드랜턴이 비추는 1.5미터 반경 안을 줌인해 들여다보았다면 우리는 계곡, 먼 곳의 봉우리들, 산양, 지평선 위의 일출 그리고 길게 이어지는 근사한 지형을 모두 놓쳐 보지 못했을 것이다. 줌인과 줌아웃하는 능력은 **모두** 변하기 쉬우면서도 만족을 주는 인간의 경험에 몹시 중요하다. 변화가 없다면 우리는 아름답고 중요한 것들을 놓친다.

"지리적 시간에는 현재가 포함되어 있다." 이 말은 시아버지의 명언 중 내 남편이 좋아하는 것으로, 특히 우리가 산길을 운전해서 지날 때 자주 등장한다. 이는 미래의 요소들이 바람의 모든 이동 방향, 모든 폭풍우 그리고 지금 당장 모래사장으로 들이

닥치는 모든 파도로부터 영향받는다는 사실을 언급한 것이다. 이 예시들과 그 영향력은 아주 미미하고 의미 없어 보일 수 있다. 하지만 수천 년 동안 비탈 아래로 쉴 새 없이 흘러내린 물줄기로 인해 단단한 바위가 날카로운 못으로 변한 걸 한 번이라도 본 적이 있는 사람이라면 이해할 것이다. 요란하게 쏟아져 내리는 폭포는 개별적인 물방울들이 뭉쳐 형성된다. 여름날 산비탈의 에메랄드 색깔은 방대한 개수의 작은 솔잎들이 모인 것에 지나지 않는다. 각각의 모래알은 그 자체로는 아무 의미 관계가 없다. 하지만 한 알의 모래가 중요하지 않다면 나머지 모래 또한 중요하지 않을 것이다. 그리고 사실이 그렇다면, 세상에 해변은 없을 것이다. 바다를 이루는 모든 물방울이 놓인 해저도 없다. 그리고 만약 모든 물방울에 의미도 목적도 없다면, 소나무는 절대 수분을 공급하지 못할 것이다. 신록이 덮인 산비탈도 존재하지 않을 것이다. 세상의 모든 존재는 더 큰 전체에 이바지한다. 그러므로 한 방울의 물, 한 알의 모래 그리고 한 가닥의 솔잎은 모두 의미가 있어야 한다.

낱낱의 모래알이나 물방울처럼 당신의 마음을 흘러가는 모든 생각은 그 안에 어느 정도의 힘을 지니고 있다. 당신이 말하는 모든 단어는 삼림에서 자라는 또 하나의 솔잎이다. 당신의 선택과 행동은 당신 자신과 다른 사람들에게 파동을 일으키는 에너지를 방출한다. 인생을 살아가는 당신의 방식은 당신이 세상을 떠난 지 한참 뒤에도 여전히 영향을 미칠 수 있고, 또 그럴 것이다. 자신의 가장 진실한 자아와 정렬을 맞춰서 이 세상을 살아가

마음 정렬

겠다는 당신의 다짐에는 고통을 치유하는 힘이 있다. 그 다짐은 아름다움과 연결성을 만들어 낼 수 있다. 당신이 의미 있는 삶을 추구한다면 세상에 존재하는 사랑의 에너지가 지금 그리고 어쩌면 앞으로 몇 세대 동안 증가할 것이다.

줌인 관점으로 당신이 생각하고 행동하며 살아가는 방식은 한 인간으로서 겪는 당신만의 경험에 영향을 준다. 그리고 이것은 물결처럼 번져서 다른 사람들과 당신의 주변 세상에 영향을 미친다. **줌아웃** 관점을 취하고 미래와 더 큰 그림을 고려하며 거대한 우주 속의 작은 존재를 포용할 줄 안다면 당신은 겸손함을 유지할 것이다. 탁 트인 넓은 관점을 취하면 당신이 꿈을 꾸고 희망에는 가치가 있다는 사실을 떠올리는 데 도움이 된다. 언제, 어떻게 줌인해야 하는지를 알아두되, 때때로 줌아웃할 줄도 알아야 한다는 사실 또한 기억하라. 부디, 필요하다면 실존의 위기를 겪어보아라. 당신의 한정적인 관점 너머에 무엇이 존재하는지 호기심을 품어라. 당신의 몽상을 실현할 수 있는 것에 대한 궁금증으로 가득 채워라. 논리에서 한발 뒤로 물러나 알 수 없는 신비를 포용하라. 왜냐하면 우리 자신과 우리가 맺은 관계를 구체적으로 이해하는 작업을 하는 한편으로 더 큰 그림 역시 중요하다는 사실을 기억해야 하기 때문이다.

의미 그리고
목적

우리는 하루 24시간을 보내면서, 해야 할 일 목록에서 완수한 항목을 지우고 끊임없이 시계를 확인한다. 대화를 나누고 중요한 목표를 달성하고 일하고 잠자고 계획을 세우며 인생을 막무가내로 밀어붙이듯 살아가느라 길을 잃을 때가 많아서 우리는 그 무엇보다도 중요한 일이 있을지 모른다는 사실을 잊곤 한다.

최근에 나는 유산에 대해 생각해 보았다. 우리의 유산이란 우리가 세상에 어떻게 기억되는가이다. 언젠가 내 장례식에서 사람들이 나에 관해 무슨 말을 할지 종종 궁금해한다면 나는 자기중심적이고 비뚤어진 걸까? 미래의 내 후손들이 나에 관해 어떤 말을 듣고 나를 어떻게 이해할지 생각하면, 내가 지금의 일상을 어떻게 살아야 할지를 더욱 의식하게 된다. 내가 세상을 떠난 지한참 뒤에 사람들이 나를 성실한 사람이었다고 생각한다면, 그것으로 충분한가? 만약 그들이 내 순자산이 일정 금액 늘어났다는 사실을 알게 된다면 나는 그것으로 만족할 수 있을까? 돈, 지위, 물질적 재산, 성취 혹은 내 이름 뒤에 따라붙은 업적을 기반으로 내 발자국이 남겨지기를 원하는가?

이런 특별한 목적이나 활동은 나를 위한 것이 아니었다. 나는내 유산이 그 이상이 되기를 원한다. 그보다 더 의미 있기를 바란다. 그런데 대체 '그 이상'이란 어떤 모습인 걸까?

이 책을 쓰고 있는 오늘은 우리 엄마의 70번째 생일날이다. 지난 몇 달 동안, 나는 엄마의 옛날 사진과 그동안 엄마를 알고지낸 사람들에게 부탁해서 받은 메모를 모았다. 나는 이것을 엄마에게 선물하려고 사진과 메모를 모두 한 권의 노트에 가지런히 정리했다. 나는 엄마가 아직 이곳 지구에 살아있는 동안 자신의 유산을 조금이나마 이해하기를 바란다. 엄마는 자신이 사람들의 인생과 주변 세상에 어떤 영향을 주었는지 알아야 한다. 이작업을 진행하면서, 나는 엄마가 대단히 사랑스러운 사람이고, 노트에 넣을 다정한 메시지들이 매우 많이 도착하리라 생각했다. 하지만 내가 예상하지 못한 것은 내가 받은 거의 모든 메모가 확실히 공통된 맥락을 드러낸다는 점이었다.

메시지 하나하나에는 사람들이 힘든 시기를 겪을 때 엄마가어떻게 그들과 시간을 보냈는지에 관한 사연이 고스란히 담겨있었다. 내가 받은 메모에는 친구들이 아프거나 다쳤을 때 엄마가 병문안을 간 이야기, 무언가를 도와달라는 부탁을 받으면 엄마가 그 이상으로 도왔다는 이야기 그리고 누군가 속마음을 털어놓고 싶을 때면 엄마를 찾았다는 이야기가 담겨 있었다. 도움을 받았다는 사람의 범위는 폭넓었다. 초등학교 시절의 친구들, 조카들, 현재와 과거의 동료들, 시댁 식구들, 옛날 이웃들, 고등학교 시절의 단짝들, 고용주들, 가족 그리고 지금 만나는 친구들로부터 사연이 도착했다. 심지어 나와 남동생의 어린 시절 보육교사들도 그 노트에 담을 사연을 보내주었다. 그들의 메시지는 돈, 신체적 아름다움, 지위, 힘, 영향력 혹은 어떤 특정 상황에서 엄마의 생각이 정말 '옳았다'라는 내용이 아니었다. 그보다는 한 사람도 빠짐없이 엄마가 친절과 정성으로 자신들의 삶에 영향을 주었다고 적었다.

메시지를 통해 드러난 이 완전한 일관성은 충격적이었다. 언젠가 엄마가 돌아가신다면 입에 가장 많이 오르내리고 가장 존경받을 성품은 엄마가 다른 사람들에게 끊임없이 표현한 사랑일 것이라고 나는 확신한다. 이것은 화제가 되거나 역사책에 실리지는 못할 것이다. 이것은 뉴스에서 다뤄지지도 않을 것이다. 하지만 그녀의 친절은 사람들의 삶에 좋은 영향을 주었다. 그녀는 사람들에게 관심을 가지고 그들의 말을 들어주고 그들을 사랑함으로써 수천 개의 차이를 만들어 냈다. 나는 '그 이상'이란 어쩌면 **이것**과 비슷한 모습이 아닐까 생각한다.

아마도 내 인생을 통틀어 처음으로, 나는 이 개념을 한층 명확하게 이해하게 되었다. 엄마의 생일 기념 노트 표지에는 '유산'이라는 단어가 커다랗고 굵게 인쇄되어 있다.

우리 가족은 로키산맥의 사시나무를 지나며 등산을 하거나 고산 지대의 호수와 강에서 낚시를 하거나 한밤에 야영장의 모닥불 주위에 앉아서 소중한 시간을 보내는 것을 좋아한다. 새까만 밤하늘을 배경으로 총총히 박힌 별을 바라보는 것은 내가 가장 좋아하는 치유법이다. 남동생과 나는 모두 우주에 매혹되었다. 우리는 캠핑 의자에 걸터앉아 은하수 저 너머를 뚫어지게 쳐다보며 우주의 무한한 확장성에 넋이 나가곤 한다. 바다의 깊이를 생각할 때도 나는 같은 기분을 느낀다. 때때로, 모든 존재의 순수한 웅장함을 이렇게 줌아웃한 관점에서 바라보면 마음이 편안해진다. 내 감정이나 생각, 경험이 아무리 대단하게 느껴지더라도 우주의 거대함과 그 안의 모든 존재에 비하면 그것들이 빛을 잃는다는 사실이 새삼 떠오른다.

하지만 계속 줌아웃 상태로 지낸다면 우리는 사소해 보이는 우리의 의도와 선택, 행동이 실제로 **정말** 중요하다는 사실을 더는 보지 못한다. 아주 사소하고 작은 수준에서 보면, 낯선 사람에게 보낸 한 번의 미소조차 양자 진동을 일으키고, 방 안의 에너지 파장을 높인다. 이것은 수상쩍고 비과학적인 주장이 아니라 틀림없는 과학이다. 모든 사랑하는 생각, 모든 친절한 행동, 당신이 낙관적이고 진정성 있는 태도로 행동하겠다고 결정하는 모든 순간, 이것이 **모두** 에너지이고 **모두** 중요하다.

마리안 윌리엄슨Marianne Williamson의《사랑으로의 귀환A Return to Love》은 내 애장 도서 중 하나이다. 그녀는《기적 수업A Course in

Miracles》을 출발점으로 삼아서 기적에 대한 정의가 공포에서 사랑으로 변화될 수 있다는 점을 생각해 보라고 권한다. 이 말은 누구나 기적을 만들 수 있게 한다. 정말 멋진 말 아닌가? 모든 사람이 (대체로 부정적인) 판단, 분리, (온갖 신경증에 걸린 듯한 태도의) 타자화, 폭력, 소극적인 공격, 창피 주기 혹은 결핍에 기초한 어떤 생각과 행동을 하지 않고, 서로 사랑하는 데 더 많은 시간과 에너지를 쏟는 세상을 상상할 수 있는가?

최근에 나는 어느 우체부를 주인공으로 한 유튜브 영상을 봤는데, 그가 어느 가족의 우편물을 매일 배달할 때마다 걸음마를 막 뗀 듯한 여자 아기가 창문 밖을 바라봤다. 당시 이 가족은 코로나와 관련된 이유로 격리 중이었는데, 이 우체부와 꼬마 소녀는 일종의 일상적인 의식을 시작했다. 말하자면 그들은 춤을 췄다. 창밖에서 그는 우편물을 배달하기 위해 꼬마의 집으로 가면서 우스꽝스러운 동작을 하곤 했다. 그러면 꼬마 소녀는 그의 움직임을 흉내 냈다. 그가 우편물을 배달할 때면 두 사람은 유리창을 사이에 둔 채로 몇 분 동안 장난기 가득한 채로 유치하고 즐겁게 몸을 흔들어댔다. 이 작은 몸짓으로 두 사람이 서로의 하루를 얼마나 환히 밝혀주었을지 당신의 상상에 맡길 뿐이다.

내 남편은 스타벅스 드라이브스루에 갈 때마다 다음 순번의 사람에게 거의 매번 커피를 사준다. 겨울이면 근무 시간이 끝나갈 무렵에 어느 이름 모를 사람이 나타나 내 사무실 주차장에 주차된 수많은 차량의 전면 유리에 쌓인 눈을 치워준다. 이 사람이 추운 바깥에 서서 자신의 귀가 시간을 늦춰준 덕분에 나를 비롯한 나머지 사람들은 몸이 따듯한 상태로 조금이라도 더 빨리 자신의 가족들에게 가기 위해 도로를 나설 수 있다. 내가 사무실을 비울 때면 직원들은 내 화분에 물을 준다. 나는 자동차 창문을 내리고 덴버시의 교차로 모퉁이에 서서 구걸하는 노숙자들에게 말을 건다. 심지어 내 수중에 그들에게 줄 돈이 한 푼도 없을 때도 그들이 내게 미소를 짓고 잠시라도 대화를 나누며 언제나 내 행복을 빌어주는 것이 좋다. 어쩌면 이런 종류의 행동들이야말로 내 유산의 구성요소가 되기를 바라는 듯하다.

당신의 목적이 무엇인지 생각해 볼 정도로 자기 자신에 관해 깊은 호기심을 품어본 적이 있는가? 당신의 타고난 재능을 당연하게 받아들이지 마라. 그 재능은 목적이 있어서 당신의 내면에 존재하고 있다. 당신 자신에게 그리고 주변 세상에 아름다운 것들을 마땅히 나눠주는 은혜를 베풀어라. 그리고 당신이 세상에 이바지한 부분이 다른 사람들의 공헌과 비슷해야 한다고 생각하는 실수를 저지르지 않기를 바란다.

마음 깊은 곳에 사랑과 친절을 품고, 목적의식이 있는 삶을 살아가고자 한다면, 누구나 더 잘할 수 있다. 다음과 같은 질문을 탐구해 보지 않고 숨을 거두지는 말아라. "나는 어떤 유산을 남기고 싶은가?" 달리 말해서 "삶의 목적은 무엇인가?"

목적을 가져라.

의도를 품고 살아가라.

당신의 목적을 명확히 파악하는 게 힘들다면, 다른 모든 존재를 사랑하겠다고 선택함으로써 당신만의 작은 방식으로 전 세계에 누적되는 사랑의 주파수를 올리는 일부터 시작하라. 60초를 흘려보낼 때마다 당신의 부정적인 생각 한 가지를 사랑스러운 생각으로 바꾸는 새로운 기회가 생긴다. 당신 자신이나 다른 사람에게 친절한 행동이나 친절한 말을 할 기회를 모두 받아들여라. 당신이 들이마시는 모든 숨결이 고마움을 전하거나 햇빛을 즐기거나 맛있는 음식을 먹거나 자기감정에 충실하거나 다른 사람이 당신의 인생이나 세상에 아름답게 이바지했음을 인정해 주라는 초대장이다.

당신의 개인적인 목적은 불가능한 일을 해낼 정도로 심오할 필요는 없다. 그리고 당신의 이야기가 끔찍한 재앙이 되거나 기념비적인 업적이 될 만큼 중요할 필요도 없다. 당신의 재능을 활용하고 사랑을 나눠주고 당신의 고통에서 의미를 찾으며 분명한 의도를 가지고 세상을 살길 바란다.

당신이 남기고 싶은 유산에 관해 호기심을 품어라. 당신이 이 세상을 떠나기 전에 의도적인 발자국을 조금이나마 남기는 데 몰두하라. "대체 목적이 무엇인가?" 같은 의문을 스스로 떠올릴 때는 그 답을 찾아라.

애착 대 희망

10년 전만 해도, 나는 가능하다면 완벽하게 예상하고 통제하고 해내는 인생을 살았다. 내 안녕이 이 세 가지를 온전히 수행하는 데 달려 있다고 진심으로 믿었다. 예컨대 나는 기대나 예상이 달라지는 것을 몹시 싫어하는 성격과 씨름했다. 마지막 순간에 나와 함께하려던 계획을 바꾸거나 취소한 사람은 정말 다행이다. 혹은 겨울철 날씨로 운전이 위험해 출근할 수 없게 되면, 나는 갖가지 괴상망측한 감정의 소용돌이에 빠지곤 했다. 이성적이지 못하게도 대자연에 화가 나기도 했고, 부끄럽게도 내가 나쁜 직원이 틀림없다고 걱정하기도 했다. 이처럼 마음을 불안하게 하는 믿음으로 인해 내 몸은 쉴 새 없었고, 내 마음은 오만가지 상상에 시달렸다. 내 안에 자리한 완벽을 도모하길 좋아하는 소인격체들은 예기치 않은 사건과 불확실한 일이 최소화된 삶과 미래를 만들기 위해 최선을 다했다.

몇 년 동안 심리치료를 받고 성장을 이루기 위해 노력한 끝에, 이제 나는 통제 본위의 소인격체들이 어째서 나를 위해 그토록 헌신적으로 매달렸는지 명쾌하게 이해하고 있다. 그들은 불확실성이란 위험한 것이어서 결국은 내 감정에 상처를 입히고 스트레스를 주며 상실감을 안겨준다고 믿었다. 그 소인격체들이 꼭 틀린 게 아니었다. 때로는 아직도 나는 통제 부족과 평온함 부족 사이에 확실한 상관관계가 있다고 생각한다. 게다가 이런 유형의 소인격체들은 보상을 받고 강화되었으며, 그들의 신념은 더욱 굳건해졌다. 완벽함, 예측 가능성 그리고 통제감은 특히 미국 문화에서 칭찬받는 덕목이다. 하지만 이런 특성에 중독되다 보면 결국은 우리에게 도움이 되지 않는다. 조마조마한 마음으로 이 세 가지에 매달리는 우리는 끝내 더 많은 고통과 단절감에 시달릴 뿐이다.

30대 중반에 나는 불교 개념을 공부했고 무소유nonattachment라는 관념을 접하게 되었다. 통제하고 완벽을 도모하기 좋아하는 내 소인격체들은 이것을 좋아하지 않았다. 사실, 그들은 처음에 이 관념을 온몸으로 거부했다. 당시 나는 무소유를 인생의 목표가 없는 게으른 사람들이 이용하는 정당화이자 변명이라고 여겼다. 둘 중 어느 것에도 일체감을 느끼고 싶지 않았다. 통제, 예측 그리고 완벽을 기본으로 한 소인격체들은 상황이 특정한 방식으

로 진행되는 데에 내 생계가 달려 있다는 믿음에 악착같이 매달
렸다.

불교의 가르침에 따르면, 이 믿음이야말로 **집착**의 특징을 정
확히 묘사한다. 그러므로 **무소유**는 통제를 기꺼이 내려놓는 마음
이라고 설명할 수 있으며, 우리의 현재와 미래에 대한 행복은 완
벽하고 예측 가능하며 통제할 수 있는 결과의 확실성에 좌우되
지 않는다는 믿음 속에 자리한다.

그 시절의 내 심리치료사는 내가 확실성에 무시무시하게 집
착하는 습성을 물리치도록 도왔다. 그녀는 내가 통제력, 예측력
그리고 완벽함이 부족하다고 느낄 때면 (세 개의 양동이인) 내 생
각과 감정, 신체의 안쪽에서 무슨 일이 벌어지는지 확인하라고
격려했다. 그리고 내가 그 기능과잉인 소인격체들에게 어떤 식
으로 영향을 받는지 깨닫도록 도왔다. 상황은 갈수록 힘들어져
서, 내 인생과 믿음을 해체할수록 그리고 내게 도움이 되지 않는
온갖 허튼짓을 떨치려고 할수록 내 불확실성은 점점 **커져만 가는**
것이 눈에 보였다. 그건 정말 거지 같은 일이었다. 이런 불편 속
에서, 내게는 두 가지 선택권이 있었다. 첫째는 통제와 완벽을
도모하는 내 과거의 방식으로 되돌아가서 엄청나게 많은 스트레
스, 되새김질하는 생각, 불안, 원한 그리고 분노를 품고 살아가는
것이다. 둘째는 내가 "그것참 흥미롭지 않아?"라는 마음으로 이
관념에 대한 내면적 경험을 관찰하고, 이 무소유의 개념에 (몇 번
이고 반복해서) 항복하며, 흔히 말하듯 그 모두가 부처님의 가르침
그대로인지 확인하는 법을 배우는 것이다.

이와 비슷한 시기에, 나는 가브리엘 번스타인의 저서 《우주에는 기적의 에너지가 있다》를 접하게 되었다. 예전에는 통제와 예측성, 완벽에 대한 집착을 엄청난 공포심과 연결해 생각한 적이 없었다. 하지만 내가 이런 개인적인 대변혁의 시기를 헤쳐 나가면서, 특히 불확실성과 불편을 한창 겪을 때면 내가 잘할 수 있고, 발전할 수 있다는 신뢰와 믿음이 억눌렸었다는 사실이 분명해졌다.

번스타인은 공포에 관해 많은 이야기를 들려준다. 그녀의 글을 읽으면서, 나는 공포의 목소리가 **내 것**이 아니란 것을 깨달았다. 오히려 그것은 통제와 완벽함 본위의 모든 **소인격체**가 내는 목소리였다. 내가 아주 어렸을 때부터 이 소인격체들은 버스를 탈취해 내 생각과 선택, 행동을 오래도록 조종했다. 일어날 수밖에 없는 일이 일어나기만을 기다리면서 30년 이상을 보내는 것은 (그리고 그 일을 준비하거나 예측할 줄 알아야 한다고 생각하는 것은) 사람을 지치게 한다. 정말 끔찍한 생활방식이다. 번스타인의 책은 내가 불확실성으로부터 달아나지 않고 의도적으로 그 속으로 곧장 걸어 들어가기 시작할 때, 정중하면서도 연민 어린 태도로 내 손을 잡아준 첫 번째 자료에 속했다. 그 책 덕분에 나는 (상황이 특정한 방식으로 발생하거나 진행되어야 한다는) 집착과 진정한 호기심이 **공존하지 못한다**는 사실을 이해하게 되었다.

불확실성에 관한 내 인내의 창을 확장하는 과정이 어렵지도 고통스럽지도 않았다고 말할 수 있으면 좋겠다. 하지만 그 작업은 둘 중 어디에도 해당하지 않았다. 내가 무소유란 경험에 처음

항복하기 시작했을 때, 내가 느끼는 스트레스와 불안은 더욱 심해졌다. 불확실성에 대한 불편은 내 안에서 소란스레 떠들어댔고, 마치 딱따구리 한 마리가 날카로운 부리로 설명하기 어려운 내 갖가지 감정과 생각을 쉴 새 없이 쪼아대는 것 같았다. 그때는 내가 결혼이라는 안정감을 버리겠다고 결심하고는 아이들과 보내는 시간을 곧장 절반으로 줄이던 시기였다. 나는 딸과 아들이 이 결정을 별일 없이 받아들일지 혹은 이 선택으로 인해 회복할 수 없을 정도로 깊이 상처받진 않을지 걱정했다. 아이들이 우리의 예전 집으로 돌아가서 남편과 지내는 동안 밤마다 작은 아파트에서 나 혼자 잠이 들면 어떤 기분이 들지 두려웠다. 친구들과 가족들이 내 이혼 소식을 듣고 놀라서 "도대체 무슨 일이야?"라고 물을 때마다 나는 불편한 대화를 이어 나갔다. 사람들이 어떻게 생각할지 걱정스러웠다. 내가 재정적으로 안정될 수 있을지 고민스러웠다. 나는 언젠가 모든 상황이 다시금 괜찮아질 것이라 믿고 신뢰하려고 안간힘을 썼다. 공포감이 내 생각을 거의 완전히 뒤덮었다. 확실성으로부터 멀어지려는 노력은 너무 힘들었고, 분리와 이혼 과정의 전반에 걸쳐 온갖 종류의 조절 장애가 나타났다. 나는 분별력을 잃은 기분이었다. 그래도 무소유가 장점이라고 내세우는 듯한 자유를 믿어보기로 했다. 여기에 더해, 끊임없이 걱정하는 것이 얼마나 너절한 일인지 알고 있었으므로 과거의 전철을 다시 밟고 싶지는 않았다. 그래서 나는 이 무소유를 시도하는 데 전념했다.

이혼한 지 1년 뒤, 어느 정도 안정적인 기반을 다졌다고 느끼기 시작할 무렵 나는 석사 학위를 받았고, 심리치료소를 개업하기로 마음먹었다. 예측할 수 있고 안전한 길을 택하려고 했다면, 유료 주거 시설이나 치료 기관에서 일자리를 구했어야 한다. 내가 불확실하고 위험한 길을 선택할 때, 내 통제광 소인격체는 재정 파괴, 실패 그리고 굴욕에 대해 생각해 보라고 내 머릿속에서 고함을 지르고 발길질을 해댔다. 나는 나 자신을 바라보며 이렇게 생각했다. "대체 네가 뭐라고 사업을 시작하려는 거야?" 나는 내 계획이 성공할지 알 수 없었다. 성공할 수 있다는 믿음은 있었다. 그러면서도 그것이 모험적인 시도라는 사실 또한 인정했다. 실패할 경우, 다시 다른 사람 밑에서 일하고 출퇴근 기록 카드를 찍으면서 엄청난 액수의 사업 자금 대출금을 상환하기 위해 최소 납부액을 내야 할 가능성도 인지했다. 지금까지도 나는 사업을 시작하기로 한 결정이 사려 깊고 용감한 일이었는지, 아니면 무지와 행운이 빚어낸 가장 비범한 인생 경험 중 하나였는지 잘 모르겠다. 어쩌면 두 가지가 조금씩 섞인 것도 같다. 어쨌거나 이것은 내가 무소유를 실천했다는 증거였다.

내가 집착과 벌이는 싸움은 심지어 여가 생활에서도 등장했다. 스노보드 타는 법을 배울 때, 나는 무게를 왼쪽 뒤꿈치로 이동시키면서 보드를 금세 편하게 탈 수 있었다. 내 대퇴 사두근의 힘을 믿었기에 비탈 아래와 전방의 시야를 꾸준히 확보할 수 있었다. 이것은 잘 통제되었고 안전하다고 느껴졌다. 안타깝게도, 스노보드로 산에서 내려오는 내내 대퇴 사두근에 온 힘을 실었더니 속도가 느릴 뿐 아니라 참을 수 없이 고통스럽기도 했다.

비결은 발가락과 산의 경사 반대 방향에 무게 중심을 두면 편안하게 내려온다는 것이었다. 당신의 등이 내리막 쪽을 향하기 때문에 발끝에 힘을 주고 타는 토우 사이드슬립은 무섭다. 이 기술이 어느 정도 편하게 느껴진 뒤에도 양쪽으로 무게를 이동하는 법을 여전히 배워야 한다. 당신이 보드의 날을 세워 눈을 깎으며 지그재그로 산을 타고 내려갈 때 무게 중심을 보드의 뒤꿈치가 닿는 부분에서 발가락이 닿는 부분으로, 그런 다음 다시 발가락 부분에서 뒤꿈치 부분으로 옮기는 것을 반복하면서 보드 밑을 스치는 눈을 느끼며 신체의 직감에 의존해야 한다.

스노보드를 타고 빠르게 움직이지 않으면 당신은 넘어질 것이다. 그리고 스노보드에서 넘어지면 유독 아프다. 꼴사나운 모양이 나오고 충격에 대비할 시간도 없다. 균형이 무너지자마자 중심을 잡으려고 너무 힘을 주면 당신은 위험해진다. 보드의 방향이 내려가는 방향과 직각이 되면 당신은 확실히 넘어진다. 당신이 내리막을 보고 내려올 때 발가락 쪽으로 너무 힘을 주면 얼굴을 눈에 처박고 손목을 다치게 된다. 혹은 산 위를 보고 있을 때 뒤꿈치로 무게 중심을 이동하면 당신이 균형을 잃었다는 사실을 미처 깨닫기도 전에 엉덩방아를 찧으면서 꼬리뼈에 멍이 든다. 넘어지지 않고 자세를 유지하려면 항복해야 한다. 당신은 속도를 올리는 것이 방향을 이리저리 바꾸는 가장 쉽고 순조로운 방법이라는 사실을 배운다. 느긋한 마음으로 자기 신체를 믿으며 스노보드를 타고 산을 매끄럽게 타고 내려간다면 세상에서 가장 유쾌한 기분 중 하나를 맛보게 된다. 당신이 보드 위에서 완벽한 통제력을 유지하려고 애를 쓸수록, 넘어져서 다칠 위험이 커진다. 진정한 무소유의 정신에 따라, 더 많이 내려놓고 더 많이 신뢰할수록 당신은 보드를 더 잘 타게 되고 더 안전해질 것이다.

내 삶에서 집착을 완전히 털어내는 과정에서 무소유가 희망마저 놓아버리게 만들면 어쩌나 하는 걱정이 생겼다. 내가 가슴을 활짝 열어 보이고 운명의 영향에 취약해진 채 세상을 살아간다고 해서 이것이 목표와 희망, 내가 도달하기 위해 노력한 지향점마저 포기한다는 의미였을까? 나는 안도의 한숨을 성대하게 내쉬고는 그렇지 않다는 사실을, 집착하지 않는 삶을 산다고 해서 희망마저 뿌리 뽑히지는 **않는다**는 사실을, 더디지만 확실하게 배웠다. 이건 우리가 목표와 꿈을 이루기 위해 열심히 노력할 필요가 없다는 뜻도 아니다.

상황이 어떻게든 해결되리라는 희망을 계속 품어도 괜찮다. 아니면, 무언가가 사실이기를 바라거나 앞으로 실현되기를 소망해도 된다. 단지 당신의 행복이 그런 희망에 달려 있다고 가정하는 것만은 그만하기를 바란다. 마음을 열고, 일어날 일은 어떤 식으로든 어떤 시기에 반드시 일어난다는 사실을 받아들이는 법을 배워라. 나는 건강하지 못한 결혼 생활을 청산했을 때 다가올 미래에 대해 조금도 이해하지 못했다. 때로는 남은 평생을 혼자 살게 되는 것은 아닐까 생각하기도 했다. 언젠가 이 결정을 후회할지 몰라 걱정하기도 했다. 소신 있게 사업에 뛰어들었을 때도 일이 잘 풀릴지 몰랐다. 스노보드의 바인딩에 발을 넣고 스트랩을 조일 때마다 내가 넘어져서 다칠 가능성이 있다는 사실을 알고 있다.

실패에는 정당한 가능성이 항상 있기 마련이다. 이것은 삶의 불가피한 일부분이다. 우리 마음속의 집착은 "일을 크게 벌이지 말고 안전하게 가"라고 말한다. 집착은 우리가 제한된 환경을 벗어나지 못하도록 한다. 희망은 새로운 미래를 열망한다. 나는 이혼을 진행하는 동안에도, 그 이후에도 아이들이 무탈하기를 바랐다. 결국은 내 인생을 함께할 사람을 다시 찾을 수 있기를 희망했다. 내 사업 계획이 잘 진행되어서 개인 진료소가 성공하기를 기대했다. 그리고 나는 스노보드를 타다가 허리를 다치지 않기를 확실히 소망했다. 하지만 나에게 미래를 보여주는 수정 구슬이 있는 것도 아니었기에, 무소유는 나를 정신 차리게 하는 새로운 생존 전략이 될 수밖에 없었다.

고등학생인 우리 딸 말리는 며칠 전 치어리더 입단 시험에 지원했다. 아이는 입단 시험을 마치고 눈물을 그렁그렁한 채 집으로 돌아왔다. 말리는 내게 "엄마, 지원한 아이들 모두 경험이 엄청 많았어요. 아무래도 저는 합격 못 할 것 같아요"라고 말했다. 아이의 판단은 옳았다. 우리 딸은 유연성, 경력 그리고 다른 후보자 대부분이 내세우는 특정 기술이 상당히 부족한 편이다. 아이가 입단 시험에 합격한다면 아마도 진짜 새내기가 될 터였다. 이 팀에서만이 아니라 치어리딩이라는 스포츠 자체가 처음인 새내기 말이다.

나는 모든 게 잘될 거라고 말해 주고 싶은 충동과 싸웠다. 아이에게 놀라운 재능이 있고 확실히 가능성이 있다고 온 힘을 다해 알려주고 싶은 마음을 억누르려고 애썼다. 그 대신 나는 이렇게 대답했다. "그래, 네 말이 맞아. 떨어질지도 모르지. 그러면 기분이 어떨 것 같아?" 우리는 실망과 창피함, 슬픔에 관해 힘겨운 대화를 나눴다. 그리고 이런 감정들이 어떻게 느껴질지 그리고 아이가 어떻게 그런 감정을 극복할 것인지 궁금해했다. 우리는 용기에 대해 말했다. 이번 일을 기회로 나는 말리에게 내가 오디션이나 입단 시험을 보고 나서 떨어졌던 경험을 모두 말해 주었다. 나는 전문 댄스 업계에서 일자리를 얻기는 했지만, 그전까지 **합격** 통지를 받은 횟수보다 **불합격** 통지를 받은 횟수가 훨씬 많았다. 거절당하면 얼마나 큰 상처를 입는지 알고 있었기에 나는 무섭고 암울한 상태에 빠져 있는 말리에게 즉시 공감해 줄 수 있었다. 대화가 끝나자, 아이는 자신의 전반적인 행복이 이 치어리더 팀 합격에 좌우되지 않는다는 사실을 깨닫기 시작했다. 혹시 떨어진다면 아주 잠시 기분이 정말로 나쁘기는 하겠지만 자신이 그 힘든 감정을 감당해 낼 거라고 알고 있었다. 말리는 치어리더 팀에 들어가기를 **희망하면서** 입단 시험을 치렀지만, 진정한 무소유의 정신에 따라 만약 불합격하더라도 자기가 정말 괜찮을 거라는 걸 이제는 깨달았다.

특정한 성과나 그것을 이룰 시기에 단단히 매달려 집착하고 싶은 유혹에 빠질 때, 상황이 어떻게든 풀릴 것이라는 희망을 품는 정도는 괜찮지만, 본질적으로 행복이란 힘든 일을 견디고 헤쳐 나갈 줄 아는 우리의 능력에 달려 있다는 사실만큼은 스스로 떠올려보자. 상황이 잘 풀리도록 하는 능력은 우리가 날마다 숨을 들이쉬고 숨을 내쉬며 계속 깨어있을 줄 아는 능력이 있는지에 따라서 결정된다. 이 무소유의 사고방식을 갖추기 위해서는 우리의 행복이란 늘어나고 줄어드는 범위이지, 고정되어 유지되는 상태가 아니라는 걸 이해해야 한다. 우리는 슬프거나 화나거나 겁이 나거나 비탄에 잠길 수도 있고, 아니면 아프거나 다치거나 실직하거나 파산하거나 혼자 남을 수도 있다. 이 중 어느 것도 당신에게서 궁극적인 행복을 앗아갈 힘은 가지고 있지 않다. 숨을 쉴 수 있고 여전히 심장이 뛰고 있다면, 당신은 적어도 어느 정도는 괜찮은 셈이다. 이 점을 절대 잊지 마라.

계속 희망을 품어라. 손에 꽉 쥐고 있던 통제력을 놓아주어라. 확실성과 무언가에 대한 집착을 어떤 식으로든 날려 보내라. 당신의 삶에 존재하는 요소들과 탐구 목표를 주먹으로 꽉 쥐지 말고, 활짝 펼친 손바닥 위에 올려두자. 통제 본위의 소인격체들에게 무소유에 관한 새로운 관점을 소개하고 마음을 조금은 느긋하게 먹어도 괜찮다고 허락해 주어라. 그들이 여유를 찾기 시작하면, 그렇게 풀어진 마음에 자연스럽게 호기심이 들어설 것이다. 더 큰 그림을 생각하라. 무한하고 광활한 우주, 깊은 바닷속, 자연의 웅장함 그리고 바로 이 순간이 오기 전에 흘러간 모든 시간의 역사를 통틀어, 예측하거나 완벽을 추구하거나 통제하려는 온갖 시도에도 불구하고 수십만 가지의 상황이 계속 일어났다. 만일 당신이 자기 자신보다 더 큰 존재에 대한 믿음이 있다면, 그 존재가 궁극적인 힘을 발휘할 수 있는 부분을 그냥 건너뛰지 마라. 당신의 집착을 놓아주고 모든 것이 어떤 식으로든 정말 괜찮아진다고 생각하면서, 그런 믿음을 연마하라.

기쁨

기쁨과 감사는 서로 밀접하게 연결되어 있다. 나는 이중 하나가 나머지 하나 없이는 존재할 수 없다고 믿는다. 이 두 가지는 연습해야 하는 일이고, 운동으로 개발되는 근육이다. 당신은 자신이 경험하는 기쁨의 양을 크게 늘릴 힘을 지니고 있다. 기뻐할 요소가 있는 순간이 잦아지는 것은 하나의 특권이고, 인생이 부여하는 그 무엇보다 신성한 과제 중 하나라고 주장할 만하다.

1997년 가을, 나는 19세가 되어 캔자스대학교에 입학했다. 네이스미스 홀은 산기슭에 있는 남녀 공용 기숙사로, 캠퍼스 끝자락에 자리했다. 길 건너편의 올리버 홀 역시 기숙사 건물이었다. 다음 날 학교에 가야 하는 어느 11월 초의 밤에, 취침 시간이 훨씬 지난 시간까지 나는 책상 앞에 앉아서 숙제를 하다가 그해 첫눈이 내리는 것을 보았다. 커다랗고 두툼한 눈발이 몇 시간 동안 거세게 날렸다. 나는 평생토록 캔자스에서 살았고 중서부의 겨울이 얼마나 짜증스러운지 잘 알고 있었다. 다음 날 아침에 수업을 들으러 언덕을 걸어 올라갈 때는 하늘이 흐릿하고 공기는 눅눅하며 바람이 불며 끔찍하게 추울 참이었다.

내가 숙제를 마치려면 적어도 한 시간이 더 필요했지만, 이만 잠을 자려는데 바깥에서 왁자지껄한 소리가 들려왔다. 8층인 내 방에서 창문으로 내다보니, 한 무리의 학생들이 1층으로 내려간 게 보였다. 화요일 자정에 이 정신 나간 친구들이 밖으로 나가 눈 속에서 뛰어노는 중이었다! 나는 짜증이 치솟는 만큼 호기심도 동했다. 나는 룸메이트와 함께 코트를 걸치고는 이 한밤중에 밖에서 대체 무슨 일로 야단법석인지 알아보기로 했다.

우리가 지내는 824호실은 길 반대쪽에 있었다. 그래서 우리는 1층에 도착하고 나서야 바로 그 엄청난 소동이 길 건너 올리버 홀에서 벌어지고 있었다는 것을 알았다. 적어도 100명은 되는 학생들이 1층에 모여서 혓바닥을 내밀어 눈을 받아먹거나 눈밭에 드러누워 팔다리를 휘적거리거나 이것도 아니면 눈으로 거대한 요새를 쌓고 있었다. 거리 양쪽에 모인 학생들은 눈덩이를 뭉치느라 바빴다. 우리는 그 장소에 늦지 않게 도착해서 네이스미스 홀과 올리버 홀 사이에서 시작된 대대적인 눈싸움을 볼 수 있었다.

나는 네이스미스 홀의 구내식당에서 마주친 적이 있는 학생

마음 정렬

몇 명을 알아보고 말을 걸었다. 그들이 어디 출신이라고 말했는지는 기억나지 않았다. 하지만 그들이 태어나서 눈을 처음 보았다고 말할 때 얼굴에 떠오른 경이로움은 잊히지 않는다. 이 18세, 19세 그리고 20세쯤 된 학생들은 눈 속을 뛰어다녔다. 그들은 눈싸움하며 노느라 추위도 잊고 자제력도 잃은 듯했다. 그들이 느끼는 기쁨에는 전염성이 있었다. 캔자스에서 거의 20년을 살았기에 나는 대학교를 졸업하자마자 다른 주로 떠나겠다고 결심할 만큼 빙판길과 추위, 회색빛 겨울 하늘에 이골이 난 상태였다. 나는 살을 에는 궂은 날씨에 지쳐 있었다. 그런데 눈을 처음 보았다는 사람들 덕분에 나는 잠시나마 편견을 잊었다. 그리고 눈 속에서 뛰어노는 것이 얼마나 즐거운 일인지 기억해냈다.

나는 눈밭에 드러누워서 까만 하늘에서 하얀 눈송이가 나리는 장면을 쳐다보았다. 정신이 아득해질 만큼 매혹적인 장면이었고 마치 별이 가득한 은하수를 여행하는 것 같았다. 나지막이 떠 있는 눈구름이 가로등에 반사되어 주황색 실안개가 흐릿하게 번지는 듯한 기묘한 하늘빛이 경이롭게 느껴졌다. 나는 다시 아이가 되는 방법이 떠올랐다. 아이처럼 유쾌해지는 기쁨을 인식하자 마치 스트레스를 잔뜩 받고 숨은 의도에 절어있는 내 정신이 약으로 치료되는 것 같았다. 기쁨은 단순한 것이다. 이것은 생산적인 결과나 어떤 종류의 논리도 요구하지 않는다. 나와 룸메이트가 마침내 방으로 돌아왔을 때는 새벽 2시였다. 우리는 두 볼이 발개졌고 발이 꽁꽁 얼었지만, 기쁨으로 충만한 채 완전히 지쳐서 침대에 쓰러졌다.

수십 년이 흘러도, 그날의 기억은 여전히 내 마음속 어딘가에 숨어 있다가 첫눈이 오면 되살아난다. 나는 그때의 이미지와 소리를 기억하고, 그 기쁨을 다시 느낀다. 결핍을 기반으로 한 부정적인 생각은 우리 세포에 상황이 좋지 않다고, **우리가** 괜찮지 않다고 이야기한다. 그러면 우리 세포는 그것에 맞춰 반응한다. 우리는 암, 자가 면역 질환, 소화 장애 그리고 심혈관 질환 같은 신체적 고통과 부정적인 생각 간의 관계에 관한 연구에서 이것을 입증하는 실증적인 증거를 늘 발견한다. 이와 반대로, 풍부한 즐거움에 뿌리를 둔 생각은 신체의 모든 세포에 우리가 괜찮고 인생에는 살아갈 가치가 있다고 이야기한다. 우리 세포는 이번에도 그에 맞게 반응하며, 면역 체계를 활성화하고 사람의 진동 에너지를 향상시키며 사람들과 우리 주변 세계의 긍정적인 누적 주파수에 공헌한다.

우리 사회에는 기쁨과 행복이 틀림없이 서로 연결되어 있다는 거대한 신화가 존재한다. 우리가 행복할 때 기쁨이 존재하는 것은 분명하지만, 기쁨을 경험하기 위해 행복이 꼭 필요하다고 생각하지는 않는다. 둘의 차이점은 다음과 같다. 행복은 우리의 희망이나 기대가 충족되거나 그 이상으로 충족될 때 생기는 감정적 부작용이다. 만족감보다 더 벅찬 감정이지만 황홀감보다는 못하다. 행복은 우리의 수많은 감정 중 하나에 불과하다. 하지만 기쁨은 훨씬 더 대단한 것이다.

물론 기쁨도 내면의 긍정적 경험이지만, 단순한 감정 이상의 것이다. 그 안에는 정신적인 에너지와 인지적인 요소가 담겨 있다. 기쁨은 무언가의 부산물일 수도 있지만, 의도적인 선택이기도 하다. 기쁨을 경험하는 것은 우리가 실재하는 것을 속속들이 잘 안다는 신호이다. 우리를 움직이게 하는 그것은 바로 정렬이다. 반대로, 눈에 띄게 기쁨이 느껴지지 않는다는 것은 우리의 정렬이 **어긋나** 있다는 숨길 수 없는 신호이다. 흥미로우면서도 어쩌면 놀랍게도, 행복은 기쁨의 필수 요소가 아니다. 기쁨에서 내가 가장 좋아하는 부분은 그것의 존재가 환경에 좌우되지 않는다는 점이다. 기쁨은 가장 암울할 때도, 가장 힘든 순간에도 피어난다.

여기서 나는 어떤 상황에서도 밝은 면만 보고 희망을 품어야 한다는 행복한 꼬마 숙녀의 주장만 듣고 판단하지 않도록 조심하고 싶다. 고통스럽고 힘든 현실을 숨기기에 급급하다면 나중에 해로울 수 있다. 그러므로 그렇게 하지 말자. 그보다는 고통과 기쁨, 이 **두 가지**가 동시에 존재한다는 데 동의하면 어떨까?

고통이란 불편한 정도부터 노골적으로 비참한 수준에 이르기까지 그 범위가 대단히 넓어서 피할 도리가 없다. 하지만 끔찍하게 혼란스러운 시기에도 정렬을 단단히 유지할 수 있다. 엄청난 고통, 아니 어쩌면 극도의 통증을 경험하는 인생의 순간에 대해 생각해 보자. 마음속으로 그 짧은 순간을 명확히 포착하면, 그 순간이 전적으로 끔찍하게만 기억되는가? 만약 그렇다면, 그 장면을 다시 한번 들여다보고 아주 미약하게나마 고마운 부분을 찾아보자.

2014년 6월 6일 금요일, 나는 주말 동안 매트를 만나기 위해 캔자스에서 덴버로 향하는 비행기에 탑승했다. 당시에 그는 내 남자친구였고 우리는 장거리 데이트를 즐기는 중이었다. 흔히 예상하듯, 비행기에 탑승한 승객은 모두 각자의 좁은 좌석에 꼼짝하지 않고 앉아 있었고 그들의 얼굴은 휴대폰 화면의 불빛으로 환히 밝혀져 있었다. 비행기를 3미터가량 앞에 두고 이동식 탑승교를 걸어가고 있을 때 내 전화기가 울렸다. 엄마에게 온 전화였다. 직감적으로 어떤 깨달음이 빠르고 강하게 찾아왔다. 이동식 탑승교의 문이 내 앞에서 닫히기 시작했다. 전화를 받기도 전에 나는 아버지가 돌아가셨다는 것을 알았다.

아버지는 지난 8개월 동안 요양원에서 24시간 간호를 받고 있었다. 몇 년 동안 아버지의 몸은 서서히 작동을 멈춰가고 있었다. 결국, 아버지는 알코올성 치매로 세상을 떠났다. 아버지의 정신은 알츠하이머병에 걸린 환자와 흡사하게 작동했고, 아버지는 한주 한주 지날 때마다 자신과 자기 인생을 조금씩 잊어가고 있었다. 수십 년간의 알코올 섭취는 그의 뇌와 장기를 완전히 망가뜨렸다. 그의 영혼은 지쳤고 그의 몸은 더는 버티지 못했다.

나는 이틀 전 수요일에 아버지를 만나러 갔다. 요양원을 떠나기 전에 나는 아버지가 저녁 식사를 할 수 있도록 침대에서 공용 공간으로 이동하는 걸 도왔다. 그날 저녁 내가 요양원 엘리베이터 문이 열리기를 기다리다가 무심코 뒤돌아봤을 때, 아버지는 작은 탁자에 혼자 앉아서 초록색 타바스코 소스에 음식을 찍어 먹고 있었다. 엘리베이터 안으로 들어서면서 나는 이렇게 잠시 바라본 모습이 아버지의 마지막이라는 걸 알았던 것 같다.

그러고 나서 이틀 뒤, 엄마로부터 연락을 받았을 때 나는 숨을 죽였다. 엄마는 아버지가 세상을 떠났다는 이야기를 꺼내며, 나에게 비행기를 타고 캔자스로 가서 매트 곁에 있으라고 말했다. 전화를 끊고, 나는 현실감이 느껴지지 않았다. 무릎이 휘청거렸다. 누군가 내가 넘어지지 않도록 붙잡아주었다. 그리고 누군가 내 어깨에서 배낭을 내려주는 것이 느껴졌다. 나는 쓰러지듯 어느 낯선 사람의 무릎에 기대어 조용히 흐느꼈다. 탑승 수속이 중지되었다고 불평하는 사람은 아무도 없었다. 나를 밀치고 지나가려는 사람도 없었다. 이동식 탑승교에 있던 사람들 모두가 잠시 멈춰 서서 나와 같이 슬퍼해 주었다. 내 목구멍에서 흘러나오는 고통스러운 소리와 이동식 탑승교에서 나와 함께 눈물을 흘리던 몇몇 사람들의 훌쩍이는 소리를 제외하면 온 세상이 고요했다.

사람들은, 내가 탑승하기를 원한다는 사실을 확인한 뒤 비행기에 탈 수 있게 나를 도와주었고 기내용 가방을 대신 들어주었다. 이륙 후, 한 승무원이 내게 시원한 맥주와 짧은 메모가 적힌 냅킨 한 장을 가져다주었다. 조종사들과 승무원들이 함께 애도의 메시지를 적어 보낸 것이었다. 나는 75분간의 비행시간 내내 자리에 앉아 조용히 울었고, 내가 육체를 빠져나와 허공을 떠도는 것처럼 느껴졌다.

시간을 다시 되돌려보자. 아버지가 돌아가시기 2년 전, 나는 이혼 수속을 시작했다. 그 24개월의 중재 과정은 내 인생에서 가장 힘든 시간이었다. 나는 남편, 가정 그리고 내가 깊이 사랑하는 강아지를 두고 떠나왔다. 그리고 절반의 시간 동안 아이들과 떨어져 있는 법을 배웠다. 나는 유급 직장을 그만두는 대신 10개월간 무급 인턴으로 전 시간을 근무했고 거의 마무리 단계였던 대학원을 졸업했으며 개인 심리치료소를 아직 열지 못했고 이와 동시에 아버지가 서서히 돌아가시는 모습을 지켜보았다. 나는 망가졌고 버거웠으며 자주 겁이 났고 때로는 정말 외로웠다. 생존 기제가 발동했는지, 나는 적극적인 감사 인사를 내 인생의 일부분으로 끼워 넣고 이것을 실천하기로 마음먹었다. 이렇게 감사 인사를 실천하는 연습은 내 구명줄이었다. 이것은 내 산소통이었다.

나는 30일 동안 다양한 감사 인사 도전을 이어갔다. 첫 달에는 아침에 일어나서 내가 감사하게 느끼는 세 가지를 적었다. 그 다음 달에는 내게 기쁨을 준 한 가지를 날마다 소셜 미디어에 게시했다. 대부분 심오한 내용은 아니었다. 나는 카페에서 어떻게 유제품을 넣지 않고 맛있는 아이스 바닐라 라테를 만들 수 있는지 혹은 잠자리에 들기 전 30분 동안 텔레비전을 볼 수 있도록 대학원 숙제를 시간 맞춰 끝내 얼마나 감사한지 모르겠다는 이야기를 적거나 게시했다. 그리고 첫 이가 빠진 뒤에 찍은 딸아이의 사진이나 솔기가 터져 나간 뒤에도 계속 신고 다니는 내가 아끼는 슬리퍼의 사진을 감사의 메모와 함께 인스타그램에 게시하곤 했다. 나는 아주 작은 편안함, 희망의 기미 혹은 인생의 혼란과 소동으로부터 위안의 순간을 가져다주는 것이라면 무엇이든 글로 적거나 게시했다. 이러한 일상의 작은 몸짓이 차곡차곡 쌓여갔다. 이 감사의 실천은 내가 익사하지 않고 간신히 살아있도록 해주었고, 때로는 약간의 공기를 들이마실 수 있도록 충분히 도움이 되었다. 이처럼 기쁨과 연결된 밧줄이 없었다면, 틀림없이 우울증과 불안이 나를 망가뜨렸을 것이다.

2014년으로 돌아가 보자. 나는 그날 이동식 탑승교에서 아버지의 부고 전화를 받는 고통에 대해 전혀 준비되어 있지 않았다. 나는 아버지가 오래 살지 못할 거란 것을 오랫동안 알고 있었다. 아버지는 66세에 사망했고, (그날을 기준으로) 나보다 30년 더 많은 나이였다. 하지만 논리와 이해는 커다란 슬픔에 맞서면 승산이 없다. 슬픔이 당신을 온통 차지한다. 이것은 이성이 작용할 여지를 주지 않는 유일한 감정에 속한다. 슬픔은 철저히 **느껴지는** 경험이다. 나의 경우, 슬픔은 누군가 내 배에 구멍을 뚫고 내 심장에 손을 뻗어 그것을 갈기갈기 찢어놓는 것 같았다. 나는 아직도 그 고통을 느낀다. 어쩌면 영원히 그럴 수도 있으리라.

그리고 그곳에는 기쁨도 있었다.

내 세상이 무너져 내린 그 날 비행기에서, 나는 기쁨도 경험했다. 바닥에 쓰러져 다시는 내 다리로 일어서지 못할 것처럼 느껴지는 순간, 내가 완전히 무너지기 전에 누군가 내 어깨에서 무거운 배낭을 내려줄 생각을 해준 것이 고맙다는 의미에서 기쁨을 느꼈다. 이동식 탑승교 바닥에서 내 옆에 앉아 내가 무너질 때 무릎을 빌려주었던 낯선 사람, 그 위안을 안겨준 존재 안에 기쁨이 있었다. 내가 비행기에 탑승하는 동안 모두가 나를 보고 있었다는 본능적 깨달음과 눈물 사이로, 나는 동승한 여행객들의 인내에 작은 고마움을 느꼈다. 낯선 사람들로 꽉 차 있던 이 비행은 나에게 **똑같은** 감정을 느끼게 했다. 나는 이런 순간을 준비했기 때문에 기쁨을 감지할 수 있었다. 나에게 아버지를 잃을 준비가 되어 있었기 때문이 아니라, 지난 2년 동안 기쁨과 고마움 느끼기를 날마다 실천했기 때문이다. 내 몸과 마음은 어떤 순간이나 경험이 아무리 암울하더라도 기쁨을 발견하는 법과 기쁨을 느끼는 법을 알고 있었다. 나는 이것을 훈련의 하나로 아주 여러 번 실행했기에 슬픔의 쓰나미가 나를 집어삼킬 듯 위협할 때조차 기쁨의 감정을 구명줄로 쓸 수 있었다. 나는 마음 열어두기를 실천했기에 다른 사람들의 사랑에 마음이 열려 있었다. 그리고 어둠 속에서 기쁨을 찾는 연습이 잘 되어 있었다.

나는 당신의 사연을 알지 못한다. 당신의 고난도 알지 못한다. 세상에는 내가 감히 이해하려는 시도조차 하기 어려운 상황이 많이 존재한다. 나는 불임으로 고생한 적도 없고 암이나 자가 면역 질환으로 기나긴 투병 생활을 하느라 수그러들 줄 모르는 육체적 고통과 몇 년씩 싸워본 적도 없다. 나는 팔다리를 잃어본 적도, 전쟁에 나간 적도, 파산 신고를 해본 적도 없다. 유산을 하거나 자식을 먼저 보내는 영혼이 부서지는 고통에 대해서도 알지 못한다. 거리에서 살아본 적도 없고, 깨끗한 음식과 물 없이 지내본 적도 없다. 그래서 나는 당신의 고통이 무엇이든 그것을 안다고 주장하지 못한다. 당신의 입장에 놓여본 적이 없기 때문이다.

비록 당신이 겪는 고통의 깊이나 강도를 속속들이 알지는 못할지언정, 나는 당신이 기쁨을 느낄 기회가 있다는 것만큼은 믿고 있다. 당신은 이런 기회를 기꺼이 찾아 나서야 한다. 심지어 칠흑같이 어두운 방도 작은 촛불 하나만 켜면 더는 깜깜한 공간처럼 느껴지지 않는다. 당신이 엄청난 고통을 경험한 것은 유감스럽게 생각한다. 내 마음도 당신의 마음처럼 아프다. 내가 당신이 겪은 일을 정확하게 알기 때문이 아니라 나도 힘겨운 싸움을 알고 있기 때문이다. 나는 공포와 버거움을 안다. 그리고 거절과 상실, 불안정함을 알고 있다. 내가 자살하는 것이 나 자신과 다른 사람 모두에게 최선일지도 모른다고 생각하면 어떤 기분이 드는지 잘 안다. 만약 당신이 이 세상의 무게에 짓눌려 지금 내 앞에서 무너지고 있다면, 나는 당신을 내 팔로 안고 내 무릎 위로 쓰러지게 해줄 것이다. 내가 당신을 알지는 못하지만, 사람다운 것이 무엇인지는 알고 있다. 사람다워지는 일은 어렵다. 이것은 정말로 힘든 일이다. 당신이 내 품에서 울었으므로 나도 당신 품에 안길 수 있도록 내 고통을 느끼게 할 것이다. 그렇게 끔찍한 경험을 공유하면서 당신과 나는 모두 기쁨 한 조각을 느낄 것이다. 이것은 바로 연결성 덕분에 가능하다. 연결성은 온갖 복잡함과 온갖 감정이 깃들 공간을 마련한다.

우리는 참 잘했다는 칭찬을 듣기 위해서 혹은 기쁨이 고통을 사라지게 한다는 이유로 기쁨을 알아차리려고 미친 듯이 싸우는 게 아니다. 이런 일은 일어나지 않는다. 더 정확히 말하면, 우리가 기쁨을 알아차리려고 애쓰는 이유는 그렇게 하면 경험이 달라지기 때문이다. 그렇게 하면 우리 내부에서 심리적, 정서적 그리고 생리적 환경이 달라진다. 의도적으로 호기심을 발휘해 기쁨에 대해 궁금해하고 기쁨을 찾는 일은 하나의 선택, 즉 어렵고 대단히 친밀하면서도 취약한 선택이다. 하지만 기쁨이 약처럼 우리를 치유하기 때문에 우리는 어쨌든 그런 선택을 한다. 부정적 성향과 절망의 공간에 빠지고 싶은 유혹이 우리의 정렬을 완전히 어긋나게 만들겠다고 협박할 때, 기쁨은 우리가 어떤 사람인지 떠올리게 한다.

기쁨이 중요한 핵심이라면 어떻게 될까? 어쩌면, 연결성이 중요한 핵심이고, 기쁨은 기본으로 연결된 다정한 존재가 되기 위해 활용되는 주요 도구 중 하나인지도 모른다. 특히 가장 암울하고 끔찍한 경험을 하는 순간에도 기꺼이 기쁨을 느끼고 기쁨에 도달하려는 마음이, 정렬된 삶을 사는 데 꼭 필요하다면 어떻게 될까? 어쩌면 기쁨은 우리가 그것을 추구하기 위해 올바른 방향으로 나아가고 있는지 알아보는 지표 역할을 하는지도 모른다. 만약 내가 전지전능한 마법사이고 기쁨이 잘 정렬된 인생의 핵심이라고 말한다면, 당신은 이것을 시도해 보겠는가? 아니면 그것을 뒤쫓아 가겠는가?

지금까지 살아온 당신의 인생을 목록으로 작성해 보자. 스프레드시트에 1분 단위로 도표를 작성하고 나서 당신이 기쁨을 경험한 시간 바로 옆에 체크 표시를 할 수 있다면, 당신의 인생 중에 체크 표시가 붙어 있는 시간의 전체 평균은 얼마가 될까? 체크 표시가 없는 시간의 전체 평균은 얼마일까? 지난달만 계산하면 어떻게 될까? 아니면, 지난주만 계산한다면? 지난 한 시간은 어떨까? 만약 옆에 체크 표시가 되어 있지 않고 시간만 덩그러니 쓰여 있는 경우가 많다면, 당신의 기쁨 근육이 운동해야 한다거나 기쁨을 발견하는 일이 그리 어렵지 않도록 인생에 중요한 변화가 일어나야 한다는 신호이다.

기쁨이 있는 공간에서 시간을 보내려는 의지가 점점 많아지면 결국 정말로 보람 있는 삶을 살게 된다는 건 상당히 이해되지 않는가? 이런 의도가 없다고 해서 삶에 어려운 투쟁이 없는 게 아니다. 정확히 말하면, 삶은 다채로운 색상의 직물로 짜인 매혹적인 태피스트리일 것이고, 그 직물에 뒤섞인 찬란하게 빛나는 실에는 기쁨이 계속 존재했다. 만약 이것이 온전히 당신다워지고 온전히 인간다워지며 온전히 살아있다는 의미라면 그리고 연결성 및 사랑과 관련 있는 모든 것에 계속 단단히 묶인 채 그렇게 하겠다는 의미라면, 그래도 좋다. 나도 끼워 달라. 공동의 노력이 차곡차곡 쌓인다면, 우리는 절대 외롭지 않을 것이다. 당신도 나와 함께해 주기를 진심으로 바란다.

발전하라,
반복하라

유턴과 물음표는 용기 있는 사람들이 휘두르는 무기이다. 이 두 가지는 깨어있는 삶으로, 대담한 삶으로 우리를 이끌어준다. 주의를 기울인 자아성찰과 호기심을 활용해 자기 내면에서, 다른 사람에게서 그리고 주변 세상 전체에서 당신이 발견하는 게 무엇이든 편협하게 판단하지 않고 관찰하겠다는 내용으로 당신 자신과 계약서를 작성하고 거기에 서명하라. 그러기 위해서는 지금보다 어린 과거의 자신을 변호하겠다는 과감한 약속이 필요하다. 이 과정에서 용서, 자기연민 그리고 미래의 자신에 대한 끈질긴 헌신과 연결성의 추구가 필요하다. 당신이 어쩔 도리 없이 고통과 투쟁에 익숙해지는 환경에 있다면, 자신의 온전함, 가치

관 그리고 목적과 정렬을 맞춘 채 살아가는 것은 새로운 북극성
이 된다.

변화는 자연스럽고 필요한 것이다. 당신은 몇 년이고 몇십 년
이고 똑같은 모습을 유지할 운명이 아니다. 언젠가 마야 안젤루
가 남긴 유명한 말처럼, "더 잘 알게 될 때까지 최선을 다하고,
더 잘 알게 되면 더 잘하면 된다". 이것은 전장에서 내지르는 함
성이고, 현실에 안주하는 것을 경계하는 투쟁이다. 용감한 탐구
로의 이 초대는 당신이 안다고 생각하는 것에 도전하라는 요청
이다. 나는 확실성에 대한 당신의 집착이 안전함을 느끼려는 시
도라고 생각한다. 왜냐하면 나 또한 그렇기 때문이다. 나는 확고
한 믿음이나 익숙한 행동을 고수하고 싶은 당신의 갈망을 이해
한다. 심지어 본능이 움직이라고 말할 때조차 그대로 멈추고 싶
은 유혹을 이해한다. 나는 헤아릴 수 없는 불확실성에 대한 공포
를 느껴보았다. 실패하고 틀리고 다른 사람들을 불편하게 하거
나 화나게 할 위험성은 사람을 불안하게 만들고 때로는 고통스
럽게 하기도 한다.

자신에게 다음과 같이 물어보아라. 당신은 당신답다고 **느낄**
때가 자신의 가장 좋은 모습이라고 믿는가? 당신의 주변 사람이
나 주변 세상과 공유할 재능이 있다고 인정하는가? 개인의 지속
적인 발전 추구를 받아들이는 것은 **결승선이 존재하지 않는다**고 인
정하는 것이다. 이제는 고장 난 레코드처럼 같은 말만 반복하지
말고, 마음을 활짝 열어 세상이 끝날 때까지 필요할 때마다 이야
기를 몇 번이고 바꾸어야 할 때이다. 그렇게 하면 우리는 서로가

아무리 다르더라도 경쟁보다 연결을 택하게 된다. 그러기 위해서는 자기주장이 옳다고 입증하기보다는 연민을, 말하기보다는 듣기를 그리고 책임 전가나 원한 품기, 변명하기, 부끄러워하기보다는 온전함을 의식적으로 선택해야 한다.

확신과 고정된 신념만으로는 성공적일 삶을 살 수 **없다**. 그렇다면, 호기심과 연민, 연결성은 어떤가? 맞다, 바로 **이것**이 정답이다. 이것이야말로 인간의 바람직함이 계속 발전적인 궤적을 그리게 만드는 조합이다.

이제 때가 되었다. 자기 내면을 들여다보고 질문을 던져라. 당신의 마음과 가슴, 신체에서 무슨 일이 일어나는지 주의 깊게 관찰하라. 힘든 감정에서 달아나려고 하지 마라. 그런 감정을 온전히 느껴라. 당신의 벽돌에 대해 알아내라. 과잉 기능을 하고 당신의 참다운 에너지를 방해하는 소인격체들과 호기심 어린 대화를 나누어라. 당신을 보호하고 도우려는 소인격체의 노력을 존중하라. 당신의 인생에서 온전함과 정렬이 제기능을 하지 못하는 영역을 발견한다면 목적의식과 의미가 충만한 변화를 창출하는 과정에서 당신의 소인격체와 협동하고 그들을 이끌어라.

다른 사람들의 눈을 똑바로 들여다보고, 그들을 진심으로 **바라보며**, 마침표보다는 물음표를 많이 사용하라. 당신의 것과 다른 관점을 취해보라. 내가 틀릴 수도 있다는 열린 마음을 가지고, 성장하려면 당신의 마음을 바꾸라는 요구를 기꺼이 수용하라. 당신의 경계선을 지키고 온전함을 보호하라. 모두가 당신을 좋아하는 것은 아니라는 사실을 불쾌하게 여기지 말고 인정하라.

몇 번이고 반복해서 사랑을 다시 선택하라.

당신 자신보다 더 큰 존재가 있다는 사실을 믿어라. 희망을 계속 품되, 어떤 특정한 결과나 시기에 집착하지 마라. 인생의 모든 단계와 순간에서 기쁨을 찾아라.

자신을 신뢰하라. 당신은 그럴 자격이 있다. 당신이 부족하다면 당신은 완전히 실패할 수도 있다. 당신이 낮은 위치에 있을 때 눈을 뜨고 주변을 둘러보기를 주저하지 마라. 그때가 바로 특별한 관점을 알게 되는 유일한 기회이다. 그런 다음 다시 일어서서 먼지를 털어낸 다음, 유턴하고 물음표를 더 많이 사용하는 존경스러운 작업으로 돌아가라. 당신이 무엇을 하든, 호기심으로 꽉 채운 특별한 삶보다 조금이라도 못한 것에는 만족하지 마라.

이제 지휘권은 당신의 손에 있다. 여러분은 발전하거나 반복해야 한다.

발전하라, 반복하라.

발전하라.

MORE YourSELF

마음 정렬

1판 1쇄 인쇄 2024년 8월 19일
1판 1쇄 발행 2024년 8월 29일

지은이 사라 워터스
옮긴이 신예경

발행인 양원석 **책임편집** 김율리
디자인 조윤주, 김미선 **영업마케팅** 양정길, 윤송, 김지현, 한혜원, 정다은, 박윤하
해외저작권팀 임이안

펴낸 곳 ㈜알에이치코리아
주소 서울시 금천구 가산디지털2로 53, 20층 (가산동, 한라시그마밸리)
편집문의 02-6443-8862 **도서문의** 02-6443-8800
홈페이지 http://rhk.co.kr
등록 2004년 1월 15일 제2-3726호

ISBN 978-89-255-7470-7 (03180)